高校马克思主义理论教学与研究文库

道德教育与"两课"教学

罗国杰 ◎ 著

DAODE JIAOYU
YU LIANGKE JIAOXUE

中国人民大学出版社
· 北京 ·

高校马克思主义理论教学与研究文库
编委会

主　任：杜玉波　顾海良
副主任：张东刚　逄锦聚　陈先达　徐艳国

编委会成员（以姓氏笔画为序）：
王树荫　艾四林　刘先春　孙熙国　纪亚光　李忠军　吴潜涛
张澍军　陈　矛　陈　睿　郑永廷　郝立新　贺耀敏　骆郁廷
高国希　韩喜平　靳　诺

总　序

高校承担着学习、研究、宣传马克思主义，培育和弘扬社会主义核心价值观，为实现中华民族伟大复兴的中国梦提供人才保障和智力支持的重要任务。为推动高校马克思主义理论教学研究人员围绕重大理论和现实问题以及学生关心的热点问题开展研究，提升马克思主义理论学科发展中基础性、导向性和战略性重要问题的研究水平，教育部社科司精心策划，组织相关领域知名专家编写出版"高校马克思主义理论教学与研究文库"，集中推出了一批高质量的研究成果。

本套丛书在已有相关研究成果的基础上，着眼于马克思主义理论的运用，着眼于对实际问题的理论思考，着眼于帮助大学生解决思想认识问题和理论困惑，着眼于新的实践和新的发展，从马克思主义经典著作研究、马克思主义理论学科基础理论研究、中国特色社会主义重大理论和现实问题研究、思想政治理论课理论和现实问题研究、大学生高度关注的热点难点研究等方面，开展了全面深入的研究，提出了具有较强创新性和重要学术价值的观点。

本套丛书从编委会到每卷作者，体现了国内相关学科领域老、中、青三代的结合，既有相关领域的权威作者，也有近几年成长起来的中青年学者；既有国内著名的马克思主义理论专家，也有具有丰富一线教学经验的名师。队伍齐整，阵容强大。

希望本套丛书的出版，可以从理论和实践两个方面更好地助力和推进高校马克思主义理论教学与研究工作，从而促进马克思主义理论学科建设与发展，扎实推进高校宣传思想工作，促进高校马克思主义理论教师素质提升，提高学生对思想政治理论课的认同度和满意度。希望本套丛书成为推动马克思主义中国化、大众化、时代化，坚定中国特色社会主义道路自信、理论自信和制度自信的重要的理论成果。

目 录

导论 …………………………………………………………… 1
  一、改进和加强思想品德课的教学 ………………………… 1
  二、增强教学的实效性和针对性 …………………………… 7
  三、把加强思想道德素质与法律素质提到更重要的地位 …… 14

第一章　树立远大理想　坚定崇高信念 …………………… 16
  一、理想、信念与"三观"建设 …………………………… 16
  二、激励青年奋发向上的动力 ……………………………… 29

第二章　弘扬以爱国主义为核心的民族精神 ……………… 36
  一、加强对大学生的爱国主义教育 ………………………… 36
  二、新时期的中华民族精神 ………………………………… 43
  三、民族精神与先进文化 …………………………………… 48

第三章　树立正确的人生价值观 …………………………… 53
  一、人生观和道德修养 ……………………………………… 53
  二、关于人生价值观的几个问题 …………………………… 64
  三、树立正确的世界观、人生观和价值观 ………………… 94

第四章　注重道德传承　加强道德实践 …………………… 101
  一、继承和弘扬中华传统美德 ……………………………… 101

二、继承和弘扬五四以来的中国革命道德 ……………………… 110
  三、加强社会主义思想道德建设 …………………………………… 117

第五章　遵守道德规范　提高道德素质 ………………………… 159
  一、公民道德体系的基本框架和主要内容 ……………………… 159
  二、职业道德的重要作用 …………………………………………… 177
  三、家庭伦理、家庭美德和家风建设 …………………………… 190
  四、提高思想道德素质　迎接新的挑战 ………………………… 195

附录 ………………………………………………………………………… 206
  "思想道德修养"课教师要身体力行思想道德修养的要求 …… 206
  一本凝聚集体智慧的创新之作 ……………………………………… 209

导 论

一、改进和加强思想品德课的教学[*]

《中共中央关于进一步加强和改进学校德育工作的若干意见》中，明确提出了在全国高等学校中，加强和改进"两课"教学的重要意义。这一文件规定："学校政治理论课和思想品德课是系统对学生进行马克思主义理论教育和品德教育的主渠道和基本环节，要重点进行教学内容和教学方法的改革。"这里，仅就加强和改进品德课（也称思想品德课）的问题，提出一些初步的想法，以便集思广益，使我们的思想品德课能够在大家的共同努力下，逐步地得到加强和改进。

（一）我国高校思想品德课的基本情况

改革开放以后，我国高等学校的思想品德教育课，是从教育部1982年发出《关于高等学校逐年开设共产主义思想品德课的通知》开始的；为了

---

[*] 本文原载《思想理论教育导刊》，1999（2）。

加强这门课的建设,1984年9月教育部下发《关于高等学校开设共产主义思想品德课的若干规定》,文件指出共产主义思想品德课的主要任务是对学生进行共产主义人生观和共产主义道德教育,回答学生有关人生、理想和道德方面的问题。在这一规定的指导下,一些高等学校最早开设了"共产主义思想品德课"。随着形势的变化,1987年10月,国家教委就高等学校思想政治教育课程设置提出了具体的要求,规定"形势与政策""法律基础"两门为必修课,"大学生思想修养""人生哲理""职业道德"三门可因地制宜地有选择地开设。1992年,国家教委在总结十年来高校思想政治教育课程建设的基础上,对有关课程进行了调整,规定思想品德课包括"思想道德修养""法律基础"和"形势与政策"。1998年6月,中宣部和教育部又发出《关于普通高等学校"两课"课程设置的规定及其实施工作的意见》,进一步明确和规定了课程的内容和教学要求。在中宣部和教育部(包括其前身国家教委)的直接领导下,经过广大德育工作者十几年来的共同努力,思想品德课在教学内容设置和教学方法改革方面都已经取得了重要的成绩,在培养学生的德智体等全面发展方面起到了积极的作用。一些学校的领导和教师还积极探索、大胆创新,取得了一些好的经验。在学校党委的重视下,一些学校的思想品德课的建设,已经取得了可喜的成果。在教材建设方面,已经编写出了多种适用于大学本科和专科学校的思想品德课的教材,为进一步编写出更高水平的教材打下了良好的基础。应当说,我们在思想品德课的建设上,已取得了明显的成绩。同时,我们也要看到,现在的思想品德课的教学,同形势的发展和中央的要求相比较,还有相当的距离,需要我们在今后不断地加以改进和提高。根据我的认识,我觉得有以下一些问题,是我们今后改进思想品德课的教学工作所应当注意的。

(二)提高对思想品德课的认识

思想品德课作为高等学校的一门必修课,它同马克思主义理论课一起,是我们现在所说的"两课"。作为"两课"之一的思想品德课,它包括"法律基础""思想道德修养"和"形势与政策"三门必修课,其主要任务是对大学生进行世界观、人生观、价值观和思想素质、道德素质教育以及法制教育。它对于大学生树立社会主义、共产主义的理想和信念，对于培养他们成为社会主义的建设者和接班人，有着不可忽视的重要作用。特别值得指出的是，由于我国当前中学中普遍存在的重智育轻德育的特殊情况，现在的思想品德课更加突出了大学时期思想品德课在培养青年世界观、人生观和价值观上的重要地位。

从实际情况来看，在各高等学校中，确实还存在着一个值得注意的情况，就是重视理工科而轻视文科，重视专业课而轻视思想政治理论课。在"两课"中，也还存在着重视马克思主义理论课而轻视思想品德课的情况。一些高等学校的思想品德课之所以长期不能得到应有的重视，是同党委领导和教学主管部门一些同志不够重视有着密切关系的。

正是由于对思想品德课的认识上存在着问题，在某些高等学校中，直到现在，这门课程可以说还没有完全建立起来，如没有专门的教研室，没有或只有很少的教师。相比较来说，"法律基础"的课程要好一些，因为有法律系的教师可以上课。对于"思想道德修养"课来说，问题就更多一些，授课的教师大多数都是兼职，如有的学校由于缺乏教师，"思想道德修养"课只能采取上大课的办法，一个课堂往往有一百多人、两百多人，甚至有七八百人或一千多人在一个课堂上课。老师既不能和学生交流，更无法了解学生的思想情况。在这样大的教室里，课堂秩序也就很难维持，有看报纸的，有念外文的，有交头接耳互相交谈的。其结果是，不但"思想道德修养"课的效果很差，而且它的威信也愈来愈受到影响。有的学校连一个专职的"思想道德修养"课的教师也没有，把全校的"思想道德修养"课分配给党委的成员和各系的总支书记去讲，其中有的课能够做到理论联系实际，效果较好，有的课就临时应付，效果当然也就可想而知了。

正由于此，我认为，在加强和改进高等学校思想品德课的问题上，首先就是从上到下，认真贯彻邓小平同志关于提高全民族的思想道德素质以及培养大学生成为德智体等全面发展、又红又专的接班人的理论，认真体会、理解和贯彻中央的精神，切实提高学校党委和主管教学的领导对思想品德课的重要意义的认识。这个问题不解决，要想加强和改进高等学校的思想品德课是有困难的。

（三）改革教学内容，加强课程建设

为了更好地在思想品德课教学中贯彻改革的要求，要进一步改革教学内容，使毛泽东同志的德智体等全面发展的思想，特别是邓小平理论中关于培育"四有"新人的思想，以及江泽民同志关于弘扬社会主义的三个主旋律和加强世界观、人生观和价值观教育的思想，充分体现在我们的思想品德课的课程建设中。在当前，尤其要注意结合大学生的思想实际，认真解决他们在人生观和价值观上所存在的缺乏社会主义和共产主义的远大理想、集体主义原则淡漠和纪律观念不强等问题，从他们容易理解和体会的实例中，引导大学生树立正确的人生观和价值观，增强他们的法制观念和法律意识，认识为人民服务的思想和集体主义的原则在形成大学生良好的思想品德中的重要意义。在当前的形势下，要根据我们实行社会主义市场经济以来大学生思想变化的新情况和产生的新问题，针对他们在待人、处世、学习、恋爱、婚姻、就业等方面所面临的困惑，用为人民服务精神和集体主义原则来提高他们的认识。思想品德课的教材，特别是"思想道德修养"课的教材，一定要随着形势的变化和大学生的实际问题来不断地加以补充和修订。应当说，在教材建设上，我们已经作出了积极的成果，编写出全国高等学校思想品德课示范教材《思想道德修养》和《法律基础教程》，为全国高等学校的教学提供了很好的参考。但由于各方面的原因，还存在着一些不足，需要不断地加以改进。我们现在编写的《法律基础教程》，主要内容是有关法律知识的介绍，这是很必要的。我想，我们是不是可以更多地从如何提高法制观念和增强法律意识方面进行教育和引导青年。关于"思想道德修养"课的内容，从现在已经编写的教材来看，有关政治思想的部分，显得和马克思主义理论课的一些内容重复。在今后的教材编写中，可以减少一些这方面的内容，把人生观和价值观的培养和形成，把有关社会主义道德建设的核心、原则、基本要求，把革命传统道德和中华民族的优良道德传统的继承，把为人处世和待人接物之道等内容，适当地予以增加。值得指出的一个情况是，尽管教育部已经编写出了全国

高等学校思想道德修养课示范教材,但是有些高等学校的领导和教师,为了评定职称和某些经济方面的考虑,就自编教材。这些教材,一般在质量上缺乏可靠的保证,这种情况应该得到纠正。

(四) 加强教师队伍的建设

在加强和改进思想品德课建设中,加强教师队伍的建设是一个关键性的问题。由于在过去一个相当长的时期内,高等学校中没有相应的专业设置,也不可能培养出相应的思想品德课的教师队伍。对于"法律基础"课的教师来说,因为原来有法律系的教师,还可以由他们来兼职,以解决暂时的困难,而"思想道德修养"课的教师,就显得非常缺乏。为了解决应急的问题,一些学校党政干部担任这门课的教学,而实际上,他们往往力不从心。他们不仅工作较忙,而且又缺少专业基础知识的学习,很难使这门课收到较好的效果。前面说的课堂人数多,大课堂秩序不好,都同没有足够的教师有重要的关系。因此我认为,为了改进和加强思想品德课建设,从上到下要共同努力,尽快地从各个方面来努力培养教师队伍,建立必要的思想品德课的教学单位,按照编制把教师配齐。这是改进和加强思想品德课的一个基本条件,没有这个条件,要想把思想品德课教好是不可能的。当然,我们也知道,要想培养出一定数量的、称职的思想品德课教师,需要从各个方面进行长期努力才能实现,但是,这涉及"思想道德修养"课教学的基本建设,我们应当从现在做起,经过三年或五年的时间,我们是可以达到这一目标的。

"思想道德修养"作为一门学科,有着自身的学科体系。它是同伦理学、教育学、思想政治学和心理学等学科有着密切关系的一门新兴的学科,有明确的学科对象、任务、目的和研究方法,有极其广阔的发展前景。那种认为"思想道德修养"课不需要经过专门的学习,凡是从事党的思想工作的人都可以去讲授这门课的看法,是极其错误和有害的。我认为,按照我国已开设的课程来看,同"思想道德修养"课关系比较密切的是伦理学专业中的一些课程,我们可以通过这个专业来培养我们的"思想道德修养"课的教师,也可以通过其他的途径来满足我们的这一要求。希望教育部有关部门,能够对"思想道德修养"课师资队伍的培养提出一个具体方案,在充分酝酿的基础上,组织实施,以利于这门课程的建设和发展。

(五) 改进教学方法

思想品德课有其自身的特点,从当前大学生的思想实际出发,大力改进教学方法,是思想品德课面临的一个亟待解决的问题。首先要根据社会主义市场经济条件下,大学生在世界观、人生观和价值观方面所产生的新问题,特别是那些所谓的热点和难点,有针对性地来加以启发和引导,力求有的放矢地解除他们的困惑,实事求是地分析社会上各种现象产生的原因,从发展上指明前进的方向,克服消极因素给大学生带来的不良影响。其次,一本好的教材固然十分重要,但是,我们切不可照本宣科,而是要根据大学生实际的、具体的问题来组织教学,不但不能够回避或绕开难点,相反,应当大胆而积极地面对同学们困惑的难点来展开分析。在当前国际共产主义运动遭受到严重挫折的形势下,对共产主义的理想和信念,一些青年学生产生了许多疑虑;在社会风气不好、某些党政干部的腐败现象增多的影响下,一些人对党的领导产生了怀疑;在社会主义市场经济条件下,面对着社会上泛滥的个人主义、拜金主义和享乐主义,面对着社会上分配不公等一些值得忧虑的现象,特别是面对着大学生自身的前途和择业等实际问题,大学生在世界观、人生观和价值观上,不可避免地会产生许多困惑。我们一定要找准学生在这些问题上的关节点,抓住这些关节点来进行教育,从而达到消除疑虑、树立信心的目的。最后,在教学过程中,要充分发挥学生的主体作用。任何一个教育过程,都必须发挥两个方面的积极性,即教师的主导性和学生的自觉性。要从群众中来,到群众中去,即事先了解学生们的思想情况,有的放矢,引导学生们提出他们的疑难问题,及时地组织课堂讨论,并通过相互的讨论和教师的总结来提高他们的认识。

在高等学校中开设思想品德课,是党的十一届三中全会以来教育改革不断深化的结果,是我国高校品德教育的重要保证。实践证明,思想品德课的开设，在培养学生的思想道德素质，树立大学生的理想和信念，加强大学生的世界观、人生观和价值观的教育方面，都有着十分重要的作用。我们一定要在已经取得的成绩的基础上，看到差距，看到不足，不断前进，勇于探索，把我们的思想品德课建设继续推向前进，为培养面向21世纪的高素质的人才做出更大的贡献。

二、增强教学的实效性和针对性[*]

在党中央的关怀下，在中共中央宣传部、教育部的直接领导下，"思想道德修养与法律基础"（以下简称"基础"）课教材编写组全体成员，经过半年多紧张、辛勤的努力，基本完成了教材（送审稿）的编写工作。准确地把握教材的性质及其特点，对于我们充分发挥主观能动性，创造性地使用好教材，增强"基础"课教学的实效性和针对性，具有重要的意义。

（一）课程的性质与特点

"基础"课将"98"方案中的"思想道德修养"和"法律基础"两门课有机地融为一体，成为高校思想政治理论课"05"方案中的一门必修课。这是党中央、国务院面对新形势、新情况、新问题，在完善高校思想政治理论课课程体系和学科建设方面所进行的一项创新举措，对于进一步加强和改进大学生思想政治教育具有重大而又深远的意义。"基础"课并不是过去的"思想道德修养"和"法律基础"课的简单合并，而是一门在体系和内容上有机地将两者融为一体的以马克思主义思想政治教育学科为依托的崭新的课程。中宣部、教育部《关于印发〈中共中央宣传部、教育部关于进一步加强和改进高校思想政治理论课的意见〉实施方案》（以下简称"实施方案"）规定，本课程的主要任务是，以马克思列宁主义、毛泽东思想、邓小平理论和"三个代表"重要思想为指导，深入贯彻科学发

---

[*] 本文原载《北京教育》，2006（10）。

展观，针对大学生成长过程中面临的思想道德和法律问题，有效地开展马克思主义的人生观、价值观、道德观和法制观的教育，更好地引导大学生树立高尚的理想情操和养成良好的道德素质，树立体现中华民族优秀传统和时代精神的价值标准与行为规范，使大学生成长为德智体全面发展的中国特色社会主义事业的合格建设者和可靠接班人。

因此，在"基础"课教材的编写中，一方面注重继承和借鉴"思想道德修养"和"法律基础"课教材编写和教学方面的成功经验，充分吸收了这两门课程以往取得的丰富成果和经验；另一方面根据"基础"课教学体系和教学目的的需要，对教学内容进行了创新性的定位和阐释，并综合运用其他三门思想政治理论课提供的马克思主义理论以及其他多种相关学科的知识，对大学生在人生观、价值观、道德观和法制观方面遇到的理论问题和实际问题作出科学的、有说服力的回答，较好地体现了继承与创新的统一。在教材编写的体例上，力求把对大学生进行社会主义思想道德教育和法制教育紧紧地结合在一起，把增强社会主义法制观念和提高社会主义道德觉悟紧紧地结合在一起，把提高思想道德素质和法律素质紧紧地结合在一起，帮助大学生正确地解决成长成才过程中遇到的实际问题，在实践中培育优秀的思想品德。

"基础"课的性质、基本任务及其教学目的要求，决定了本课程的如下特征：

1. 鲜明的思想性

本课程坚持用马克思列宁主义、毛泽东思想、邓小平理论和"三个代表"重要思想武装大学生，深入贯彻科学发展观，始终把引导大学生确立献身中国特色社会主义事业的政治方向放在首位，帮助大学生树立中国特色社会主义共同理想和共产主义远大理想，树立坚持党的基本路线不动摇的信念。学校教育要为一定社会的经济、政治和文化制度服务，这是教育的本质任务和普遍规律。我国是中国共产党领导的人民当家做主的社会主义国家，这就决定了我国高等教育必须坚持社会主义办学方向，必须培养中国特色社会主义事业的建设者和接班人。这门课程要联系改革开放、发展社会主义市场经济和社会主义现代化建设的实际，联系社会主义民主政治建设和社会主义精神文明建设特别是思想道德建设和法制建设的实际，回答学生们普遍关心、经常思考、需要解决的思想道德和法律问题，帮助学生们释疑解惑，提高思想觉悟和实践能力的水平，帮助学生们顺利完成大学学业，为现在和今后的健康成长成才打下坚实的思想基础。

2. 较强的理论性

本课程针对大学生普遍关心的人生、理想、道德、民主、法制、纪律等方面的问题而开设，与日常思想政治教育和管理相比，更具有理论性和系统性。一是把马克思主义基本理论应用于大学生思想道德修养与法律基础领域，以辩证唯物主义和历史唯物主义观点，分析回答思想道德修养和法律基础方面的各种理论与实际问题，向大学生传授科学的思想道德观念和法律知识；二是把高校多年来对学生进行思想道德教育和法制教育的基本经验，以及对大学生成长成才规律的探索加以科学总结和提炼，形成科学、系统、成熟的理论观点和理论体系，使之对大学生思想道德修养和法律修养具有普遍的指导意义；三是充分吸收、反映与思想道德修养和法律基础相关的学科的最新理论、实践成果，系统回答大学生思想道德修养与法律修养中的一些理论热点、难点问题，使这门课具有雄厚的科学基础和鲜明的时代特征，使思想道德修养和法律修养与大学生的文化知识修养融为一体。本课程有较为系统的理论体系，有相对独立的研究领域，有基本稳定的教学内容和规范的教学方法，立足于培养大学生的思想、政治、道德、法律和心理等综合素质，具有其他课程不可替代的作用和功能。

3. 突出的实践性

本课程强调引导大学生通过"知""行"统一进行自我修养。求知与修养相结合，是中华民族的优秀传统。青年时期注重修养，陶冶情操，对自己的一生将会产生巨大的促进作用。在我国古代，"修"是切磋琢磨，"养"是涵育性情和陶冶情操，"修以求其粹美，养以期其充足，修犹切磋琢磨，养犹涵育熏陶也"。这一认识，对大学生提高加强修养的自觉性具有现实的指导意义。人的思想道德水平的发展是知、情、意、行相统一、相结合的辩证过程，外部的教育和他人的帮助只是这个过程的外在影响条件，只有通过个人的主观努力和躬身实践，才能把外在的影响内化为心灵的品质、落实为自觉的行动。因此，本课程特别强调大学生的自觉修养。学生们不仅要乐于接受正确的理论知识，而且要结合自己的思想实际，身体力行，化知识为德性，化德性为行为。

（二）在增强课程的实效性和针对性上狠下功夫

党中央对高校思想政治理论课的高度重视、直接指导，为加强和改进思想政治理论课教育教学提供了强大动力，对我们教育战线特别是高校思想理论界同志们是极大的鼓励和鞭策，也是殷切的期望和很高的要求。高质量地实施新课程方案，关键在教师。广大思想政治理论课教师应以无私的奉献精神、强烈的责任意识、高尚的人格和良好的职业道德，全身心地投入思想政治理论课教育教学中来，依据课程的性质和特点，结合教学实际，大胆探索，勇于创新，在增强课程的实效性和针对性上狠下功夫。

1. 要以高度的责任感、紧迫感和使命感，把加强和改进高校思想政治理论课作为一项重大而紧迫的政治任务，切实抓紧抓好

广大思想政治理论课教师要在提高认识、统一思想上下功夫，把思想认识统一到中央精神上来，统一到中央关于调整高校思想政治理论课课程设置的决策上来，统一到中央关于高校思想政治理论课课程设置新方案的部署上来，统一到中央关于教材编写的决策和审定教材的基本精神上来，增强工作的责任感和使命感；要在吃透吃准新教材基本精神上下功夫，尽快熟悉和掌握新课程的教学目的、教学基本要求，新教材的编写原则、编写思路、主题主线，以及应把握的主要内容和教学重点、难点、热点，切实保证新课程开课质量。

2. 要切实提高自身素质，真正成为大学生健康成长的指导者和引路人

"基础"课是一门旨在提高大学生的思想道德素质与法律素质的课程，讲授该课程的教师必须言传身教，在帮助大学生提高思想道德素质和法律素质的同时，努力提高自身的思想道德素质和法律素质。每个从事"基础"课教学的教师，都要把努力掌握"基础"课教材的知识同践行其中的

要求紧紧结合起来,在提高和增强修养方面下功夫。凡在教学中要求学生做到的,自己应当首先"以身作则"地做到;要求学生遵守的,自己首先应当更加自觉地遵守。既然选择了这一职业,我们就必须配得上称为这一职业的成员。从事"基础"课教学的教师,必须有较高的思想道德素质和法律素质,在教学中,力求做到"言传身教"和"身体力行",切切实实地在各方面做学生的"模范"。汉代著名的思想家扬雄说过一句值得我们深思的话:"师者,人之模范也。模不模,范不范,为不少矣。"《后汉书》中说:"盖闻经师易遇,人师难遭。"清代著名思想家顾炎武也慨叹"海内人师少,中原世运屯"(《赠孙征君奇逢》诗)。"屯"就是困苦、危难的意思。顾炎武把国家之所以遭到困苦、危难的情况,同缺少"言传身教""以身作则"的教师联系在一起,这就充分说明"人师"地位的重要性。如果教师不能在做人、做事等方面成为学生的"模范",又怎么会给学生带来积极的影响呢?作为高校从事德育工作、开展大学生思想政治教育的骨干力量,思想政治理论课教师必须切实提高自身素质,真正成为大学生健康成长的指导者和引路人。为此,我认为高校思想政治理论课教师要具备以下四方面的素质:

过硬的思想政治素质。要认真学习和领会马克思列宁主义、毛泽东思想、邓小平理论和"三个代表"重要思想,学习和贯彻科学发展观,坚持党的基本路线、方针、政策,在政治上、思想上和行动上同党中央保持高度一致,要时刻关心国家大事,了解国内外局势,并善于运用马克思主义的立场、观点和方法去分析问题和解决问题。唯有具备良好的思想政治素养,才能真正履行大学生思想上的指路人的职责,当好大学生政治上的向导,帮助他们及早地从思想和行为的误区中走出来,逐步树立远大理想和社会主义信念,确立正确的世界观、人生观和价值观。

良好的职业道德素质。广大思想政治理论课教师要忠于党的教育事业,对工作充满信心,以培养优秀人才为己任,想工作、乐奉献,具有强烈的事业心和责任感,并以自己高尚的人格魅力去带动和感染学生,引导学生认认真真学习、踏踏实实做事、堂堂正正做人。教师应是学生的良师益友,是学生品德形成的引导者、心灵发展的疏导者、生活选择的参谋者、学生成才的指导者。教师唯有以身作则、言传身教、为人师表，学生才会"亲其师，信其道"。

丰厚的理论业务素质。"打铁还需自身硬"，随着知识经济时代的到来，广大思想政治理论课教师要与时俱进、紧跟时代步伐，就必须不断地解放思想、更新观念、学习新事物、了解新情况，这样才能使自己适应大学生思维活跃、求知欲强、视野开阔、兴趣广泛的特点，才能找到与大学生进行沟通和交流的"共同语言"。同时，还必须以高度的政治责任感、强烈的求知欲望和进取精神，潜心学习先进的思想理论、教育理念，系统地学习政治学、伦理学、法学、教育学、心理学、管理学等相关学科的知识，不断提升自己的理论素质和科学文化素养，从而为进一步探索新形势下"基础"课教育教学的新途径和新方法，开创高校学生思想政治工作的新局面提供理论先导。

与时俱进的创新素质。随着高等教育体制改革的深化，大学生的思想政治教育工作面临着种种新形势、新情况、新任务，我们必须进一步解放思想、与时俱进、不断创新，致力于提升大学生思想政治教育的创新能力，体现时代性、把握规律性、富于创造性、增强实效性。苏联教育家苏霍姆林斯基曾经说过，"学生不是一个个需要填满的罐子，而是一颗颗需要点燃的火种"。当代大学生是宝贵的人才资源，是全面建设小康社会的生力军。高等教育落实"育人"职责就要把他们培养成为中国特色社会主义事业的合格建设者和可靠接班人。我们一切的工作都必须把促进大学生成长成才和全面发展作为根本价值取向。要立足于青年学生自身的学习要求和成才愿望，避免言之无物、空洞说教。在创新中，首先要深入研究马克思主义的基本原理，认真领会和学习马克思主义的基本立场、观点和方法，同时，又要能立足当代中国发展的新情况和新问题，破除对马克思主义的教条式地理解，澄清附加在马克思主义名下的错误观点，从而力求作出既正确地坚持马克思主义的原则，又符合时代要求、能提高大学生思想素质和道德素质的新阐发。这也就是说，既要坚持马克思主义，又不能抱残守缺、思想僵化，要用发展着的马克思主义来指导我们的教学和研究，以达到开拓创新、与时俱进的目的。

3. 要在教学科研过程中树立起"问题意识",真正增强"基础"课的针对性和实效性、吸引力和感染力

在对思想政治理论课的教学内容与教学效果进行问卷调查时,一位大学生曾经这样写:"希望在'思想道德修养与法律基础'课中能够学到最深刻的人生哲理,最贴切的生活启迪,最透彻的人生感悟,最动人的人生体验。希望这门课能给我们四年的大学生活以指导,使我们快乐、充实地度过这段时光,同时,也在四年后的人生中受益。"这段发自肺腑的语言,说出了当代大学生对"基础"课的渴求与期待,也对我们广大一线任课教师提出了启示和要求。从大学生的思想实际出发,发现问题、提出问题、分析问题、解决问题,是我们"怎样培养人"的一个关键问题。马克思曾经有一句名言:问题是时代的格言,是表现时代自己内心状态的最实际的呼声。因此,在思想政治理论课的教育教学过程中,尤其是在"基础"课的教育教学过程中,广大任课教师需要加强教育的针对性和实效性、吸引力与感染力,将思想教育与解决实际问题相结合,要真正解决大学生在成长成才过程中面临的实际问题,凸显问题意识。应该说,我国当代大学生思想状况的主流是积极、健康、向上的。但是,我们也应该清醒地认识到,伴随着经济全球化进程的日益深入,各种文化思潮和价值观念冲击着大学生的思想,某些腐朽落后的生活方式也侵蚀着大学生的心灵。相当一部分大学生不同程度地存在政治信仰迷茫、理想信念模糊、价值取向扭曲、诚信意识淡薄、社会责任感缺乏、艰苦奋斗精神淡化、团结协作观念较差、心理素质欠佳等问题。因此,必须从学生的思想实际出发,实事求是,有的放矢。"基础"课作为一门用马克思主义理论指导大学生成长成才道路的课程,在教学大纲的设计以及教育教学过程中,既要向大学生进行系统的理论教育,强调知识的系统性、理论的科学性和完整性,同时又要强调在理论逻辑中凸显问题意识,坚持理论联系实际、贴近实际、贴近生活、贴近学生。必须围绕大学生成长成才过程中的价值标准(人生观和价值观)和行为规范(法制观和道德观),重点解决当代大学生的理想信念问题、价值取向问题、诚信问题、社会责任感问题、艰苦奋斗问题、团结协作问题和心理健康问题等,引导大学生树立高尚的理想情操和养成良

好的道德品质，提高大学生的思想道德素质，增强社会主义法制观念和法律意识，树立体现中华民族优秀传统和时代精神的价值标准、行为规范，强调切合大学生的思想实际，能够切实解决大学生所面临的思想问题、实际问题，真正体现"基础"课教育教学的针对性和实效性、吸引力和感染力。

三、把加强思想道德素质与法律素质提到更重要的地位[*]

在科学技术迅速发展、经济竞争日趋激烈的今天，人的素质的竞争，已成为竞争链条中的最关键、最重要、最有决定意义的环节。抓住这个现代社会发展链条中最中心的环节，是国家、民族和社会兴旺发达的关键。

人的素质，包含着多方面的内容，既有技能方面的，又有管理方面的；既有政治方面的，又有道德方面的；等等。总的来说，我们常常把人的素质概括为"德"和"才"两个大的方面，"德才兼备""以德率才"是我们对人的素质的根本要求。

在社会主义市场经济条件下，特别是在改革开放不断扩大和日益深入的情况下，各种价值观念的相互激荡和相互影响，实施依法治国和以德治国的相互结合，在培养和提高人的素质方面，又给我们提出了更高的要求，这就是既要重视人们的思想道德素质，又要重视人们的法律素质。

所谓思想道德素质，包括思想政治素质和道德素质两个方面。思想政治素质主要是指马克思主义的信念、社会主义的共同理想、爱国主义等。在人的各种素质中，思想政治素质具有方向性和指导性，是最重要的素质。所谓道德素质，主要包括坚决履行社会主义的道德核心（为人民服务）和道德原则（集体主义），努力树立科学的世界观、人生观、价值观，以及自觉地遵守社会公德、职业道德和家庭美德等社会主义公民道德的要求。

---

[*] 本文原载《思想理论教育案例》，2007（5）。系"马克思主义理论研究和建设工程"重点教材建设工作启动三周年笔谈文章。

导 论

  所谓法律素质，主要是指一个人遵守法律、维护法律、运用法律的能力和修养。在法治社会中，如果没有必备的法律知识，没有正确的法律意识和运用法律的能力，要想实现真正的"法治社会"，是根本不可能的。

  在提高全社会思想道德素质和法律素质的迫切要求中，社会对大学生寄予更高的期望。大学生是中国特色社会主义事业的建设者和接班人，是抵制不良社会风气、改善社会道德风尚、提升互信气氛、促进人际和谐的先进群体，也是引领、传承、倡导、力行社会思想道德素质和法律素质的中坚力量。

  对大学生进行"思想道德修养与法律基础"教育，就是要以提高大学生的思想道德素质和法律素质为目的，紧紧掌握住提高大学生思想道德素质和法律素质这一要求，并把这两种素质的提高有机地融为一体，使其相辅相成，通过各种有感染力、说服力的教学，经过启发和诱导，以增强大学生提高思想道德素质和法律素质的自主性和自觉性，在身体力行和潜移默化中，使他们成为既有社会主义的思想道德素质，又有模范遵守社会主义法律素质的"四有"新人。

第一章 树立远大理想 坚定崇高信念

一、理想、信念与"三观"建设[*]

改革开放二十多年来,我国在物质文明建设方面取得举世公认成就的同时,精神文明建设方面也取得了可喜的进步。在人民群众中间,我们广泛进行了爱国主义、社会主义和集体主义的教育,大力培养有理想、有道德、有文化、有纪律的"四有"新人。在思想领域,为树立正确的世界观、人生观、价值观,进行了长期不懈的努力。"以科学的理论武装人,以正确的舆论引导人,以高尚的精神塑造人,以优秀的作品鼓舞人"已成为我国意识形态中的舆论导向。正是由于社会主义精神文明建设的成绩和作用,我国社会主义的现代化建设,正沿着正确的道路,健康地向前发展。

然而,我们还应该看到,在社会主义物质文明和精神文明不断蓬勃发展的同时,资本主义和封建主义的腐朽思想,还不断地腐蚀我国的人民,

---

[*] 本文原为《理想、信念与"三观"建设》(北京,中共中央党校出版社,2000)一书导言。

西方的敌对势力还力图对我国进行"西化"和"分化",以达到他们颠覆我国社会主义制度的目的。剥削阶级的政权虽然被推翻了,但是它们的思想是不会自动退出历史舞台的。正像列宁所指出的,剥削阶级的腐朽思想是不可能同它们的棺材一起埋入地下的,它们必然在人类社会中腐烂发臭,毒化人的精神,危害人类社会。在意识形态领域里,如果马克思主义的思想不去占领,资产阶级和封建阶级的腐朽思想必然要乘虚而入,并从各个方面诱惑人们,夺取这一阵地,以便为它们的复辟创造条件。所以,意识形态领域的斗争,是深层次的思想斗争,它关涉到人们的理想、信念与世界观、人生观、价值观的正确与错误,关涉到我们社会主义事业的兴衰与成败,对于这一问题,我们必须把它提高到一个新的高度,认真地加以对待。

(一)

理想和信念是人的精神支柱和精神动力,它激励着每一个人为了一定的社会理想和生活目标而不断努力追求。正确的、科学的、崇高的、进步的理想和信念,能推动历史的发展和社会的进步,能净化和纯洁人的灵魂,能改善和协调人与人之间的关系;错误的、非科学的、卑下的、迷信的"理想"和"信念",必然会腐蚀和诱惑人们,使人们陷入颓废的、堕落的泥坑和陷阱,扭曲人的灵魂,败坏人的道德,疏远以至恶化人与人之间的关系。共产主义的理想和信念,是建立在对社会发展规律的科学认识基础之上的,是合乎时代进步的理想和信念。树立共产主义的理想和信念,能够提高人们的道德水平、坚定人们对共产主义的信念、激发人们为社会主义和共产主义奋斗的勇气和力量。

在社会主义市场经济条件下,要不要坚持共产主义的理想和信念,要不要继续宣传和提倡共产主义道德,要不要坚持社会主义道德的集体主义原则,在最近几年来,成了人们特别关心的问题。一些人认为,既然我们现在处于社会主义初级阶段,而且在市场经济条件下,我们还必须强调发挥个人的能动作用,强调个人的利益,因此,在当前,既不应当再提倡共产主义的远大理想,也不应当实行社会主义集体主义的道德原则。而且,有些人错误地认为,现在既然是社会主义初级阶段,又实行市场经济,如果仍然要提倡共产主义的理想和信念,提倡共产主义道德,就是超越了当前的历史阶段,就是脱离实际的"大话""空话"。这种否认共产主义的理想和信念的观点,是错误的,是极为有害的,必须加以澄清。

我们知道,社会主义和共产主义是人类历史发展的必然趋势,它的实现建立在社会发展的规律的基础之上。社会主义和共产主义的实现,将使人类社会达到消灭剥削、消除两极分化并最终实现共同富裕的美好社会。社会主义社会是共产主义的初级阶段,而共产主义则是社会主义发展的必然结果。今天,我们建设社会主义,其目的就是要走向未来的共产主义。在今天,我们既要有建设社会主义的共同理想,又要有实现共产主义的远大理想。我们党在社会主义初级阶段的纲领和路线,包括在一定时期内把国家建设成为一个富强、民主、文明的社会主义国家的发展目标和规划等,反映了人民的根本愿望和要求。我们应当把这个现实的共同理想作为理想和信念教育的基础和重点,即不应该把它同共产主义的远大理想对立起来。现实是通往未来的基础,共同理想是通向远大理想的阶梯。

人是一种有精神生活的动物,人决不能也不会同其他动物一样只知道追求自己的物质欲望。人在社会中生活,既需要一定的物质条件来满足生存的需要,更需要有一定的理想和信念的支持来满足自己的精神生活。有了正确的理想和信念,人生的航道就有了指路明灯;树立了社会主义和共产主义的理想和信念,我们就能够排除前进道路上的各种困难和障碍,沿着社会主义道路不断前进;

在社会生活中,人固然都要有自己正当的个人利益,但一切自私自利的欲望和利己主义的冲动,都必然要引导人们误入歧途,使之陷入极其狭隘的、只考虑自己而不考虑别人的误区中。当一个人的精神和灵魂陷入和束缚在狭小的自我利益之中时,就会只顾自己而不顾社会,甚至会损害社会的利益,破坏社会的稳定;如果一个人陷入狭隘的物质利益的追求中,他就必然思想空虚、精神萎靡,不可自拔地走向沉沦。一个思想空虚、精神萎靡的人,是一定要被各种邪恶势力牵着鼻子引入邪路的。正如毛泽东同志所说的:"人是要有一点精神的。"如果没有精神、理想和信念的支持，一个人的生活，只能是庸庸碌碌、无所作为，甚至会造成对国家和社会的危害。

马克思主义的思想家们，都十分强调精神、理想和信念在人的一生中的作用，并把有无这种精神、理想和信念，看成社会能否进步的一个重要因素。为什么我们过去能在非常困难的情况下奋斗出来，战胜千难万险使革命取得胜利呢？就是因为我们有理想，有马克思主义信念，有共产主义信念。无数革命先烈，正是为了这样一个崇高的革命理想，才毫不犹豫地献出了自己的生命。社会主义和共产主义的理想、信念，是革命力量的源泉，是革命事业成功的保证。不论在任何时候，我们都不能淡化、削弱或丢掉我们对社会主义和共产主义的理想和信念，否则，我们的事业就会遭到挫折，甚至会走入歧途。在思想领域还充满着斗争的现实社会中，社会主义和共产主义的理想和信念不去占领，资产阶级的和一切腐朽的、迷信的、落后的甚至反动的"理想"和"信念"，就必然乘虚而入；丢掉了社会主义和共产主义的理想和信念，就必然会成为追求资产阶级的"理想"和"信念"的俘虏。

尤其值得注意的是，在市场经济条件下，在改革开放环境中，在西方敌对势力的"分化""西化"的影响下，各种思潮大量涌向社会，资产阶级和封建阶级的腐朽思想也在这一浪潮下沉渣泛起。西方的敌对势力正或明或暗地采用各种形式、手段和途径，对我国进行思想和文化的渗透，极力鼓吹西方的政治观、价值观和腐朽没落的意识形态，妄图腐蚀人们的思想，使人们丧失社会主义和共产主义的远大理想，走上资本主义的邪路。

正因为如此，我们在建设社会主义的市场经济的同时，要特别注意坚持共产主义的远大理想。在社会主义初级阶段，我们既要正视人民群众的物质利益，不断提高和改善人民的物质生活，又要进行理想和信念的教育，充实人民群众的精神生活。正如江泽民同志所说的："物质贫乏不是社会主义，精神空虚也不是社会主义。"建设有中国特色的社会主义，使祖国走向富强、民主、文明，是不可能没有远大理想作为全体人民的精神支柱的。

人们的理想是人们对一定社会关系、社会制度、社会运行方式的向往和追求，它的力量是巨大的。一个有远大理想的人，就能够有坚定的信心和强大的力量，就能够克服前进道路上所遇到的各种挫折和困难。一个有远大理想的人，他能够在极大的程度上，激励自己的意志、奋发自己的精神，就能够"富贵不能淫，贫贱不能移，威武不能屈"，就能够艰苦奋斗、不怕牺牲，为追求和达到自己的理想去英勇奋斗。

总之，理想、信念教育，是一切革命干部和人民进行社会主义建设的指路明灯，是团结全国广大人民群众的旗帜，它是我们一切思想政治工作的核心，不论在什么情况下，我们都不能忘记理想、信念的重要性。

（二）

科学的、崇高的理想和信念，必须建立在科学的世界观、人生观和价值观的基础之上，也就是说，只有树立了科学的世界观、人生观和价值观，才能培养和形成科学的、崇高的理想和信念。

从我国现实的思想教育和道德教育的情况来分析，我们还可以看到，一些人之所以没有能够树立起科学的理想和信念，或者是虽然曾经抱有社会主义和共产主义的远大理想，但后来经不起腐朽思想的腐蚀而背弃了原有的理想和信念，一个十分重要的原因，就是在世界观、人生观和价值观上出了问题。李洪志及其"法轮大法"所宣扬的歪理邪说的一个主要目的，就是要以他的极端荒诞、腐朽、糜烂的世界观、人生观和价值观来腐蚀人们的灵魂，使一些人误入歧途。在李洪志及其"法轮大法"的歪理邪说的诱惑下，有的人信仰神灵，追求"成佛成仙"，成了唯心主义世界观的忠实信徒；有的人追求个人的"圆满"，为了自己能够"修炼"、"提高层次"和"升天"，不惜抛弃生命和家庭；有的人甚至不顾社会和国家的利益，聚集中南海，向党中央和国务院发难；一些人为这种腐朽的世界观、人生观和价值观所腐蚀，还自以为在修炼自己的德性，为社会做好事。这充分说明，错误的、反动的、非科学的世界观、人生观和价值观的危害作用是绝不能被低估的。

从我国实行和建立市场经济以来，在"市场"的负面影响下，一些人受了个人主义、拜金主义和享乐主义的影响，在一切向钱看的错误思想腐蚀下，把追求金钱当做人生的唯一目的，为了追求更多的金钱，他们不惜采取自私自利、损人利己、损公肥私等种种手段，有的最终走上了犯罪的道路。究其原因，都是同他们受了资产阶级的世界观、人生观和价值观的影响有着重要的关系。就党员和国家机关干部来说，最近十几年来党员、干部中所发生的种种违纪案件的思想原因，归根到底，都同他们没有树立正确的世界观、人生观和价值观有重要的关系。他们之中的有些人，原来就没有能够树立起马克思主义的世界观、人生观和价值观；有些人，虽然曾经树立起了马克思主义的世界观、人生观和价值观，但由于经不起资产阶级腐朽思想的诱惑，成了资产阶级的世界观、人生观和价值观的俘虏。这些教训，是值得人们认真吸取的。

什么是正确的世界观、人生观和价值观？在社会主义革命和建设的长期发展中，广大人民群众认识到，只有马克思主义的辩证唯物主义和历史唯物主义的世界观，才是指导我们观察和认识世界的科学世界观；只有全心全意为人民服务的人生观，才是每一个革命者应当奉行的人生观；只有以个人利益与集体利益相结合，以集体利益高于个人利益为原则的集体主义的价值观，才是唯一正确的价值观。

世界观是人们对世界各种现象和事物的总的看法，其中包括社会观、自然观以及伦理观、审美观等看法的总和。在阶级社会中，不同阶级有不同甚至对立的世界观。马克思主义的辩证唯物主义和历史唯物主义的世界观，是建立在对客观事物的正确认识的基础上，是唯一正确的、科学的世界观。它坚持唯物的辩证法，强调物质第一性和精神第二性的观点，有力地反对了一切唯心的、迷信的和形而上学的思想，是我们反对一切歪理邪说的强大的思想武器。它揭示了人类社会发展的客观规律，给人们指出了观察社会、观察历史发展的正确方法，得出了资本主义必然灭亡、社会主义必然胜利的科学认识。它对社会发展的科学预见，给人们指出了前进的方向。它能够使人们在社会主义的事业遭到挫折和困难时，看到光明的前途，增强人们的信心，能够在资本主义的发展变化中，看到资本主义的不可克服的矛盾，使人们能够从表面现象中看到事物的本质。

人生观主要是指对人生问题的总的看法，包括人生的意义、目的、态度和理想等。不同的阶级有不同的人生观。一切代表先进生产力的要求、能推动历史前进的人生观，是进步的人生观，而一切逆历史潮流而动、阻挡社会前进的人生观，是落后的、腐朽的人生观。历史上曾经有过各种各样的人生观，如享乐主义的人生观、利己主义的人生观、禁欲主义的人生观等等。为人民服务的人生观，是人类有史以来最先进、最崇高的人生观，它指明了一个革命者应当如何正确对待生死、荣辱、得失、苦乐和贫富关系，使我们能够正确对待在人生道路上所遇到的各种问题，知道和学会如何处理顺境和逆境，从而克服人生道路上的困难。为人民服务的人生观，能够使我们更好地关心他人、爱护他人，更好地协调人和人之间的关系。更加重要的是，为人民服务的人生观使我们懂得人为什么活着、人活着有什么意义、人怎样活着才最有价值等等，使人的一生能为一个崇高的目的而奋斗，从而使人们生活得更有意义。

一个人只有为人民的利益而生活和工作，才是最有意义和最值得的。如果只知道谋取自己的私利，为个人或自己的小家庭活着，就是寿命活得再长，又有什么意义呢？一个人生活在世界上，从人生的意义来说，应该把个人的名利看得淡一些，这些东西，生不带来，死不带去，又有什么值得留恋的呢？伟大的思想家、教育家陶行知先生说，"捧着一颗心来，不带半根草去"，这就是一个人应有的高尚的人生观和价值观。一个国家干部特别是一个党员，在自己的一生中，只有多做些有益于人民、有益于国家的事，才是最有意义和最有价值的。

价值观主要是指人们对客观事物的一种认识和评价。在日常生活中，对什么是"价值"和什么是"价值观"，从不同的学科和视角来说，有不同的认识和理解。有从经济学方面理解的，有从哲学方面理解的，有从美学方面理解的。从伦理道德方面来理解和认识一个事物之所以有价值，就是因为它能够满足主体的物质的、精神的需要，能够正确地调整主体同客体的关系，对主体的生存和发展有重要的意义。我们所说的"价值"和"价值观"，主要是从社会主义社会中个人和社会的关系来考察的。在社会主义的利益关系中，集体利益高于个人利益的集体主义的价值观，使我们懂得了集体利益之所以高于个人利益的客观必然性，使我们认识到个人的利益、价值、尊严和自由，都只能依赖于集体利益的发展和完善。集体利益和个人利益，在根本上是统一的，集体利益代表着个人的长远的利益。集体主义的价值观，有利于我们正确地处理个人同他人、个人同社会、集体同国家的关系。

市场经济的建立，既给我们带来了发展经济、开拓创新等种种的积极力量，同时也在世界观、人生观和价值观方面，给我们带来了不可忽视的消极因素。正如江泽民同志早已指出的："市场活动中出现和存在的东西，并不都是积极的、健康的、合理的。对于错误的、丑恶的东西，必须予以抵制、批判和纠正，不能漠然视之，更不能任其泛滥，让它们去腐蚀人们的思想和灵魂。"① 市场经济的消极方面，对我国的影响是多方面的，但就其最主要的方面来说，就在于它总是要以不同的形式来诱发个人主义、拜金主义和享乐主义，宣扬"个人中心"和"个人至上"，鼓吹"个人是唯一的目的"和"社会只能是达到个人目的的手段"，它极端轻视"社会利益"和"集体利益"，说什么这只是一种"抽象"。它无限放大"个人的利益"，并把它突出和强调到不适当的程度。一旦"个人"成了唯一和至上的东西，什么国家、社会、人民的利益，都可以置之度外了。一些人斤斤计较于个人的私利，把"蝇头小利"和"蜗角虚名"看做最重要和最有价值的，其结果则往往是坠入"私欲"的深渊而不能自拔，最终毁了自己。中国古代的思想家老聃说过"祸莫大于不知足，咎莫大于欲得"，说的就是这种情况。从价值观来说，这样的价值观，不但是错误的，而且是卑鄙的，因为它只有利于个人而有害于集体，只有利于自己却有害于人类社会。

在进行理想、信念和世界观、人生观、价值观教育的过程中，要注意在新的情况下所出现的新情况和新问题。要针对广大干部所面临的种种实际问题，有的放矢地进行教育。我们的党和国家的干部，是领导我国人民建设社会主义的骨干力量，担负着极其重要的责任。我们的干部，应当有远大的理想和信念，应当有坚定的意志和毅力，应当有全心全意为人民服

---

① 《毛泽东 邓小平 江泽民论世界观人生观价值观》，486 页，北京，人民出版社，1997。

务的高尚的品德。我们正面临着一个极其复杂的情况，面临着前所未有的各种诱惑。我们一定要始终保持清醒的头脑，保持自身的纯洁，努力抵制各种腐朽思想的腐蚀。

在进行理想、信念和世界观、人生观、价值观教育的过程中，要正确认识和理解"灌输"思想在政治工作中的地位。这里所说的"灌输"，是指教育者将外在的思想理论和科学文化知识输入受教育者的大脑的过程。最早将"灌输"这个词引入思想政治工作领域的是列宁。1902年，他在《怎么办？》一书中指出："工人阶级本来也不可能有社会民主主义的意识，这种意识只能从外面灌输进去。"毛泽东同志在《论持久战》中也说："没有进步的政治精神贯注于军队之中，没有进步的政治工作去执行这种贯注，就不能达到真正的官长和士兵的一致，就不能激发官兵最大限度的抗战热忱。"这都说明了社会主义和共产主义的先进思想不可能也不会在人们头脑里自发产生，而必须从外面灌输进去。马克思主义所说的"灌输"，是有其特殊的意义的。从这里我们可以认识到，社会主义和共产主义的理想和信念，马克思主义的世界观、人生观和价值观，只有经过教育才能在人们的头脑中扎下根来，也就是说，在这一领域，如果马克思主义不去占领，那么，非马克思主义的、反马克思主义的东西就会去占领。我党历来十分重视和善于运用"灌输"教育的方法，并取得了显著效果。早在黄埔军校时期，我党就以上政治课的形式，向学生灌输反帝反封建的思想，培养了大批的革命骨干。在北伐战争和土地革命时期，我党运用上课、政治讲话、贴标语、呼口号等形式，向部队和群众宣传"打倒军阀，打倒列强"以及"打土豪分田地"的道理，点燃了武装斗争的星星之火。历史的经验告诉我们，从思想政治工作的目的和任务来看，灌输是原则；相对于自我教育、寓教于乐等方法来说，灌输又是一种行之有效的方法。其实，各类宗教和西方资产阶级也采取灌输的宣传、教育方法以维护统治阶级的统治地位，他们所宣扬的唯心主义的思想、理论和价值观念对劳动人民起到了极大的欺骗和腐蚀作用。那么，在市场经济条件下我们进行共产主义的理想、信念和世界观、人生观、价值观的教育，就应当理直气壮地坚持灌输的原则。

同时，我们还必须强调，我们在对广大人民群众进行理想、信念和世界观、人生观、价值观的教育时，必须要根据社会主义市场经济条件下，人们实际生活中所出现的新情况和新问题，采用有针对性的、能够为人民群众所接受的新方法，既要晓之以理，又要动之以情，要善于启发和诱导，绝不能把灌输理解为注入式的说教。

（三）

在改革开放和发展社会主义市场经济的条件下，我国社会发生了广泛而深刻的变化。我国现在所实行的是以公有制为主体、多种所有制经济共同发展的基本经济制度；在分配制度上，我国当前所实行的是以按劳分配为主的多种分配方式；在经济政策上，允许一部分人和一部分地区通过诚实劳动和合法经营先富起来，以先富带动后富，最终实现全体人民的共同富裕。这一切都是为了更好地促进我国经济的迅速发展，更好地推动我国社会主义的四个现代化建设。

随着以上这些变化，社会成员在经济利益上，也必然发生着相应的变化。经济利益的主体的多样化，必然要给社会成员的政治、思想、文化等方面带来不同的变化和要求，出现前所未有的新的复杂的情况，即出现了人们价值取向的多样性。这些变化，向人们提出了一个问题：在人们价值取向多样性的情况下，社会的价值导向究竟是应当多元化还是应当一元化呢？

最近几年来，"多元化"一词，已经成为一个很常见的用语。人们可以在很多的报刊中看到，也能够在各种不同的会议中听到。什么是"多元化"？每个人的理解可能不尽相同，但有一点似乎是共同的，这就是说，改革开放以前，我国是以马克思主义的思想、文化和价值观念来做指导的，西方文化在我国的传播和发展是很困难的，因此可以说是"一元化"的；改革开放以后，我们这个社会，已经出现了各种不同的思想、文化和价值观念的共同存在，在意识形态领域，已经从一个"一元化的社会"，走向了所谓"多元化的社会"。对于这种认识，我们究竟应当怎样对待呢？

首先，应当看到，我国改革开放以来，在同其他各国特别是西方各国经济上扩大交往的同时，中国和世界其他各国的文化交流也日益发展，各种不同国家和民族的文化、思想、价值观念，也都在我国相继出现，大量的外国著作被翻译成中文，打开了我们的眼界，丰富了我们的知识，这是一个好的现象，是我国改革开放和发展的必然结果。这种多元文化和多种价值观的出现，又是同我国的经济和政治的变化密切联系在一起的，是社会发展和进步所必然要出现的。大家知道，以公有制为主体和多种经济成分共同存在的现实，必然要出现价值取向的多样性。应当说，各种思想、文化和不同价值观的比较，有利于我们吸取各种思想、文化和价值观的合理成分，有利于我们吸取人类所创造的一切文化、思想和道德的优秀成果。正由于此，我们认为，文化的多样性给我们带来了新的机遇，使我们能够有机会分析、借鉴和继承人类所创造的一切优秀成果，使我们能够在这一条件下，经过自己的努力，创造出更先进的文化和更优秀的精神文明。因此，对于文化多样性的现象，我们应当采取欢迎的态度，以积极的心态来迎接这一机遇。

其次，我们也要看到，在这各种不同的文化中，也有着反映时代要求的、进步的文化和过时的、落后的、腐朽的文化。在当今的社会中，还有资本主义的文化和社会主义的文化的不同。尽管在资本主义的文化中也有着人类所创造的优秀成果，也有进步的思想家们所提出的有益于人类发展的正确思想，但不可否认，其中确有一些消极和腐朽的东西对我们是有害的，如个人主义、拜金主义和享乐主义，如西方所谓的性自由、性解放等。很显然，对于这些思想，如果我们任其泛滥，就必然要污染我们的空气，败坏我们社会的道德，腐蚀我们的人民。在许多文化现象的背后，或者公开或者隐蔽地包含着不同的世界观、人生观和价值观，都有着自己的鲜明的思想倾向。在这些不同的世界观、人生观和价值观之间，又是有着复杂的矛盾和斗争的。"树欲静而风不止"，这种情况，也是不以人们的意志为转移的。

这种文化多样性的现象，确切地说，是同社会生活中各种主体的价值取向的多样性密切相关的。既然在经济上出现了各种不同的经济利益主体，这些不同的利益主体必然按照自己的利益和要求而有所取舍。各种不同的利益主体对不同文化、思想和价值的接受、认同、爱好和信仰，就是我们所说的价值取向。一个人的价值取向，总是同他的世界观、人生观和价值观相联系的。

因此，对于这种价值取向多样性的现象，我们应该怎样来对待呢？也就是说，在意识形态和思想领域，还要不要用马克思主义的立场、观点和方法，来对这些多样性的文化和价值观进行分析、鉴别和指导呢？

一种看法认为，我们既然是一个"多元化的社会"，那么，各种不同的思想，就应当不分优劣"平起平坐"，任何一种思想和价值观都可以作为社会的价值导向，都可以不受任何限制地以自己的思想体系和要求来影响他人、影响社会。在一些书籍和报刊中，常常可以看到这样一些意见，以"多元化"为理由，要以西方的个人主义作为我国社会主义社会的道德原则，要以合理利己主义作为我们的行为规范，要以西方的自由主义和新自由主义作为我国政治生活的指导原则，要推行和效法西方的性自由、性解放等。有些人非常欣赏和羡慕西方的"多元化"社会和那里的"自由"，认为西方的"多元化"就是各种思想的完全自由，没有任何思想导向和价值导向。这样的看法，是不符合事实的，是不正确的。

在阶级和阶级统治还存在的社会中，一个社会的统治阶级的思想，必然是这个社会中占统治地位的思想。这个占统治地位的思想，也必然要成为这个社会在意识形态中的价值导向。这种情况，可以说是古今中外概莫能外。美国是一个资产阶级掌握政权的国家，在意识形态和思想领域中，它的价值导向是非常鲜明的，这就是维护美国资产阶级的利益和国家的利益。只要看一看1999年那次对南斯拉夫的赤裸裸的侵略，却被美国舆论说成是"维护世界和平"的人道主义行动，我们就可以认识到美国的"多元化"和"自由"是怎么一回事，就可以认识到美国是如何运用价值导向来控制它的社会舆论了。认为美国这个"多元化"的社会的导向是多元的，说一切思想都可以自由地成为社会的导向，这是不正确的，是一种非常肤浅的看法。

我国是社会主义国家，我们明确地提出，在我国的意识形态和思想领域中，要以马克思主义、毛泽东思想和邓小平理论为指导，这是写在我国庄严的《中华人民共和国宪法》中的。宪法是我们应当遵守的根本大法。我们一方面承认我国社会所出现的价值取向的多样性现象，另一方面，又明确地强调在价值导向方面的一元化。价值导向的一元化同价值取向的多元化是相互影响和相辅相成的。不同思想、文化、价值观的共同存在，其最终目的，必须要有利于社会主义的思想、文化、价值观的繁荣和发展，有利于社会的进步。社会主义一元化价值导向之所以能发挥其导向的作用，是由于这一价值导向代表着广大人民群众的利益，代表着社会发展的方向，代表着科学的真理，体现着时代的要求。这种一元化的价值导向，不是靠压服、压制、强制来限制不同的意见，而是通过"百花齐放、百家争鸣"来进行吸收和扬弃，通过比较和鉴别来教育和提高人们的思想觉悟和道德境界，通过引导、激励来培养人们的理想、信念和道德情操。认真学习和了解各种不同的思想、文化和价值观，使人们能够从学习和比较中，吸取有益的精华，抛弃腐朽有害的糟粕。马克思主义的价值导向能给人们以选择取舍的正确标准，给人们以科学取舍人类一切文化的方法论的指导。我们是社会主义的国家，我们的价值导向有着保证我们沿着社会主义的道路向前发展的重要功用，忽视或背离这一价值导向，我们就有可能误入歧途。还应当指出的是，我们愈是强调思想、文化和价值观的多样性现象，愈是强调吸收人类所创造的一切优秀文明成果，我们就愈要提倡用马克思主义的价值导向来分析和鉴别。不能认真地、充分地吸收古今中外人类所创造的一切优秀成果，我们就不能更好地发展，就会故步自封；没有马克思主义的指导，我们就不能沿着正确的道路前进，就可能迷失方向。

最后，我们应当强调，社会主义和共产主义是我们的理想和信念，马克思主义的世界观、人生观和价值观是当今社会上唯一科学的、正确的世界观、人生观和价值观。我们不仅要自觉地以马克思主义为指导来改造客观世界，而且要更自觉地在实践中树立起坚定的社会主义和共产主义的理想和信念，用马克思主义的世界观、人生观和价值观来改造自己的主观世界，努力按照毛泽东所说的那样，做一个高尚的人，一个纯粹的人，一个有道德的人，一个脱离了低级趣味的人，一个有益于人民的人。

二、激励青年奋发向上的动力*

（一）人在社会中生活，总要有一个动力

确实，在社会生活中的人，不论自觉与否，总会有一个目的，从而形成一种动力，推动一个人循着自己选择的道路向前发展。当然，人们对自己生活目的所作的不同选择，必然要受着客观环境（社会制度、家庭情况等）的制约。人只能是他们生存的社会环境的产物。但是，人们在自己所处的环境中，有一定的能动作用，他虽为历史必然性所支配，超越不出历史舞台的限制，但他的能动作用却可以使他在必然性的范围之内，大有作为。正因为如此，人生目的或人生支柱的问题，历来都是人们所非常关心的问题。

从表面上看来，人们的生活总是纷纭复杂，似乎不可能也不存在着统一的目的或动力。例如，在旧社会，有的人争名，有的人争利，有的人想升官，有的人想发财。在今天，有的人想成为一个科学家，有的人想当作家，有的人想当劳动模范，有的人也想争个人的名利等等。但是，我们只要再进一步分析，就可以看到，在这些各不相同的目的之后，总会有一个总目的。这也就是说，在激发人们前进的各种不同的动力之后，还必然会有一个总动力。对社会生活中的人们来说，对这个总目的或总动力的自觉意识，往往有很大差别。有的是隐藏在内心深处，有的是在言行中直接表现出来的，有的是时隐时现的，有的是贯彻始终的，有的是清晰明白的，有的是模模糊糊的。但是，不管怎样，这个总目的或总动力总是要对人的行为选择起着定向作用，对一个人的生活有着重要的意义。有的青年同志提出，人生的支柱，可以各种各样，不应该有一个统一的回答。对于这一点，要作进一步的分析。如果就具体的人生目的来说，这当然是对的。但是，就各种目的背后的总目的或总动力来说，不同的时代、不同的

---

* 本文原载《中国青年报》，1983-01-01。收入本书时有删节。

阶级，依据自己的需要却总是要求有一个统一的生活目的。而且，任何一种具体的目的，必然要和一种人生的总目的相联系。例如，青年们想使自己成为文学家、科学家、硕士、博士等等，不但不应该指责，而且应当鼓励。但是，我们所应当强调的是，在这些目的之后的总目的或总动力，不能只是为了自己的"名利"，而应该是为了社会、国家和人民的利益。毛泽东同志说："为什么人的问题，是一个根本的问题，原则的问题。"这不仅适用于文艺工作，同样，对人生目的来说，也是有重要指导意义的。

（二）追求名利是私有制社会形成的人生支柱

"人的本性是自私的""人人都是为了名和利"，这是私有制社会中长期以来所形成的、源远流长的人生目的。我们知道，在几千年的私有制社会中，一切生产资料和生活资料，都是私人所有的，同时，在占统治地位的政治思想、意识形态和法律中，一个重要内容就是维护私有财产的神圣不可侵犯。正像恩格斯所指出的，人的价值、荣誉和道德品质，也都是以他们所拥有的私有财产多少来决定的，"金钱确定人的价值：这个人值一万英镑，就是说，他拥有这样一笔钱。谁有钱，谁就'值得尊敬'，就属于'上等人'，就'有势力'，而且在他那个圈子里在各方面都是领头的"。

这就是说，谁的私有财产越大，谁就越高贵。这一点，甚至连最著名的资产阶级思想家们，也都是直言不讳的。孟德斯鸠认为，一个人所以受到尊敬，是因为他有好的品质，但是他却主张，品质应该包括两个方面，即财富和个人品德；休谟公然主张，"没有东西比一个人的权力和财富更容易使我们对他尊敬；也没有东西比他的贫贱更容易引起我们对他的鄙视"。正是由于这一最根本的原因，在私有制基础上的人们，在人生支柱问题上，总是要把个人名利作为推动自己前进的动力。在资产阶级看来，"自私是和人性不可分离的"[1]，"个人利益是人们行为价值的唯一而且普遍的鉴定者"[2]。正如斯宾诺莎所指出的，在资产阶级社会中，不少人都认为"荣誉、财富获得愈多，则我们的愉快愈大，因而我们想要增加荣誉、财

---

[1] ［英］休谟：《人性论》，北京，商务印书馆，1980。
[2] 北京大学哲学系外国哲学史教研室编译：《十八世纪法国哲学》，北京，商务印书馆，1963。

富的念头也就愈强烈"。这里所说的"荣誉""财富",就是资产阶级所说的个人的名、利。

资产阶级认为,人都是为名利而生存的,这好像二加二等于四,是一个不容怀疑的真理。如果要求证明,在他们看来,只要提出"观察你周围的每一个人"这一经验事实,就可以使他们所说的真理清晰、明白起来。他们不知道,人的自私的本性,是和私有制的财产关系相伴随的,把追求个人的名利当做人生的目的,也是在这种经济关系的基础上所形成的观念和意识,并且是要随着这种关系的改变而改变的。而且,就是在私有制的社会里,虽然不少人都把个人名利当做自己的人生目的和生活支柱,但是,也应该看到,不论在奴隶社会、封建社会还是资本主义社会,都有一些人不仅仅局限于个人的名利,而是为本阶级的"荣誉"和"利益"而奋斗,做到了"杀身成仁、舍生取义",为民族做出了牺牲。另外,也还有不少科学工作者,有着较高的精神境界,他们在自己的事业中,能够超出个人名利的圈子,为社会、为人类进步做出了牺牲。对岳飞、文天祥这样的民族英雄,又怎么能说他们都只是为了个人的名利?对哥白尼、布鲁诺这样为了人类进步而置自己生命于不顾的科学家,又怎么能说他们的人生支柱只是个人的名和利呢?生活在资本主义社会的著名科学家爱因斯坦,把自己的一生献给科学,他的信条是"人只有献身于社会,才能找出那短暂而有风险的生命的意义",认为"一个人的真正价值首先决定于在什么程度上和什么意义上从自我解放出来"。

(三)在社会主义社会中,追求个人名利会阻碍社会前进

从一定意义上来看,追求个人的名利,在私有制社会内,能对社会进步起某种程度的积极作用,正像恩格斯所说:"自从阶级对立产生以来,正是人的恶劣的情欲——贪欲和权势欲成了历史发展的杠杆,关于这方面,例如封建制度的和资产阶级的历史就是一个独一无二的持续不断的证明。"又说,"卑劣的贪欲是文明时代从它存在的第一日起直至今日的动力"。自私之所以会成为社会发展的动力,是由于从原始的公有社会过渡到生产资料私有的社会,是人类历史的一个进步,而在私有制向上发展的

时代，以自私为基础的对个人名利的追逐，有利于私有制的发展，因而在历史发展中有一定的积极作用。但是，社会主义社会是建立在生产资料公有制经济基础上的一种崭新的社会制度，在这种经济基础上建立起来的政治制度，是无产阶级的或全体劳动人民的民主政治。这种经济制度和政治制度的一个根本特点，就是要求全社会的成员为保护、巩固和发展公有制而服务。因此，把个人名利作为人生的目的，不但不可能对社会起推动的作用，而且会阻碍社会的前进。有的青年认为，正是由于人们追求个人的名利，他才能奋发向上，能为社会做出贡献。这种看法是不正确的。

当然，对于名利也还应该作具体分析。如果说把"名"理解为集体的、祖国的荣誉，并为追求这种荣誉而奋斗，这正是我们所要提倡的。如果把"利"看做是人民的、国家的利益，那么，为这种利益而献身，也是和社会主义的利益一致的。从社会主义社会来说，往往要给那些对社会做出贡献的人以应有的荣誉；一个新中国的青年，也应该珍惜自己的荣誉，但是，我们的生活目的，却不能是追求个人的荣誉。同样，现在实行按劳分配的原则，多劳多得，是正当的个人利益。从国家、社会和集体来看，应该很好地照顾每个人的正当的个人利益，以便更好地发挥人们的积极性，但这绝不是说，我们的生活目的就是为了个人的名利。

今天，我们生活在社会主义的新中国，社会主义的利益、人民的利益高于一切。青年们要在革命和建设中有所作为，就应该自觉地把人民的整体利益放在最高的地位。如果把个人名利作为人生的支柱，就必然会在各个方面同集体格格不入，即使在某种情况下也可以做出一些"成绩"，但是这种从个人名利出发的思想和行为，迟早会暴露出它对社会主义的危害。这次讨论所提供的有些材料，更进一步说明，一个青年，如果只是把追求名利当做人生的支柱，听任资产阶级名利思想的腐蚀，就必然会"用卑鄙的手段去争夺名利，去猎取功名"，这又怎么会对社会起推动作用呢？如果再仔细地观察一下社会的现实，我们就可以看到，不正是在追求"利"（金钱）的名义下，各种形式的经济犯罪活动不断滋长吗？同样，不正是在追求所谓"名"的影响下，一些人投机取巧、弄虚作假，从而换取个人荣誉而危害集体吗？正像有些青年所指出的，只要一陷入名利的泥坑，就必然会走向"只要能成名，手段是无所谓的"，就会堕落到罪恶的深渊。马克思还在青年时候，即当他准备选择走向社会的道路时，他就很清楚地认识到了这一点。在《青年在选择职业时的考虑》一文中，他说："伟大的东西总是围以辉煌的光彩，辉煌的光彩就会激起虚荣心，而虚荣心又很容易引起激动或我们心目中的激动；谁要是为名利的恶魔所诱惑，他就不能保持理智，就会依照不可抗拒的力量所指引给他的方向扑去。"马克思的这段话，在今天还是很有现实意义的。

（四）共产主义理想才是新中国青年前进的精神动力

我们生长在社会主义的新中国，正从事着社会主义现代化的伟大建设，并为共产主义社会的完全实现而努力。实现共产主义社会，这是人类历史上空前艰苦的事业。一个新中国的青年，应该自觉地认识到历史所赋予我们的这一艰巨而伟大的使命，认识到历史的必然和我们自己所应作的选择。确实，在当前的社会上，有一些人还受着旧思想的影响，把个人的名利当做自己的人生支柱，并且孜孜以求，为个人的名利而奔走，但他们的所作所为，必然是和今天的经济基础、社会制度、意识形态以及人和人之间的关系相矛盾的。在社会主义社会中，尽管人们的一切行动都同个人的、小集体的或某一阶层的利益相联系，但是，无产阶级的、全社会的整体利益，应该成为我们每个人行动的出发点和归宿。每一个人的具体的生活目的，可以彼此不同，往往和不同的具体利益相联系，但社会主义社会的集体利益，即建立在公有制基础上并符合历史发展要求的公共利益，应该是我们追求的共同目的。依据马克思主义的理论，人的本质是社会关系的总和，人的本性也必然会随着社会关系，特别是经济的变化而变化。在私有制的经济关系中，形成了人的自私的本性，随着公有制经济关系的萌芽、形成和发展，人们必然会而且已经形成了为社会、为集体的新的品性，正如马克思所说的："整个历史也无非是人类本性的不断改变而已。"但是，我们还应看到，诸如"自私是人的本性""人活着就是为了自己的名利"等思想，在今天的社会上还有一定的影响。这一方面是由于在一段很长的历史时期内，资产阶级的思想家们曾经极力宣传这一类思想，另一方面，由于意识落后于存在，很多人虽然已经生活在新的经济关系中，却往往背着沉重的旧包袱，不能适应新的发展。何况，公有制的经济关系虽然已经建立，但还不很完善，还正在发展，新的共产主义的思想并不可能自发形成，还必须要经过不断教育和先进分子的自觉努力。对每一个新中国的青年来说，一定要认识到历史发展的方向，认识到追求个人名利的思想是私有制的产物，它不符合社会主义的经济关系，必然同无产阶级的集体主义相对立。那些一味追求个人名利的人，必然会逃避对集体、对社会履行自己应尽的义务。有的青年还信奉所谓"利己而不损人"的信条，其实，利己和损人从一开始就是相伴而来的孪生子。在今天的社会中，如果一个人只追逐个人名利，而不是为了集体的事业，那他就必然会以不同的形式、不同的程度损害他人乃至集体的利益。

为了建设社会主义，我们一定要使自己成为"有理想、有道德、有文化、有纪律"的一代新人。毛泽东同志说过："人是要有一点精神的。"作为一个革命青年，更应该具有为崇高的共产主义事业而献身的精神。一个人如果只是为着追求个人的名利，会有什么意义呢？难道人的一生就是为了物质财富和生活享受吗？如果是仅仅从个人的生理本能、物质欲望和感官快乐出发去谋取个人的名利，这和其他动物又有什么不同呢？两千多年前的古希腊哲学家曾经说过："猪在污泥中取乐。"并以此来讽刺那些没有道德、没有理想的庸人。资产阶级从满足自己的私欲出发，醉心于追求自己的名利，但是，即使获取了大量的财产和"荣誉"，满足了自己的卑劣的私欲，又有什么意义呢？无产阶级认为，人活在这个世界上，只有为集体、为他人、为社会主义事业贡献自己的一切，才是最值得、最有意义的。马克思说得好："如果我们选择了最能为人类福利而劳动的职业，我们就不会为它的重负所压倒，因为这是为全人类所做的牺牲；那时我们感到的将不是一点点自私而可怜的欢乐，我们的幸福将属于千万人，我们的事业并不显赫一时，但将永远存在。"现实生活已经一再说明，只有这种远大的理想，才能使人奋发图强，并经得起各种艰难曲折的考验而不会消极悲观，不会失望动摇。优秀大学生张华是我们这一代青年的榜样，他之所以能够在关键时刻临危不惧，最根本的一点，就是因为他有着一个崇高的共产主义理想,他自觉地认识到,人活着不应该只为个人的名利,而应该为着人民。"我活着就要为人民解除痛苦,这是我最大的幸福。"知识分子的优秀代表蒋筑英,为祖国的四个现代化勤奋工作,不图名利,他的信条同样是,"人活着不能只是为了自己过好生活,要负社会责任"。我们新中国的青年,正处在形成、树立和巩固自己人生目的的关键时期,我们一定要警惕资本主义腐朽思想和其他剥削阶级思想的影响,自觉地树立起共产主义的崇高理想,并把它作为我们的生活目的和人生支柱,担负起新时期所赋予我们青年的光荣而又艰巨的任务。

第二章　弘扬以爱国主义为核心的民族精神

一、加强对大学生的爱国主义教育[*]

10年来，我国改革开放和社会主义现代化建设的进程说明，加强对大学生的爱国主义教育，对于培养有理想、有道德、有文化、有纪律的一代社会主义事业的接班人来说，有着非常重要的意义。最近几年来，一些坚持资产阶级自由化的人，极力宣扬民族虚无主义，鼓吹"全盘西化"，其目的是要使中国重新沦为外国反动势力的附庸，使中华民族重新遭受帝国主义的奴役。为了从理论思想和价值导向上正本清源，为了加强对大学生的政治思想和伦理道德教育，有必要对爱国主义的有关问题，进行一番认真的探讨。

爱国主义，一般来说，就是一个国家的人民对自己祖国的忠诚和热爱。爱国主义是一个历史范畴，在不同的时期和不同性质的国家，有着不同的内容。毛泽东同志说："爱国主义的具体内容，看在什么样的历史条

---

[*] 本文原载《中国高等教育》，1990（5）。

件下来决定。"剥削阶级的爱国主义是一种狭隘的民族主义，尽管在某种特定条件下，它也能起一定的积极作用，但其实质必然是为剥削阶级的利益服务的。在当前，有的资产阶级国家往往以爱国主义为幌子，推行其霸权主义和侵略政策，以强凌弱，以大欺小。社会主义中国的爱国主义同资产阶级国家的爱国主义则有着本质的不同，它是从中国各族人民的根本利益出发，并为维护其独立和尊严而对社会主义共和国抱有的一种忠诚和热爱。

在社会主义建设的新时期，爱国主义是我国改革开放和建设社会主义四个现代化的强大精神动力。中国是一个多民族的国家，有着源远流长的历史和灿烂的文化传统。中华各民族在长期的发展过程中，唇齿相依，休戚与共，从而形成了一种特有的凝聚力。每一个中华民族的成员都能切身地体会到，他们的命运是和祖国的命运密切相关的。社会主义新中国40年，特别是改革开放10年来所取得的举世瞩目的成就，大大地提高了我们民族的尊严。就是侨居外国的华侨，也都能切身感受到祖国国际地位的提高给他们带来的光荣和自豪。因此，对中国各民族人民来说，热爱祖国的优良文化传统和伦理传统，热爱祖国的山山水水，维护社会主义祖国的稳定，反对国内外反动势力的破坏，积极投身于社会主义四个现代化的建设事业，就是爱国主义在当前的具体表现。

（一）

对大学生进行爱国主义教育的一个重要方面，就是要让他们了解我们祖国长期发展的历史，了解近百年来中华民族的苦难遭遇及其所走过的道路。

今年是鸦片战争150周年。在鸦片战争中，英国侵略者用枪炮打开了中华古国的大门。之后，美、法等世界资本主义列强接踵而来，竞相宰割、瓜分中国，甚至划分势力范围，把中国变成它们的半殖民地。紧接鸦片战争之后，便是中法战争、甲午中日战争、八国联军侵华战争等等。更有甚者，帝国主义之间由于分赃不均，竟在中国土地上大打"狗咬狗"的日俄战争。它们强迫中国订立不平等条约，割地赔款，在中国土地上为所欲为。除动用武力之外，它们还进行政治侵略、经济侵略和文化侵略，乃至豢养走狗，扶植反动政权，鱼肉中国人民。它们的魔爪，从沿海伸向内地，控制了中国的财政金融，直到把持中国的海关。近代中国，就是这样被帝国主义弄得山河破碎、满目疮痍、经济破产、民不聊生。正如毛泽东同志所说，由于帝国主义的入侵，"中国的广大人民，尤其是农民，日益贫困以至大批地破产，他们过着饥寒交迫和毫无政治权利的生活"。

中华民族长期以来有着爱国主义的光荣传统，面对资本主义的侵略，中国人民英勇不屈，前仆后继，进行了艰苦卓绝的斗争。一百多年的中国近代史，是一部资本主义侵华的罪行史，也是一部中华民族反对外国侵略的爱国史。鸦片战争、太平天国运动、中法战争、甲午中日战争、戊戌变法、义和团运动、辛亥革命、五四运动、五卅运动、北伐战争、抗日战争，都充分地表现了中国人民高度的爱国主义精神。

中国人民经历了长期血与火的考验，无数革命先烈用鲜血和生命创造了独立自主的新中国，中华民族终于以巨人般的姿态屹立在世界的东方。"忘记过去就意味着背叛"，列宁的这句至理名言，我们应当永志不忘，在我们欢庆人民革命胜利的今天，我们要永远不忘资本主义对我们的侵略和压迫，永远不忘革命先烈们所付出的巨大牺牲。"灾难深重的中华民族，一百年来，其优秀人物奋斗牺牲，前仆后继，摸索救国救民的真理是可歌可泣的。"我们应当发扬革命先烈英勇无畏的精神，继承中华民族爱国主义的优良传统，坚决反对帝国主义和国际反动势力对我国的政治颠覆和"和平演变"的阴谋，更加坚定地为振兴中华、实现社会主义的四个现代化而努力奋斗。

（二）

在今天的中国，爱国和爱社会主义是完全一致的。中国人民选择社会主义道路，这是历史的必然。在鸦片战争以后，无数志士仁人，都在极力探求中国发展的道路。事实证明，在旧中国，由于资本主义和封建势力过于强大，软弱的民族资产阶级不可能建立起独立发展的资产阶级国家。戊戌变法失败了。康有为写了《大同书》，他没有也不可能找到一条到达大

第二章 弘扬以爱国主义为核心的民族精神

同的路。辛亥革命失败了。正像毛泽东同志所说的，资产阶级的共和国，外国有过的，中国不能有，因为中国是受帝国主义压迫的国家。一切别的东西都试过了，都失败了。历史证明，只有中国无产阶级的先锋队中国共产党，才能担负起领导中国革命的任务，使中国走上社会主义道路。

新中国社会主义制度的建立至今已有 40 年的历史。在这 40 年中，尽管我们遭受过一些挫折，走过一些弯路，犯过若干错误，但总的来说，社会主义制度已经初步显示出它的优越性。中国人民站起来了，外国反动势力欺凌、压迫中华民族的历史已经一去不复返了，中国实现了国家的独立和统一。在经济建设方面，就国民生产总值和年增长速度来说，就工农业的产品、产量来说，我们都取得了举世瞩目的成就。到 1989 年，我国的钢产量已超过 6 000 万吨。与此同时，在国际舞台上，中国不畏强权，坚持正义，坚决反对帝国主义的强权政治，揭露国际反动势力的强盗行径，在维护世界和平和争取人类正义事业的斗争中，发挥着越来越重要的作用。中国的国家实力增强了，国际地位提高了，从而使每一个中国人都为此感到自豪。

当然，我国在社会主义的发展过程中，确曾有过若干重大的失误。但是，这不能归咎于社会主义制度本身。社会主义制度是人类社会前所未有的新事物。应当看到，我们的有些失误是由于缺乏经验，有些失误是由于在指导思想上违背了社会主义建设的规律，还有些失误则是由于某些具体体制还不够完善，等等。值得欣慰的是，我们的国家对这些失误已经进行了并正在继续进行深入的分析，从中吸取教训，以保证我们的社会主义事业更好地向前发展。

近些年来，资产阶级自由化思潮泛滥，特别是在 1989 年春夏之交的政治风波中，一些别有用心的人，故意混淆是非，利用人们的某些模糊认识，如对爱国与爱社会主义的关系认识不清，他们就鼓吹说什么爱国不等于爱社会主义，企图把爱国和爱社会主义两者对立起来，其实质，就是企图在中国复辟资本主义，使中国人民重新陷入半殖民地的水深火热之中。资本主义代替封建主义，应当说是人类历史上的一大进步。但是，正像马克思所说的，资本的原始积累，是伴随着对劳动人民的残酷剥削、对黑人的贩卖以及对殖民地人民的疯狂掠夺等而获得的。今日一些资本主义国家之所以能够积聚大量财富，也主要是由于它们对全世界广大不发达地区长期强取豪夺的结果。

历史已经雄辩地证明，社会主义制度在中国的确立、巩固和发展，体现了中国社会发展的必然规律。如果不进行社会主义革命，就不可能推翻帝国主义、封建主义、官僚资本主义，就不可能建立起独立自主的新中国。我们可以设想，如果新中国成立之后不走社会主义道路，不坚持人民民主专政，那么，我们就不可能维护国家的统一和民族的独立，更不可能使全国人民的生活水平不断地得到提高。在当前的形势下，如果我们放弃社会主义，走资本主义的回头路，那么，在我国人口众多、社会生产力水平很低的情况下，大多数人就必然要重新遭受资产阶级的剥削和压迫。而且这种资本主义，只能是原始的、野蛮的、买办的资本主义。

对于我国的广大人民来说，在今天的历史条件下，爱国就是爱社会主义的中国，就是爱社会主义制度，就是爱坚持走社会主义道路的国家政权，就是爱领导中国社会主义革命和社会主义建设的中国共产党。在进行爱国主义的教育中，培养大学生具有坚定的社会主义信念和强烈的社会主义意识，并使他们能自觉地成为社会主义事业的接班人，是极为重要的。

（三）

对于广大大学生来说，确立集体主义的价值导向，培养和树立集体主义的思想，是向他们进行爱国主义教育的重要方面。

社会主义的集体主义，作为一种道德原则和价值导向，它的基本要求是，坚持社会主义的国家利益和整体利益高于个人利益；在保障国家和社会整体利益的前提下，充分发挥个人的才能，实现个人的价值；在两者发生矛盾时，要自觉地、无条件地使个人利益服从于国家和社会利益。

在社会主义社会中，爱国主义和集体主义是完全一致的。热爱祖国，就是要热爱社会主义的整体，为维护社会主义国家的整体利益而贡献自己的力量。热爱祖国，就是要强化每个人对国家的义务感和责任心，并把这种义务感和责任心转化为强烈的信念，从而自觉地以国家的主人翁的姿态,为祖国献身,直到当国家处于危亡关头,能够"杀身成仁、舍生取义",为祖国牺牲自己的一切。

在培养爱国主义思想中,要使大学生认识到,每一个青年的成长,都是同祖国和人民的辛勤哺育分不开的。对于大学生来说,尤其是这样。国家和社会,为培养社会所需的各种专门人才,付出了很大的代价,因此,每个大学生都应当把报效祖国、为社会主义建设服务作为自己应尽的光荣职责。在前几年资产阶级自由化思潮泛滥时,资产阶级个人主义思想不断地滋长蔓延,其结果是,一些人不适当地强调"个人价值""个人尊严",以至把个人利益摆在民族利益和国家利益之上。有些人还公开提出要"为个人主义正名",要把个人主义作为一种顺应改革开放潮流的新观念来取代集体主义。他们片面地强调个人的权利和自由,宣扬"自我设计"和"自我奋斗",其结果,则使"个人"日益与"社会"疏远,把实现"自我价值"同维护国家的尊严绝对地对立起来。这种把个人和国家对立起来、诱导青年一味追逐个人私利的思想,是极端有害的。要发扬爱国主义的精神,就必须发扬集体主义的精神。要想使国家富强起来,就必须在广大大学生中树立起"个人利益服从整体利益、眼前利益服从长远利益、局部利益服从全局利益"的思想,树立起为民族争光、为国家争气的思想。现在许多大学生都热切地提出一个问题:青年知识分子怎样选择正确的成长道路?我想,最根本的就是要树立起正确的人生观和价值观,正确地理解个人与社会、个人与国家的关系,以国家利益和整体利益为重,把个人的事业融入振兴中华的强大洪流之中去。青年人的自我价值和自我尊严,只有在维护社会主义的整体及国家的价值和尊严中,才能得到真正的体现。从这个意义上来看,集体主义是爱国主义的基础,而爱国主义则是集体主义的运用。树立集体主义的价值导向,培养大学生对国家和社会的高度责任心,使他们能够胸怀全局,为国分忧,自觉地把满足国家的需要看做自己的责任,只有这样,我们的爱国主义教育才算真正收到了成效。

(四)

对大学生进行爱国主义教育,还要使他们认识到,要努力学好知识,掌握好现代的科学技术，从而为振兴祖国贡献自己的力量。

中国的社会主义建设，已经取得了重大的进展，例如，工农业生产都有了很大的增长，初步地解决了 11 亿人口的温饱问题，粮食、棉花、钢铁、煤炭、电力等主要产品产量已跃居世界前列，有的已居于首位。但是，我们应当清醒地看到，我国人均国民生产总值，同世界发达资本主义国家相比，差距还相当悬殊。在一些领域里，我国的科学技术的发展还是比较落后的。我国的大学生，必须在坚持正确的政治方向的前提下，刻苦学习，勤奋钻研，尽早掌握现代的科学技术，只有这样，才能使我们的祖国尽快地强盛起来。

在当前，国际资本主义的反动势力，正是依靠着其在科学技术上的优势，不断地扩大军事实力，威胁发展中国家，并以其高、尖技术所生产的工业产品，以不等价交换的方式，继续对发展中国家进行经济上的掠夺。最近半年来，我曾到过联邦德国、英国、法国、日本和美国，在这些国家的超级市场中，几乎可以看到来自世界各地的农副产品，真可以说是品种繁多、应有尽有，而这些东西，都是它们以极为低廉的代价从发展中国家用工业产品换来的。直到现在，国际资本主义的反动势力仍然肆无忌惮地妄图干涉中国的内政，叫喊要在经济上制裁中国，原因之一，就是由于它们掌握了先进的科学技术，拥有较为雄厚的经济实力。在旧中国，许多爱国志士，也曾看到科学技术对于发展国家的重要作用，他们从爱国主义的立场出发，曾经想走科学救国的道路。但是，实践证明，不推翻旧的剥削制度，这种愿望是不可能实现的。社会主义制度的建立，为发展科技、振兴祖国创造了根本的前提。老一辈的科学家，宁愿放弃在国外优越的物质条件和研究条件，排除万难，毅然回国，正是看到了科学技术能使我们国家富强的重要作用。新一代的不少大学生，也正是抱着企望祖国能够尽快富强的满腔热情，努力学习科学技术，为"四化"建设贡献自己的力量。每一个大学生都应当认识到，"振兴中华"同"振兴科技"是一致的，在社会主义制度下，"科学兴国"恰恰是爱国主义的重要内容。每一个热爱祖国的大学生，都要把"掌握科学技术"作为自己的一项光荣责任，并尽心尽力、全心全意地为祖国的"四化"建设做出自己的贡献。

在资产阶级自由化思潮泛滥期间，曾有一种观点认为，科学无国界，科学家应当是世界公民。这种观点否认了一个基本事实，就是在当代世界上，仍然存在着剥削和压迫，仍然存在着两种根本不同的国家即资产阶级统治的国家和无产阶级统治的国家。当然，从科学是全人类的共同财富这个意义上来说，科学可以是无国界的，但是，谁都知道，科学家是有祖国的。在社会主义国家中，科学家献身祖国是献身科学的应有之义，每一个科学工作者，都要尽力使自己所掌握的科学技术，能为祖国的建设服务，能够在捍卫社会主义和反对国际资本主义反动势力的斗争中贡献力量。这是我们对社会主义祖国应尽的义务和应负的责任。那些宣扬科学家要当世界公民的人，他们的丑恶嘴脸已经被他们的叛国行为彻底揭穿了，这对我们的大学生来说，也是一个很好的教育。

二、新时期的中华民族精神[*]

"民族精神是一个民族赖以生存和发展的精神支撑。一个民族没有振奋的精神和高尚的品格，不可能自立于世界民族之林。"为了实现中华民族的伟大复兴，为了建设全面的小康社会，在我国社会主义现代化建设中，进一步认识民族精神所具有的特殊重要作用，是我们在先进文化建设和思想道德建设方面所面临的一个特别突出的问题。

综观历史上各民族发展的兴衰成败过程，我们可以从中看到一个值得注意的带有规律性的现象，这就是，凡能够自立、自强于世界民族之林的强大民族，都有一种特有的民族精神作为支撑；同时，一个民族之所以衰亡和没落，又总是同丧失了这种民族精神密切相关。因此，有没有高昂、振奋的民族精神，就成为一个民族能否兴旺发达的一个重要因素，这也就是一切强大民族都特别致力于民族精神的培育和弘扬的一个重要原因。

当前，民族精神在综合国力的竞争中的地位和作用，愈来愈显得重要

---

[*] 本文原载《以德治国与公民道德建设》，郑州，河南人民出版社，2003。原文题目为《建设先进文化　弘扬民族精神》。

和突出，我们建设社会主义先进文化的一个十分重要的方面，就是要丰富人们的精神生活，增强人们的精神力量，培育和弘扬中华民族的民族精神，从而为中华民族的伟大复兴提供最强大的精神支撑。

（一）中华民族精神的形成和发展

我们知道，民族是由共同语言、共同地域和共同经济生活相联系，并孕育着共同的心理素质、思想感情和文化观念的一个共同体，民族精神就是这个共同体赖以发展和壮大的精神动力。

中国是一个多民族的国家，这些民族自古以来就劳动、生息、繁衍在这块幅员辽阔的大地上，并形成了一种博大精深、内容丰富的中华民族精神。这一民族精神是在长达5 000年漫长的历史中，由众多成员共同创造和培育的，是各个民族在生产劳动和社会生活中，通过思想感情、意志信念、心理素质、道德观念等长期的相互交融后凝聚而成的，是所有民族的共同精神财富。中华民族的各族人民，为了维护各民族的共同生存和共同发展，为了维护社会稳定和国家主权，为了抵御外国侵略和建设美好的家园，不断培育和发展中华民族所特有的民族精神。中国这个文明古国之所以能长盛不衰，中华民族之所以能够不断蔓延、发展和壮大，就是同这一民族精神密切相关的。在今天，中华民族的民族精神，不但是社会主义四个现代化建设的精神动力，而且是凝聚中华民族和全世界各地华人华侨的一种不可代替的民族情感和精神力量。正如民族是不断发展的一样，民族精神也是随着时代的变化而发展变化的。今天我们所要培育和弘扬的中华民族精神，正是在历史的发展中不断丰富和完善的。

中国古代所孕育、发展和形成的传统民族精神，是中华民族精神之源。这些精神，在今天仍然有着强大的生命力。只要我们能"古为今用"，结合时代的要求，立足于社会主义的实践需要，赋予其新的意义，它就必然能显现出更加强大的生命力。这些精神就是："公而忘私、国而忘家""先天下之忧而忧，后天下之乐而乐""国家兴亡、匹夫有责"的爱国主义精神；"仁民爱物""厚德载物"的博爱精神；自力更生、发奋图强的自强不息精神；"以和为贵""协和万邦"、重视"人和"、强调"德莫大于和"

的团结友善、热爱和平精神；勇敢勤劳、知难而进的艰苦奋斗精神；"富贵不能淫，贫贱不能移，威武不能屈"的坚贞刚毅精神；"与时偕行""革故鼎新""日新又新"的改革精神等。这些古代传统民族精神，已经成为中华民族世世代代、生生不息的力量源泉，是中华民族悠久传统文化的重要组成部分。

自从中国共产党成立以来，在中国共产党人、人民军队、一切先进分子和人民群众的努力下，在中国新民主主义革命和社会主义革命与建设中，又不断地形成了中华民族的革命精神，这是中华民族精神在新时期的重要发展。这些精神就是：以"井冈山精神""长征精神""延安精神""红岩精神"等为代表的排除万难、勇往直前、压倒一切困难的不屈不挠的革命精神，以"张思德精神""焦裕禄精神""雷锋精神"为代表的大公无私的全心全意为人民服务的精神，以"大庆精神""铁人精神"为代表的新的艰苦奋斗、勤俭创业的精神，"抗美援朝、保家卫国"、自立自强的新的爱国主义精神等。这些革命精神，对我国的新民主主义革命和社会主义革命，对我国的社会主义建设，发挥着极其重要的作用，没有这些精神作为动力和支撑，我们就不可能建立起今天的社会主义社会。

十一届三中全会以来，特别是十一届四中全会以来，在"实事求是"思想路线的指导下，在"一个中心、两个基本点"的思想指引下，在中华民族伟大复兴的感召下，历史又不断地赋予中华民族以适合时代需要的新的精神。这些精神就是：坚持"实践是检验真理的唯一标准"的"解放思想、实事求是"的精神，新中国成立以来不断孕育发展的、以"两弹一星精神"为代表的"热爱祖国、无私奉献、自力更生、艰苦奋斗、大力协同、勇于攀登"的精神，以"抗洪精神"为代表的"万众一心、众志成城、不怕困难、顽强拼搏、坚韧不拔、敢于胜利"的精神，为社会主义四个现代化而努力的不懈奋斗精神，为实现中华民族伟大复兴、不断推动我国各个方面事业不断发展的"紧跟时代、勇于创新"的精神，以徐虎、李素丽、李国安等为代表的新的"淡泊名利、无私奉献"的精神等。这些精神，是我们建设社会主义四个现代化和全面实现小康社会的新的精神财富。

(二) 新时期的中华民族精神

党的十六大，在"三个代表"重要思想的指导下，在先进文化的建设上，不但强调了"坚持培育和弘扬民族精神"的重要任务与使命，而且对中华民族精神作了新的提炼和概括，明确提出新时期的中华民族精神就是"以爱国主义为核心的团结统一、热爱和平、勤劳勇敢、自强不息的伟大民族精神"。

爱国主义是中华民族精神的核心，是贯穿中华民族精神自古至今的一根极其鲜明而清晰的主线，所有中华民族精神的内涵，都是紧紧围绕着这一主线而发展和丰富的。爱国主义是维护中华民族各民族之间的团结、友好与合作，维护祖国的统一、安全和稳定的最重要的精神力量。在漫长的历史时期中，爱国主义已成为我们民族的宝贵的民族性格，越是在艰难困苦、外敌侵略、生死存亡的危急关头，中华民族的爱国主义就更加显示出强大的力量。社会主义的爱国主义，是中国古代历史上传统的爱国主义的新发展，它最显著的特点是，这一爱国主义是同爱社会主义密切相连的，爱中华人民共和国、爱中华民族、爱社会主义三者是统一的。培育和弘扬中华民族精神的中心环节，就是要使社会主义爱国主义成为我们时代的最强音。

"团结统一"是新时期爱国主义精神的一个重要方面。"团结统一"就是要形成一种对社会主义中国、对中华民族的一种强大的向心力和凝聚力，要使中国的56个民族亲密无间，各阶层的广大群众同心协力，全国人民同心同德、精诚团结。中国自古以来就有"和则一，一则多力，多力则强"的思想，这里的"和"就是"团结"。"团结就是力量""团结就是胜利"，只有"统一"，只有"万众一心"，才能不断地发展，才能战胜一切艰难险阻。"民族的团结""国家的统一"是中华民族在历史经验中所培育的民族精神，也是我们建设中国特色社会主义事业、和平统一祖国的强大武器和精神支柱。

"热爱和平"在中华民族精神中有着特殊的地位。自古以来，中华民族就以热爱和平著称于世，以平等待人屹立于世界民族之林。"以和为贵",是中华民族在为人处世中的一个基本准则。在各民族之间,强调要友好相处,要"和衷共济""和睦相亲";在人和人的交往和相互关系中,强调要"和气致祥""和气生财";在社会生活中,主张"政通人和";在国与国的关系中,主张"协和万邦""和平共处",反对一切形式的侵略战争,反对"以强凌弱""以众暴寡",主张国家不分大小,都应当平等相待。

"勤劳勇敢"是中华民族在漫长的历史时期中,在与艰苦的自然条件和严酷的社会斗争中锻炼和培育的一种吃苦耐劳、艰苦奋斗、不畏艰险、勇于攀登、俭朴勤奋的不屈不挠精神。"愚公移山""精卫填海"就是这一精神的最早体现。既勤劳而又勇敢,这种"特别能吃苦、特别能战斗"的艰苦奋斗精神,是中华民族所以能够生存和发展的一个重要原因。坚持和发扬这一精神,就能够在极端困难的条件和环境下,迎着困难而勇往直前,顶着逆流而百折不挠,直到取得最后的胜利。在全面建设小康社会的新时期,弘扬"勤劳勇敢"的精神,尤其有着重要的意义。

"自强不息"是中华民族传统民族精神的一个极为突出的方面。在长达数千年的历史中,形成了中华民族的"独立自主""自力更生"、知难而进、排除万难去争取胜利的精神。自强不息,就是要自立、自信,要发奋图强,要知难而进、前仆后继。中国自古就有"富贵不能淫,贫贱不能移,威武不能屈"的"德操",有"杀身成仁、舍生取义"的献身精神。"自强不息",就是要有"与时偕行""日进不已""与时俱进"的精神。只有"自强不息",我们才能随着时代的变化而不断发展,才能不囿于陈规而勇于创新,才能不自满自足而谦虚谨慎,才能在当前国际的激烈竞争中立于不败之地。

(三) 坚持弘扬和培育民族精神

中华民族精神,随着时代发展而前进,在前进中不断形成新的内容,体现着新的时代要求,是时代精神的反映。在建设中国特色社会主义和全面实现小康社会的历史时期,在世界范围内各种思想文化相互影响、相互激荡的激烈竞争中,弘扬和培育中华民族的民族精神,已成为我们思想道德建设、精神文明建设和先进文化建设的一个极为重要的任务。

　　为了更好地培育中华民族精神，党的十六大要求我们，把坚持弘扬和培育民族精神"纳入国民教育全过程，纳入精神文明建设全过程"。这就是说，我们要从幼儿教育开始，在各级各类学校，运用各种有效的手段，创造有利的氛围，培育人们的民族精神；同时，在精神文明建设的各个方面和各个地区，在创建先进城市、社区等各种活动中，在思想道德建设的各个环节，都要注意民族精神的培育和弘扬，以丰富人们的精神生活、增强人们的精神力量，使全体人民始终保持昂扬向上的精神状态。只有这样，中华民族的伟大复兴和全面建设小康社会的宏伟目标，才能顺利实现。

三、民族精神与先进文化[*]

　　什么是中华民族精神？

　　中华民族精神，是在长期历史中逐渐孕育、发展、形成的又富有时代新意的一种中华民族所特有的精神，其中最突出的就是"团结统一、独立自主、爱好和平、自强不息"的精神。中华民族精神是同中华民族的博大精深的文化传统和优良的道德传统紧密相连的，而且又是同中国新时期的革命精神融为一体的。

　　中华民族被称为礼仪之邦和文明古国，所谓"礼仪"和"文明"，就是同中华民族的这一伟大的民族精神密切联系在一起的。

　　民族精神又总是同一个国家和一个民族的爱国主义思想紧密联系在一起的。在中华民族长期发展的历史中，爱国主义是中华民族精神的一根主线，为公、为国、为民族、为社会、为整体的献身精神，是中华民族在长达几千年的历史中能够保持统一的一个最重要的精神支柱。"公而忘私、国而忘家""先天下之忧而忧，后天下之乐而乐""国家兴亡、匹夫有责"

---

　　[*] 本文原载《以德治国与公民道德建设》，郑州，河南人民出版社，2003。收入本书时有删节。

第二章 弘扬以爱国主义为核心的民族精神

的思想,成为鼓舞、激励中华民族不断奋进的一股强大的力量。从我国的文学、艺术和民间的大众舆论和荣辱观念中,我们也能够感受到这一深入人心的爱国主义精神,感受到在中华民族中所形成的以爱国为荣、以卖国为耻的荣辱观念。江泽民同志说,"世界上任何国家在任何制度下,都非常重视对人民进行爱国主义的教育,在我们这样人口众多的社会主义国家里,更应如此",又说,"对全民族和全体人民来说,首先要抓好爱国主义教育"①。

在社会主义社会,中华民族精神是社会主义先进文化的一个重要组成部分。

文化是有继承性的一种意识形态。社会主义的新文化,既是对社会主义经济、政治的反映,是一种崭新的文化,同时,又继承和吸取了民族优秀传统文化的成果。同样,民族精神特别是我们所说的中华民族精神,既包含着社会主义实践发展所要求的新的文化,更包含着一切民族的优秀文化遗产。

中华民族精神,体现着为国家、为集体、为民族的整体主义精神,体现着"爱国守法、明礼诚信、团结友善、勤俭自强、敬业奉献"的道德要求,体现着为实现中华民族的繁荣富强而不屈不挠的奋斗精神。"仁者爱人""忧国忧民""德莫高于爱民""因民之所利而利之",这些民族的优良传统,在被赋予新的时代意义后,已经成为最大多数人民利益的反映。在先进文化的要求中,热爱社会主义祖国,自强不息,艰苦奋斗,为祖国的繁荣昌盛而献身,是一个极其重要的方面。

弘扬中华民族精神,对增强民族凝聚力,有什么重要意义?

正如我们在前面提到的,中华民族精神是在长达 5 000 年的漫长的历史时期中,由中华民族的众多成员共同创造和培育出来的,它是所有民族的共同财富,是同各民族的感情、意愿、心理、道德等有着亲密联系的。从一定意义上,我们可以说,中华民族精神体现着所有民族的共同感情、共同意愿、共同心理和共同道德,它对每一个民族、对所有民族的每一个

---

① 《毛泽东 邓小平 江泽民论思想政治工作》,124 页,北京,人民出版社,1997。

成员，都有一种亲和力。对于一个多民族国家来说，这种亲和力尤为重要。

中华民族精神，不但是团结国内50多个民族的一种强大的精神力量，而且是凝聚全世界各地华人华侨的一种不可代替的民族情感，是中华民族不断兴旺发达、日益亲密团结的一个重要纽带。弘扬中华民族精神，对促进祖国的统一、加强海外侨胞对祖国的关心和爱护，都有特殊的重要作用。

在社会主义市场经济条件下，强调精神力量有什么特殊意义？

在人们生存和生活的社会中，既有维持人们生存和发展的物质世界，也有提高和升华人们思想道德的精神世界；我们既要建设高度发达的物质文明，又要建设丰富多彩的精神文明。同样，对于整个社会的可持续发展来说，既要有推动社会发展的物质力量，也要有促使社会前进的精神力量。整个人类社会的发展和进步，就是物质力量和精神力量交互作用的结果。

在历史发展的相当长的时间里，一些唯心主义的思想家和政治家，把精神力量看成推动社会发展的唯一决定的力量，认为精神主宰一切和决定一切。随着资本主义启蒙思想的发展，特别是世界工业化进程的不断发展和科学技术的日新月异，物质主义、消费主义、拜金主义和享乐主义的思潮大行其道，曾经成为西方一种影响重大的伦理思潮。这一思潮的主要特点就是：只重视物质财富的增加和物质生活水平的提高，只重视物质生活的享受和感性欲望的满足，而忽视、排斥甚至否定人的精神生活的重要性，宣扬"人活着就是为了吃、喝、玩、乐"的腐朽、消极的人生观和价值观。改革开放以来，这种思潮也随着西方先进技术的传播，在我国社会上的一些阶层和一部分人中间不断蔓延，冲击着我国社会主义的理想和信念，败坏着我国的社会风气，腐蚀着人们的灵魂。

对于这种错误思想，马克思主义经典作家和我党的三代领导人都进行过多次的批评，并多次强调思想道德、精神境界和精神力量的重要性。马克思曾经尖锐地批判过当时的庸俗唯物主义者，因为他们不知道精神力量在社会生活中的极其重要的作用。毛泽东同志从辩证唯物主义的观点出

第二章 弘扬以爱国主义为核心的民族精神

发,提出了人的"主观能动性"和"物质变精神""精神变物质"的重要理论。邓小平同志在改革开放初期就明确地指出,我们不但要建设高度的物质文明,而且要建设高度的精神文明,他说:"从延安到新中国,除了靠正确的政治方向以外,不是靠这些宝贵的革命精神吸引了全国人民和国外友好人士吗?没有这种精神文明,没有共产主义思想,没有共产主义道德,怎么能建设社会主义?"[①] 他还特别强调,"理想""信念"等精神力量,"无论过去、现在和将来,都是我们的真正优势"。江泽民同志针对市场经济可能对社会主义的理想、信念带来消极影响,使人们的思想道德和社会风气受到腐蚀,多次提出在提高人民物质生活水平的同时,要提高人们的思想道德和精神境界,他说:"物质贫乏不是社会主义,精神空虚也不是社会主义。社会主义不仅要使人民物质丰富,而且要使人民精神生活充实。"江泽民同志把民族精神作为我国的综合国力的一个重要体现,他说:"一个国家,一个民族,如果没有自己的精神支柱,就等于没有灵魂,就会失去凝聚力和生命力。有没有高昂的民族精神,是衡量一个国家综合国力强弱的一个重要尺度。"

按照马克思主义的观点,物质条件是基础,一切政治、文化发展变化的背后,都有其物质的、经济的动因。但是,精神对物质有着巨大的反作用。在一定条件下,精神可以变物质,精神力量可以转化为强大的物质力量。在人类发展的历史长河中,精神力量曾经发生并且正在发挥着极其重要的作用。包含科学技术发明在内的对客观世界的真理性认识需要精神力量的推动,鼓舞人们不断前进的美好、幸福又极其艰巨的社会主义和共产主义事业,若没有一种伟大的精神力量作为支柱,也是决不可能实现的。精神力量的伟大,是不可以被低估和轻视的。那些沉醉于物欲之中而看不到精神重要性的人,都是一些被物欲蒙蔽的庸人。在一定情况下,精神力量可以成为战胜一切艰难险阻的"至大至刚"的强大力量。在建设社会主义现代化的过程中,理想、信念、思想道德和民族精神的力量,更有着特殊的作用。

---

① 《邓小平论社会主义精神文明建设》,2页,北京,学习出版社,1996。

"精神",对于人来说,是最可宝贵的。毛泽东说,"人是要有一点精神的";邓小平说,没有革命精神,就不可能有中国革命的胜利;江泽民同志又进一步指出,没有精神支柱,"就等于没有灵魂",要"使人们的精神世界更加充实"。因此,丰富人们的精神世界,增强人们的精神力量,是实践先进文化前进方向的重要要求,它必将有利于提高全民族的思想道德素质和促进人的全面发展,有利于形成民族的凝聚力和向心力,有利于增强我国的综合国力,实现中华民族的伟大复兴。

值得注意的是,在当前,确实存在着一种忽视精神力量的庸俗的、低级的物质消费主义和享乐主义的倾向,它把"感官的享受"作为人生的唯一的目的,否认精神力量的重要性,鼓吹物质生活高于一切。它不要"理想"、只要"金钱",不要"信念"、只要"私利",不要"精神"、只要"物质",不要"奉献"、只要"索取",散发着腐朽、糜烂的气息,污染和腐蚀着社会风气和社会环境。我们一定要坚决抵制这种腐朽、糜烂的享乐主义和自我中心主义,充分认识到丰富人们的精神世界、增强人们的精神力量的特别重要的作用。

我们党要始终代表先进文化的前进方向,就一定要按照江泽民同志在 2002 年 5 月 31 日的讲话中所强调的,积极地大力丰富人民群众的精神世界,不断增强人民群众的精神力量,提高全民族的思想道德素质,促进人的全面发展。

要看到,在社会主义思想道德建设中,一个十分重要的内容,就是强调要坚持社会主义的价值导向。从思想道德方面来看,正确的价值观,就是要把"中国最广大人民的根本利益"作为判断一切思想、行动和事物的有无价值和价值大小的最高标准。因此,我们既要充分尊重公民个人合法利益,又要把国家和人民利益放在首位,这是我们一切行为所应当和必须依照的行为准则。要大力抵制一切腐蚀人们精神世界的腐朽的文化垃圾,在全社会大力加强思想道德教育,提高全民族的思想道德素质,把以德治国同依法治国紧密地结合起来,为社会保持良好的秩序和风尚营造高尚的思想道德基础。正是在这样的意义上,我们认为,思想道德建设是发展先进文化的"中心环节"和"重要内容"。

第三章　树立正确的人生价值观

一、人生观和道德修养*

　　人生观和道德修养问题，是伦理学研究中的重要问题。同一切剥削阶级伦理学不同，马克思主义伦理学强调培养具有共产主义道德品质的新人的重要意义，因此，对人生观和道德修养问题，必须严肃认真对待。

　　人的一切行动，都是由人的思想意识作指导的，人的世界观和人生观，对人的道德理想和道德修养起着总的指导作用。要确立正确的生活道路，树立崇高的道德理想，首先必须解决人生观问题，特别要重视人生观在道德教育和道德修养中的重要作用。列宁曾经深刻地指出："应该使培养、教育和训练现代青年的全部事业，成为培养青年的共产主义道德的事业。"① 而在对青年的教育中，"我们的主要目的是锻炼严整的革命人生观"②。列宁的教导，在今天仍然具有重要的现实意义。

----

　　* 本文原载《道德与道德教育》，上海，上海人民出版社，1981。
　　① 《列宁全集》，中文1版，第31卷，257页，北京，人民出版社，1958。
　　② 《列宁全集》，中文1版，第6卷，463页，北京，人民出版社，1959。

人生观与道德理想、道德修养有着密切的联系。人生观是讨论人生目的和人生意义的，道德理想是研究如何做人或做人的标准的，道德修养是实现人生目的和达到道德理想所实行的一种涵育锻炼的功夫。人生观决定人的道德理想，而道德理想体现人的人生观。道德理想是人们行为的最高标准，从另一角度说，它又是一定的道德原则和道德规范在一定社会、一定阶级的理想人物身上的体现，亦即道德上的理想人格。从历史发展过程来看，无产阶级的人生观和道德理想是最先进、最科学的，是我们的时代精神的集中体现；是无产阶级和革命人民为实现共产主义理想，而进行新民主主义革命、社会主义革命和现代化的社会主义建设的行动指南。从根本上来说，只有树立正确的人生观，才有正确的道德理想和明确的道德修养方向，也只有在各种不同的环境中，经过长期认真坚持不懈地进行道德修养，才能逐步形成道德上的理想人格。

　　我们知道，人们在社会生活中，在生产斗争和阶级斗争中，必然要和自然界以及周围的人们发生各种各样的关系，产生对各种事物的看法，并在这种看法的基础上，形成对整个世界的一些总的根本的看法，这就是世界观。

　　人在社会生活的过程中，在形成对周围各种问题的看法时，对自己的生活产生这样那样的感受和认识，并根据这些认识对人为什么活着、人做一切事都是为了追求什么目标、应该怎样做人以及怎样做人才有意义等有关人生的重大问题，形成自己的根本看法和态度，这就是人生观。

　　一般来说，世界观是人生观的基础，它直接影响人们对人生的看法，影响人们对生活道路的选择，支配着人们的人生观。因此，为了树立正确的人生观，就必须认真地学习和掌握辩证唯物主义和历史唯物主义世界观，认清社会主义必将发展到共产主义的客观规律。世界观对人生观虽然有重大的指导作用，但是世界观不能代替人生观。同一种世界观，又可以有各种各样的人生观。之所以会有这样的情形，一个很重要的原因，就是世界观是人们对自然和社会的总看法，它总是和人对客观世界的认识，特别是对自然界的认识有关，而人生观则更多地和一个人在社会上的生活环境和切身遭遇相联系，同自然界的关系相比较，它同社会中人和人之间的关系更为密切。一个在自然观上坚持唯物主义观点的人，由于在社会上经历各种不幸遭遇或受到许多意外打击，很可能趋向宿命论，产生悲观厌世的人生观。同是主张唯物主义的自然观，有的人却可以把个人的物质享乐当做人生的目的，而有的人却努力追求为人类、为社会谋幸福的理想。同样，一个在自然观上基本是唯心主义观点的人，也可能有比较进步的人生态度，追求为人类和社会利益服务的道德思想。这种复杂的情况，是需要从个人所处的社会环境和复杂的关系中寻找原因并加以说明的。

一个社会的政治状况、道德风尚和人与人之间关系的各种复杂变化，往往给予人们的人生观以深刻的影响。在以生产资料私有制为基础的社会里，在以利己主义为道德原则，充满了投机取巧、营私舞弊、自私自利、尔虞我诈、唯利是图的社会风气中，要想形成整个社会的良好高尚的道德风尚，是不可能的。这样的社会条件必然深刻地影响着人们的人生态度和道德选择。因此，在马克思主义的历史唯物主义看来，为了培养共产主义的人生观，就必须对整个社会实行革命的改造，从而改变社会风气。在社会主义社会里，虽然实现了生产资料的公有制，有马克思主义的正确的政治思想路线，但也必须清除社会上的各种歪风邪气，如损人利己、唯利是图、利用职权作威作福、贪污受贿、营私舞弊等，才能逐步地形成一种人人关心集体、关心他人、朝气蓬勃、健康朴素、乐观向上和讲文明、有礼貌的新风尚。也只有在改造社会和改变社会道德风貌的同时，新的人生观教育才能收到应有的效果。如果只是就人们的人生观问题来谈论人生观，或者想单纯用教育的方法，达到培养"严整而革命的人生观"的目的，也是困难的。

世界观和人生观有着相互制约的关系。世界观支配人生观，人生观又往往能够影响以至改变人们已经形成的世界观。在社会生活中，人们所处的社会环境和所经历的顺逆、荣辱、得失、成败，对人生观有很大的影响。一个基本上树立了正确人生观的人，在连续遭受各种不幸和严重打击之后，也可能对人生产生种种消极、悲观和愤世嫉俗的态度，甚至使原来的世界观发生动摇或改变。经历了十年动乱，有些人产生了"看穿""看透"的想法，动摇了原来的信仰甚至改变了自己的世界观，其根本原因就在这里。

为什么在当前情况下,有些人产生了种种非无产阶级人生观,而在过去很长一段时期内,却并非如此呢?回忆在战争年代,广大解放区里的人民朝气蓬勃,踊跃参军,不怕牺牲,前仆后继,一个人倒下去,千万个人站起来,为祖国解放而战。在那么艰苦的环境中,人们对人生的信念并没有发生动摇。在20世纪50年代和60年代初期,社会安定团结,祖国的建设事业蒸蒸日上,人和人之间充满着同志友情,人人相互关心、相互帮助,热爱祖国、热爱集体、热爱社会主义,人们对社会主义建设、对共产主义事业和人生的意义,充满着信心和极大的希望,这是很多人都亲身经历的。为什么这十几年,竟会发生如此不同的情况呢?

依据历史唯物主义原理,道德风尚是社会经济、政治的反映,历来都是如此。从某种意义来说,社会道德面貌、人们的精神境界可以说是社会经济、政治最灵敏的测量仪。在有的人中间,之所以出现"人都是自私自利的""人生一世,吃喝二字""主观为自我,客观为大家"、随波逐流、敷衍应付以至轻生厌世等人生观,究其原因,最重要的一条,就是由于林彪、"四人帮"的长期破坏,使我国的经济、政治状况以及人和人之间的种种关系出现了倒退。也由于十年动乱,各种腐败现象得到蔓延,社会上的阴暗面有所扩展,封建特权思想影响着部分人的行动,不少人的遭遇和感受往往使他们动摇了无产阶级的革命的人生观。这种情况,虽与一个人的政治、认识水平和道德修养有关,但复杂的社会因素也是一个重要原因。

但是,客观环境、个人遭遇对人生观的影响,也必须辩证地加以考察,既要认识到经济、政治状况和道德风貌对人生观的影响,还必须强调人们在改造现实中树立共产主义人生观的自觉的能动作用。要看到在无产阶级掌握了政权的社会条件下,只要我们坚持为美好的共产主义理想而斗争,始终不动摇自己的革命信念,在任何逆境中都不灰心丧气,并注意进行道德修养,就能逐步树立起共产主义人生观。事实说明,在同样的环境中,虽然有着共同的遭遇,不少人更加坚定了对共产主义的信念,为人类美好理想的最终实现英勇奋斗,坚贞不屈,直到献出了自己的生命。逆境和挫折，既可以使人们失掉信心，消极颓废，也可以使人们发愤图强，奋勇前进。"河出潼关，因有太华抵抗，而水力益增其奔猛；风回三峡，因有巫山为隔，而风力益增其怒号"，就是这个意思。社会有阴暗面，就必然存在着同这种阴暗面作斗争的力量。在我们这个社会里，虽有阴暗的一面，但主流仍然是光明的，广大群众仍然是向往共产主义的。从表面上看，信奉"人人为自己，上帝为大家""人不为己，天诛地灭"的人好像不少，但这只是在十年浩劫后出现的短暂现象，其实，热爱集体、关心人民、为集体利益而积极努力的确实大有人在。历史的潮流总是要前进的，可能在向前发展过程中，会有暂时的曲折和倒退，但归根到底是不可逆转的。光明必将战胜黑暗，共产主义最终必然实现。在人生的道路上，不论处在什么逆境中，碰到什么样的困难，都不能动摇为共产主义事业的崇高理想而斗争的信念和决心。

无产阶级的革命的人生观，是和以往一切非无产阶级的人生观相比较而存在、相斗争而发展的。为了树立严整的、革命的人生观，加强无产阶级的道德修养，我们必须了解、分析、批判各种剥削阶级的人生观。在还存在着阶级斗争的社会里，无产阶级的人生观和道德修养总是要受到各种剥削阶级人生观的影响。在一定气候下，这种影响，有时甚至是相当严重的。抹杀人生观领域里的斗争，不批判剥削阶级的腐朽的人生观，不进行无产阶级的道德修养，其结果，必然要使封建阶级、资产阶级的人生观和道德意识自由泛滥，腐蚀人们的灵魂，这样也就不可能树立坚定的无产阶级的人生观。

在现实生活中，我们看到的剥削阶级人生观主要有以下几种：

一种是享乐主义的人生观，认为人的一生就是为了吃喝玩乐。所谓"人生在世，吃喝二字"，就是这种人生观的反映。从中国历史上来看，早就有所谓"浮生若梦，为欢几何"的人生观。《列子·杨朱》篇就宣扬这种享乐哲学，认为"人之生也奚为哉？奚乐哉？为美厚尔，为声色尔"，"唯患腹溢而不得恣口之饮，力惫而不得肆情于色"。在杨朱看来，既然人生在世，总不免一死，即所谓"十年亦死，百年亦死；仁圣亦死，凶愚亦死"，还讲什么人生的价值？还有什么人生的意义？只要有"墙屋台榭，园囿池沼，饮食车服，声色嫔御"，从而尽量满足自己享乐的欲望，也就算达到了人生的目的。这就是说，人生就是为了满足口腹耳目的欲求，达到肉体的、个人的、直接的享乐。剥削阶级这种享乐的人生哲学，曾经为大多数的剥削阶级成员所接受，并把它看做自己的人生目的和人生价值，甚至连一些封建社会的进步的思想家、文学家和政治家，也都或多或少地受这种人生哲学的影响。

在西欧，这种剥削阶级的享乐主义人生哲学，曾经成为延续很长、影响很大的伦理思想体系，并随着社会的发展，以各种不同的形式表现出来。它的主要依据，就是从所谓人的本性、人的生理要求和欲望的满足出发，认为享乐是人生的目的和价值。费尔巴哈认为，快乐是一切有生命的东西所唯一追求的。他说："一个幼虫经历了长时间的不成功的寻觅和紧张的流浪以后，终于安息在它所期望的适宜它的植物上。是什么驱使它采取行动，是什么促使它做这样艰苦的流浪呢？"那就是"对幸福的追求"。近代许多唯物主义哲学家都把自私和追求享乐当做人的本性，把个人欲望的满足看成推动社会进步的动力。对这种享乐主义哲学，应该进行阶级的、历史的分析。这就是说，当这种享乐哲学是针对剥削阶级中的腐朽没落势力而较多强调人的现实利益时，它具有一定的进步意义，起着向旧势力冲击的作用。但是，无论如何应当看到，主张享乐哲学的人，都是具有享乐特权或受到享乐特权影响的人。正像马克思所指出的："享乐哲学一直只是享有享乐特权的社会知名人士的巧妙说法。至于他们享乐的方式和内容始终是由社会的整个制度决定的，而且要受社会的一切矛盾的影响，则已经不用说了；一旦享乐哲学开始妄图具有普遍意义并且宣布自己是整个社会的人生观，它就变成了空话。"[①] 可以肯定，劳动人民作为生产劳动和物质财富的创造者，他们的仅有的享乐，总是同创造物质财富的劳动相联系的。从他们的社会地位来看，是不可能产生把单纯追求享受当做人生目的的思想的。劳动人民懂得，不劳动生产，人们就不能活命，更谈不上享乐。如果人们都不从事社会的物质生产劳动，不努力增加财富，只是想着吃喝玩乐，那么，岂不是只能饿着肚子吗？社会又怎样能够存在呢？劳

---

① 《马克思恩格斯全集》，中文1版，第3卷，489页，北京，人民出版社，1960。

第三章　树立正确的人生价值观

动人民也主张提高自己的物质生活水平，也希望过美好的幸福生活，但他们绝不把追求享乐当做人生的唯一目的，绝不要求把自己的快乐建筑在使别人遭受痛苦的基础上。从历史上看，一切剥削阶级的享乐哲学，都是以剥削别人作为自身享乐的手段，是以极端利己主义为基础的。在现实生活中，凡是受到这种享乐哲学的腐蚀，抱有享乐人生观的人，必然会贪图个人享受，追求吃喝玩乐，从而在人和人的关系上只顾自身需要的满足，损人利己，投机取巧，做出种种不道德的行为。更有甚者，许多贪污盗窃、违法乱纪的犯罪行为，究其原因，正是受了这种剥削阶级人生观侵蚀和毒害的结果。所以，彻底批判这种剥削阶级的人生观，对于实现安定团结，对于建设四个现代化的社会主义祖国，有着重要的意义。

剥削阶级人生观的另一种表现，即"权力意志"的人生观，认为人生的目的就是为了追求权力，有权就有一切。这种表面上是为了追求权力的思想，它的背后仍然是要借助权势来达到自己的欲望，来追求自己的享乐。他们在权力尚未完全到手时，也可能会表现出"艰苦朴素""发愤忘食"，一旦攫取到一部分权力后，又总是损公肥私、作威作福，只要一朝大权在握，他们就开始肆意妄为、挥金如土、沉溺于个人的享受。德国的尼采就曾公开说过："渴望权力，渴望统治，是意志的最高目标、最高价值和最高体现，是一切存在的基原和动力。"在他看来，人生的目的和价值就在于获取统治别人的权力，实现自己的权力意志。尼采还认为，人在社会中生活，一个最大的生活动力，就是要掌握权力，这就是说，希望居于别人之上，即统治别人和奴役别人的欲望，是决定一切的力量。在弱肉强食的生存竞争中，只有夺取到权力，才能夺取到一切。因此，他认为，最善于夺取权力的人，就是一种强者，即"超人"，而这类"超人"为了夺取权力，政治上是可以不讲道德的，也可以采用任何不道德的手段，只有弱者因为无能，才高喊别人不讲道德。正是由于这种"权力意志论"，尼采哲学才成了希特勒法西斯主义的精神支柱。希特勒曾经说过："我有一个特长，随便什么理论见解和道德准则都不能约制我。"[①] 我国在十年动

---

① 转引自［苏］康士坦丁诺夫主编：《历史唯物主义》，北京，人民出版社，1955。

乱时期，"四人帮"一伙所奉行的就是这种"权力意志"的人生观。

在中国封建社会，有所谓"书中自有黄金屋，书中自有千钟粟，书中自有颜如玉"的说法，就是妄图通过读书做官来达到自己享乐的目的。无产阶级也承认政权的重要，但是无产阶级之所以强调政权的重要，唯一的目的，就是为了广大人民群众，而不是为了个人的享乐。在林彪、"四人帮"的毒害下，有的人为了夺取部分权力，或者是吹牛拍马、阿谀逢迎以求讨得上级的欢心，或者是损人利己、落井下石以达到攫取高官厚禄的目的。在政治生活中，这种人生观总是这样那样地为阴谋家、野心家和官僚政客们服务，其作用是反动的。

此外，还有所谓悲观厌世的人生观，从这种人生观出发，人们往往把人生看得毫无意义，什么浮生若梦、人生就是痛苦等等，从而产生了厌世轻生和消极悲观的看法。这是剥削阶级人生观的一个特点，它反映在没落阶级和一部分处于逆境人士的思想中。我国先秦道家的消极无为思想，就是这种人生观的表现。庄周认为，天地无穷，人生有限，病疾忧患，死者有时，不如挣脱"四时之事""人间之劳"。在庄周看来，人生如梦，毫无意义，人们应该奉行不问是非、不论善恶、与世浮沉、物来顺应的处世哲学。老庄一派的这种没落阶级的消极人生观，对我国后世有着相当大的影响。庄子《养生主》中提出"为善无近名，为恶无近刑；缘督以为经，可以保身，可以全生，可以养亲，可以尽年"的人生哲学，就是说，不要表现太好，也不要表现太坏，经常随大流，事事处中流，只有这样，才能保全自己的生命。庄子的这种思想流毒，在一定情况下，不但受到封建社会中那些失意的知识分子的推崇，就是今天也还有一定的市场。如前所述，在社会主义社会里，也不都是一切顺利、一切光明的。在人生的道路上，不可避免地会有各种挫折和不幸。有一些人，在受到生活的挫折，遇到家庭和个人的不幸，遭受到事业上的以及各种意外的打击而又不能得到领导的关心和同志们的热情帮助时，他们会感到理想已变成幻影、希望已成为失望，这时往往会对现实不满，容易接受所谓人生如梦的剥削阶级人生观的影响。克服这种影响，是思想政治工作和道德教育的重要任务之一，必须要进行深入细致的工作。我们相信，只要有正确的引导和热情的帮助，随着情况的变化，这种思想是不难纠正的。

无产阶级是人类历史上最先进的生产力和生产关系的代表，担负着建立社会主义和共产主义制度的伟大使命。因而，它的人生观必然是一种革命的、向上的、积极的人生观。在无产阶级看来，人活着不是为着自己的利益，而是为着整个劳动阶级以至全人类的利益。这是一个千真万确的真理。我们决不能把这一真理当做空洞的政治口号，更不能把它当做骗人的谎言。人生怎么才算有意义？这是我们每一个人都必须考虑和回答的问题。人生就是为了利己吗？就是为了吃喝玩乐、尽情享受吗？就是为了自己的小家庭，就是为了获得金钱和漂亮的爱人吗？不是。那么，怎样才算是一个高尚的、有道德的人呢？正如毛泽东同志所说，只有树立起"毫不利己、专门利人"的精神，才能成为"一个高尚的人，一个纯粹的人，一个有道德的人，一个脱离了低级趣味的人，一个有益于人民的人"，应该说，这才是人生的价值。刘少奇同志在《做一个好的党员，建设一个好的党》一文中说："一个人，特别是一个党员，为了党，为了社会进步与人类解放，为了千百万劳动人民的共同的长远的利益而奋斗到底，直至终身，甚至牺牲自己的生命，是最值得、最引人们敬仰的，是为万世子孙所怀念、所歌颂的。"这就是无产阶级所应有的革命人生观，即共产主义的人生观。

这是不是说，无产阶级革命的人生观，就不要正当的个人利益呢？当然不是的。马克思主义从来不否认正当的个人利益，而只是反对剥削阶级的利己主义。所谓利己，指的是自私自利，为一己私利而损害别人的利益，这和人们常说的正当的个人利益是完全不同的。人们在追求集体利益和社会利益时，必须吃、喝、穿、住，也需要在可能的条件下，不断改善自己的生活，否认这一点，就不是马克思主义。把清教徒式的禁欲主义当做无产阶级的生活目的，把起码的、随着社会生产发展而产生的改善物质生活的要求，都当做个人主义，大加挞伐，那是极端错误的。但是，无产阶级绝不应忘记社会主义和共产主义的崇高理想，更不应该只顾个人的眼前利益而不顾以至损害集体的长远利益。一个有觉悟的无产阶级革命战士的最重要品质之一，就是他能使自己的个人利益服从集体和社会利益，甚至在最必要的关键时刻，能为集体而牺牲个人利益，直至献出宝贵的生命。

无产阶级对人生的看法，不是从自己头脑中随意制造的。它是从无产阶级的经济地位和所处的社会关系中，从阶级斗争、生产斗争和科学实验中形成的。正是这样的历史地位和社会实践，使无产阶级能了解自己的历史使命，把实现共产主义、解放全人类作为自己崇高的责任。正如毛泽东同志所说，社会发展到了今天的时代，正确地认识世界和改造世界的责任，已经历史地落到了无产阶级及其政党肩上。这种根据科学认识而定下来的改造世界的实践过程，在世界、在中国，均已达到了一个历史的时节——自有历史以来未曾有过的重大时节，这就是整个地推翻世界和中国的黑暗面，把它们转变过来成为前所未有的光明世界。确实，要有这样的人生观，必须具有相当高的政治觉悟。人类几千年来在阶级社会中生活，广大劳动人民由于受剥削、受压迫而不能过幸福的生活。现在展现在我们面前的将是一个理想的、没有剥削和压迫的社会。在这个社会中，人人都将成为大公无私的、有高度文化和科学技术水平以及高尚道德修养的共产主义者，它是历史上最美好的理想社会。

当然，现实和理想还有很大一段距离，不能因社会上还有许多不合理的现象，从而否认人类未来的光明、美好的理想，否认这种理想实现的可能性。相反，无产阶级也清醒地知道，理想是同斗争结合在一起的，没有斗争的理想，就只能是一种幻想。共产主义事业既是最美好的事业，也是历史上最艰巨的事业，这个事业的到来，这个理想的实现，必须经过长期的、复杂的、艰苦卓绝的斗争。在向共产主义前进的道路上，还必然会遇到各种各样的阻力和困难、挫折和失败，但是，我们不但不应灰心丧气，失去信心，而且更应该斗志昂扬，勇往直前。剥削阶级的残余势力及其代表，必然要用各种办法来阻碍、破坏共产主义的实现，甚至将它引入歧途，引导到复辟资本主义的道路上去。因此，为了实现共产主义的远大理想，为了最终消灭人剥削人的制度，每个无产阶级战士都必须要作长期艰苦的斗争。

共产主义的社会理想的实现，虽然还有一个长期的过程，但这种理想绝不是空想，因为它是从现实生活中产生，并要在将来成为现实的。普列汉诺夫在论述理想和现实的关系时，曾有过一段精彩的议论，他说："恩格斯把自己的全部生命献给一个非常崇高的目的：解放无产阶级。他也曾有过'理想'，但是他的理想从来没有脱离过现实。他的理想，也就是现实，但这是明天的现实，是将要发生的现实，它将要发生并不是因为恩格斯是一个有理想的人，而是因为目前的现实的特性就是如此，因为那可以叫做恩格斯的理想的明天的现实，是应该从目前的现实中，应该按照目前现实本身的内部规律发展而来的。"[1] 这就是说，从客观上来看，无产阶级的先进人物，所以能够确立崇高的理想并为之奋斗献身，是出于他们的阶级自觉。他们能够从现实中，认识到将要发生的现实，认识到推进这个过程和变革，是他们应尽的职责和一生的伟大任务。无产阶级人生观的形成和发展，正是这样一个主观与客观的辩证统一。

由此也可以看到，无产阶级的革命人生观不是自发产生的，而是同科学的世界观紧密联系在一起的，是建立在辩证唯物主义和历史唯物主义的世界观基础之上的。只有树立起辩证唯物主义和历史唯物主义的世界观，正确地认识人类社会的发展规律，认识主观与客观的关系、个人与集体的关系、理想与现实的关系等，才能进而正确地解决与人生有关的各种问题，树立起严整的革命人生观，并有高尚的道德修养。

"锻炼严整的革命人生观"，在今天看来，有着极其重要的现实意义。如何正确地、透彻地了解人生的目的，自觉地树立正确的人生观，对人的行动有极其重要的指导作用。十年动乱中，那种投机取巧、心狠手辣、逢迎拍马的政治骗子竟飞黄腾达，而忠直诚实之人，则经常遭到各种厄运。崇高的共产主义理想，变成了野心家奴役人民的口号，为人民服务的思想，变成了阴谋家欺骗群众的谎言。人生的意义究竟是什么？不少人产生了苦闷和彷徨。因而，重新认识人生，树立真正的共产主义人生观，就成为一个迫切需要解决的问题。这一问题不仅对于刚刚开始生活的青年一代，而且对于一切革命同志，对于新老党员，都有重要意义。因此，在道

---

[1] 《普列汉诺夫哲学著作选集》，第1卷，547页，北京，三联书店，1959。

德教育和道德修养中,一定要积极地、切实地、逐步地培养和树立无产阶级人生观和道德理想,提高人们的思想境界和道德水平,树立良好的道德风尚,从而使每一个人都能更自觉地为社会主义的四个现代化贡献力量。

二、关于人生价值观的几个问题

(一) 评"主观为自己,客观为别人"[*]

最近几年来,在一些人中间流行着一种所谓"主观为自己,客观为别人"的说法。这种说法虽然拿不出什么像样的理论,但也可以说是一种人生哲学。有些人把这种人生哲学看做从实践中总结出来的新理论,认为它不但和无产阶级的集体主义精神不矛盾,甚至可以殊途同归。不少同志都在试图驳斥这种论调,但直到如今它在社会上仍有一定的市场。正如狄德罗在批判贝克莱时所说,贝克莱的那种"存在就是被感知"的唯心主义命题,"虽然荒谬绝伦,可是最难驳斥"。所谓"主观为自己,客观为别人"的人生哲学,具有同样的特点。

1. 主观上"为自己",客观上能够"为别人"吗

"主观为自己,客观为别人"的提法,在理论上存在着明显的矛盾。它用诡辩的手法,掩盖着问题的实质。为了弄清它的意义,有必要对它加以细致的分析。

"主观为自己,客观为别人"这个命题,本身是违反逻辑的。"为自己"和"为别人"都指的是主观目的或动机。对同一行为的目的或动机来说,既肯定它是为自己的,又说它是为别人的,这不是自相矛盾吗?这个命题之所以出现这种逻辑矛盾,就是因为玩弄这个命题的人企图用"为别人"来掩饰"为自己",从而掩盖问题的实质。实际上这个命题所要表达的意思是:一个人的行为,尽管在主观动机上是为了自己的私利,但在客观上却可以是有利于别人的。这种观点,当然是一种欺骗,是一种混淆是

---

[*] 本文原载《学习与研究》,1982 (10)。

非的谬论。实际的情况是：一个主观为自己的人，为了达到自私自利的目的，虽然客观上也有可能会给别人带来某种便利，但这绝不能说他要"为别人"。恰恰相反，这种在实际上给别人带来便利的行为，正是达到"为自己"的目的的一种手段。宣扬"主观为自己，客观为别人"的人，故意混淆了这种区别，把客观上给别人带来某种便利但实际上是"为自己"的行为，说成是"为别人"的行为，这当然是很荒唐的。按照这种逻辑那就是：主观上是为自己的，客观上却是为别人的；动机是"私"的，效果却是"公"的；思想是个人主义的，行动则是集体主义的；等等。这怎么可能呢？马克思主义的伦理学认为，抱着自私自利的动机的人，无论在客观上做了多少便利别人的事情，但在主观上都只能说他是"为自己"，而不能说是"为别人"。正如在私有制社会中的商品交换一样，资本家向市场投入某种商品，为的是获得剩余价值，但他必须设法满足别人的需要。一种商品越是能满足人们的某种需要，它的销路就越广。资本家为了实现对剩余价值的占有，为了使资本能顺利地周转，必然要千方百计地投人所好，因而好像他的行为是有利于消费者的。但是，人们不要忘了，消费者虽然得到了使用价值，却为资本家开辟了市场，而更重要的是资本家实现了他的根本目的，得到了剩余价值，最终达到了动机和效果的统一，即达到了客观上也有利于自己的目的。同样，一个小生产者，为了获取个人利益而生产一些市场短缺商品，以满足人们的某种需要，这是否在客观上为了别人呢？不是。人们会看到，他将以尽可能高的价格出卖自己的商品，从而在客观上达到有利于自己的目的。从一定意义上说，我们也承认，抱着自私目的而不得不满足社会上的某些需要的行为，客观上可以有利于别人，但这和无产阶级所说的为他人、为集体的意义是根本不同的。

如果作进一步的分析，我们将会看到，"主观为自己，客观为别人"的实质就是，一个人的行动的目的虽然是为自己的，但可以把为别人作为一种手段。所谓"客观为别人"，只不过是"主观为自己"的一种变换了形式的说法，是一种为了自私自利的目的而必须运用的手段。资产阶级的思想家早就看到了这一点。他们认为，为了爱自己，就必须学会爱别人，爱别人的目的就是为了爱自己。从这个意义上看，所谓"客观为别人"，只不过是给自私自利的个人主义所缝制的一件新衣。现实生活证明，一些有着严重个人主义思想的人，正是利用"客观为别人"这个幌子，从事着"主观为自己"的损人利己的活动。

从当前思想领域的实际情况和思想战线的斗争来看，这种理论确实有不小的影响，它是一种强烈的腐蚀剂。它不仅在实践上侵蚀我们党的干部和广大群众，而且在理论上企图给自私自利的思想争得合法地位。一个人明明是抱着个人的目的，处处为自己打算，但他却可以说他的所作所为是"客观为别人"。依据这种理论，甚至一个长途贩运、投机倒把、牟取暴利、损害国家和集体的人，也可以把他的行为说成是"主观为自己，客观为别人"。因为，在他看来，他之所以长途贩运，正是为了满足某些人的需要，使一些急于要得到某些商品的人能够得到它们，这又怎么不是"主观为自己，客观为别人"呢？由此可见，揭穿这一理论的错误，是有很重要的现实意义的。

2. 人的本性是自私的吗

宣扬"主观为自己，客观为别人"的理论根据之一，就是认为人的本性是自私的。因此，有必要从理论上来分析一下，人的本性究竟是不是自私的问题。

马克思主义认为，人的本性、本质，按其实质来说，是由人的社会关系决定的，是由社会关系中的各种因素铸成的。各种社会关系，特别是其中的生产资料所有制的关系，尤对人的本质起着重要的决定性的作用。所以我们可以说，随着经济关系和其他社会关系的变化，人的本性也是在不断地发生变化的。

在原始共产主义时期内，在公有制的经济关系中，人们是不可能产生私有观念的。我们知道，直到19世纪，南美洲的一些地方还处于原始社会的末期。达尔文在旅行中就曾亲眼看到过火地岛的一个土人，把人家送给他的一条毯子，按照伙伴的人数，分割成十几块，以便分送给每一个人。居住在非洲的布须曼人，同样是不论得到什么礼物，都要把它分给本氏族的成员，甚至得到一头牛，也同样要进行平均分配，自己只留最小的部分。很清楚，在原始社会公有制的经济条件下，是不可能产生私有观念的，他们甚至不可能意识到同赖以生存的氏族分开的个人。在许多原始部落里，直到19世纪，对氏族成员的最严厉的惩罚，就是将其从部落中驱逐出去。拉法格在考察了原始社会的各方面情况后说："私有观念对于一切资产者是非常自然的，但当初跑进人们的头脑却不那么容易。当人们开始思想时，恰恰相反，他们首先想到的是一切应当归大家。"法国的资产阶级思想家拉翁登曾在北美洲进行过多次旅行，考察了印第安人中的情况后说："野蛮人不知'我的'和'你的'这种字眼，因为人们可以说，属于这个人的一切，同样也属于另一个人。"上述这些历史事实说明，人的本性确实是由经济关系所决定的。自私是一种观念，是私有制的产物。随着私有制的消失和公有制经济关系的出现，人的所谓自私的本性，也必然会随着改变。斯大林在论述人的观念同经济关系的联系时曾指出："有一个时期即原始共产主义时期，人们是不承认私有制的；后来一个时期即个人主义生产的时期，私有制掌握了人们的情感和理性；现在一个新的时期即社会主义生产的时期快要到来，那时人们的情感和理性浸透着社会主义的意向，这有什么奇怪的呢，难道存在不决定人们的'情感'和观点吗？"[①]存在决定意识，经济关系决定人的本质，这是马克思主义的一个基本原理。

　　人们或许会问，我国已经实行了公有制经济、进入了社会主义社会，为什么还有一些人抱着自私自利的个人主义思想不放呢？对于这个问题，我们必须从我国当前社会的特点来作进一步的分析。

　　确实，在我们当前的社会里，追求个人名利，处处为个人打算的人，仍然到处可见，这是一个事实。这是几千年私有制的影响所形成的愚蠢和偏见。克服这种愚蠢和偏见，不但需要公有制的建立和共产主义道德的教育，而且还要经过相当长期的曲折、复杂的斗争。这正像马克思所指出的："我们这里所说的是这样的共产主义社会，它不是在它自身基础上已经**发展了**的，恰好相反，是刚刚从资本主义社会中**产生出来**的，因此它在

　　[①]《无政府主义还是社会主义？》，见《斯大林全集》，中文1版，第1卷，308～309页，北京，人民出版社，1956。

各方面,在经济、道德和精神方面都还带着它脱胎出来的那个旧社会的痕迹。"① 列宁也说:"旧社会灭亡的时候,它的尸体是不能装进棺材、埋入坟墓的。它在我们中间腐烂发臭并且毒害我们。"② 这就是说,在私有制曾长期存在的历史条件下,个人主义的影响不可能因公有制的建立而很快地消失。在许多人的思想中,还有个人主义的残余,还经常有公和私的斗争。这种现象的存在,并不能说明人的本性都是自私的,恰恰相反,这正说明人的思想是随着经济基础的变化而不断变化的。事实证明,一些原来带有自私自利思想的人,在革命斗争中,在自觉的修养和锻炼中,能够改正自己的自私自利的思想,分析批判自己的个人主义,从而成为一个在言行上能够做到先公后私的人。这是我们很多人都有过切身体会的,这又怎么能同人的本性是自私的这种错误观点联系在一起呢?在当前的情况下,人们还有私心,这和人的本性是自私的是两个完全不同的问题,这也是应该分清的。

3. 雷锋也是"主观为自己,客观为别人"吗

为了辩护"主观为自己,客观为别人"的错误观点,有人甚至把雷锋为别人做好事,同"主观为自己,客观为别人"相提并论。他们认为,雷锋之所以做好事,也是仅仅为了满足自私的欲望。而且,在他们看来,"精神还可以变物质",做了好事就可以得到好名声,这种好名声又能给自己带来各种现实的、物质的利益。依此类推,从而认为,一切为民族、为人民做出贡献和牺牲的人,也都是要得一个好名声,因而都是"主观为自己,客观为别人"的。这种理论尽管十分荒谬,但却很容易迷惑一些人。

当然,作为在社会中生活的人,总要有思想、有感情、有追求,并且能意识到自己的追求将会给自己和他人带来的后果,这是人之所以区别于动物的特点。但是,社会生活中的人的需要和追求是各不相同的,这种不同的需要和追求,从最终的意义上来说,是受着社会经济条件的制约的。在阶级社会中,它还受着阶级利益的制约。在一个人的需要和追求中,究竟是为自己还是为别人,是为了利己还是为了利人,这是一个人的道德高

---

① 《马克思恩格斯选集》,1版,第3卷,10页,北京,人民出版社,1972。
② 《列宁全集》,中文1版,第27卷,407页,北京,人民出版社,1958。

第三章　树立正确的人生价值观

尚还是卑劣的分水岭。这个界限无论如何不能加以混淆。

现实生活中也确实有这样一些人，他们从自私自利的个人主义出发，表面上也可能做出一点对别人有利的事，即做出某种所谓好事，而实际上却总是要想捞取名利，满足自己的狭隘的甚至卑鄙的个人私利。但是，生活本身将从各个方面把一个人的内心世界展现在群众的面前，历史必将对人的行为作出公正的裁决。那些想用表面上做好事来捞取名利的人，必然会进一步暴露他们的利己主义的本质。即使有少数的所谓伪君子暂时能捞到名利，历史也将会给以公正的裁决。

在资产阶级的伦理思想发展中，确实也存在着一种叫做自我牺牲或者叫做自我舍弃的利己主义。他们主张牺牲个人的一些暂时的、细小的利益，以换取长久的、更大的利益。垄断资产阶级经常采用这种方法，从剩余价值中抽取出一部分来，作为工人的福利费用，从而有利于资本家榨取更大的利润。这种自我牺牲和自我舍弃的利己主义，曾受到马克思的尖锐批判。这种理论，虽然加上了"自我牺牲"的招牌，实际上只不过是资产阶级利己主义的一种随着季节变换的新装而已。

一定社会的人都会有所追求，但有的人追求的是一己的私利，有的人追求的却是集体、国家、阶级、社会以至人类的利益。后者受到社会的赞扬，但这种赞扬却从来都不是他追求的目的，尽管这些赞扬会给他带来荣誉，但他绝不会把它当做谋取个人私利的资本，因为他本来就不是为了自己的私利而去做这些事情的。

这些人既然也有自己的追求，有向往幸福生活的要求，那么，这是否也是一种"主观为自己"呢？不，绝不能这样说。这里，最根本的不同，是在于他们把使别人幸福看做自己的幸福，因而他们所感受到的绝不是那种自私而可怜的快乐，而是一种和千千万万人共有的快乐。凡人都会有所需求，但是不能说人要满足自己的需求就是自私。把需求等同于自私是一种糊涂的认识。我们可以把人的需求分为三种，即物质的、文化的和道德的。如果说前两种需求是要从社会得到某种必需的满足，那么，道德的这种精神需求，就是对他人、对社会和对人类的牺牲。雷锋之所以伟大，也正在这个地方。他只希望从社会得到最起码的生活条件，但他却是把为别人谋幸福当做自己最大的幸福。天下着大雨，雷锋送一个抱着小孩子的妇女回家，他说："我跑回部队驻地，拿着自己的雨衣给那位妇女，我又抱着她的孩子，冒着风雨送她们回家。在路上，看那小孩冷得发抖，我立即脱下自己的衣裳给他穿上。走了一小时四十分钟，终于把她们送到了家。"当回部队的时候，他写道："我一边走一边想着：我是人民的勤务员，自己辛苦点，多帮人民做点好事，这就是我最大的快乐和幸福。"怎么能说雷锋的这种高尚行为也是为自己或自私的呢？

4. 历史的考察

由于"主观为自己，客观为别人"的观点经常被一些人说成是一种从实践中总结出来的新理论，因此，有必要对它作一点历史的考察。

从伦理思想史上来看，"主观为自己，客观为别人"的说法完全是一种资产阶级的道德理论。它是资产阶级利己主义的一种形式，是适应帝国主义垄断资产阶级"联合化"的需要而产生的一种新个人主义。这一理论的创始人，可以追溯到美国著名的思想家杜威和他的合作者塔夫脱，甚至可以追溯到更早的资产阶级思想家。

资产阶级的利己主义，从一定的意义上，可以划分为三个阶段。赤裸裸的利己主义，或者叫做个人利己主义，可以说是它的第一阶段。18世纪以前，资产阶级处于形成发展的上升时期，面对着封建制度和宗教禁欲主义的桎梏，资产阶级要求自由平等，要求解放，要求个人发展。资产阶级思想家由于把私有制神圣化，以至看做永恒不变的制度，从而认为人的本性是自私的，说什么人只知道追求个人的利益，人对人是狼，在自然状态中，人们彼此间进行着你死我活的斗争。著名的资产阶级思想家、个人主义思想的早期指导者马基雅弗利认为，人永远是一个自私的动物，人的最主要的特点就是"能力有限，欲望无穷"。他认为，在人和人之间，只有强权，没有公理，更不可能有从别人出发的道德。早期的资产阶级思想家撕破了中世纪人和人之间的宗教障眼的纱幕，公开地强调自私是人的本性，反映了当时资产阶级反对封建教会统治的历史要求，有一定的进步意义。

在资本主义登上历史舞台（或即将登上历史舞台）的18世纪，一些思想家，如法国的爱尔维修、霍尔巴赫等人，已经深深地懂得，只强调人的本性是自私的这一点，是不利于新兴资产阶级的统治的，也无助于资本主义社会中人和人之间关系的调整。因而，他们在强调人的利己的本性的同时，又注意了社会利益、公共利益的重要。爱尔维修确实说过人的本性就是自私的，要想消灭自私心就等于要消灭人本身这一类的话。但是，法国唯物主义者也都非常重视社会的利益。霍尔巴赫说："做善事，为穷人的幸福尽力，扶助穷人就是道德。道德只能是为社会的利益、幸福、安全而尽力的行动。"爱尔维修也认为道德就是要服从社会利益："如果我生在一个孤岛上，孑然一身，我的生活中就没有什么罪恶和道德了。我在那里是既不能表现道德，也不能表现罪恶的。那么我们对道德和罪恶这两个名词必须怎样了解呢？必须了解为对社会有益的行为和有害的行为。这个简单明了的观念，依我的看法，要胜过一切对道德所作的不明了的花言巧语。"所以，法国唯物主义者在强调人都是为自己的同时，又认为"共同的利益是道德的基础。因此，我们的行为对社会越是有害，就越是罪过；对社会越是有益，就越有道德（人民的幸福是最高的法律）"，这完全是适应资产阶级即将或已经取得统治地位的阶级利益的需要的。

继法国唯物主义者之后，德国的费尔巴哈又提倡"合理的利己主义"，认为尽管人按其本性来说都是利己的，但必须要在利己中注意利他。他特别强调，一个人的行为要有道德，必须注意自然后果和社会后果。这就是他所说的酒醉之后、必定头痛，利己损人、必遭反抗的道理。以后英国的边沁、密尔又进一步提出了以"最大多数人的最大幸福"作为道德原则的理论。但应看到，"最大多数人的最大幸福"这一道德原则，"只不过是法国唯物论者们的'公共利益'的一个非常无力的、剥去了革命色彩的摹本而已"[①]。从爱尔维修到费尔巴哈以至边沁、密尔，他们在宣扬人的本性是自私的同时，又强调利他和公共利益，可以说是资产阶级利己主义的第二个阶段。

20世纪以后，资本主义已经发展到帝国主义的阶段。这个时期由于人

[①] 《唯物论史论丛》，68页，北京，人民出版社，1953。

和人之间的激烈竞争和大企业的日益"联合化"的发展,使资产阶级个人主义的理论,又有了新的变化。1930年以来,美国的伦理学家杜威等人又提出了一种新的个人主义理论。杜威认为,人都是利己的,都是信守个人主义的原则的。但是,这种利己主义是同资本主义的"联合化"相一致的。虽然这种活动是利己的,就是说,每个人尽管都是自私自利的,但在客观上却都是在助长资本主义社会的"联合化和集体化",都是有利于他人、有利于社会的。杜威之所以提出这样一种理论,就是因为他认为,在资本主义的愈来愈激烈的竞争中,尽管每一个人都想在竞争中吃掉对方,但他们还必须彼此合作地生存下去。杜威的伙伴塔夫脱还专门写了一本叫《合作伦理学》的书,详细地论述了这种在竞争中相互合作的关系。其主要论点,就是要人们认识到人虽然都是主观上为自己,但客观上又都是有利于社会的,因而都是为着别人的。很显然,这一理论是适应资本主义新情况而发展了的个人主义,是掩饰资产阶级唯利是图、损人利己的本质的一种诡辩。杜威直言不讳地宣称,随着资本主义社会的发展,由于旧的个人主义在人们的心目中已经破产,而且名声不好,不能起到应有的作用,所以他才提出自己的新的个人主义理论。杜威说"个人主义总是永恒的",在旧的个人主义已经不适合今天的现实并受到责难的时候,"问题主要就是创造一种新的个人主义"。他还说:"这种新的个人主义对现代情况具有重大意义,正如旧个人主义对它的时代和地点曾起着最好作用一样。"在他看来,这种新个人主义的实质,就是要使人们认识到,在大家都为自己的过程中,都在"相互合作";在大家的激烈竞争中,又相互分享着彼此所创造的利益。因此,大家彼此之间,不论是老板还是工人,不论是穷人还是富人,都应该消除怨恨,好好合作,保持资本主义社会的和谐。由此可见,"主观为自己,客观为别人"这种理论完全是为资产阶级的阶级利益服务的,是十足的资产阶级的人生哲学。

(二)"自私"是推动社会前进的动力吗[*]

最近几年来,有些青年在探索"人生意义"的过程中,提出了这样一

---

[*] 本文原载《人生哲理探讨》,1983(3)。与林建初同志合写。

个观点:"自私"是人的普遍本性,是推动社会发展、历史前进的动力,而且是一切社会形态中永恒的动力,因此,"自私"是神圣的,应当为"自私"平反,应当大力宣传"自私"、提倡"自私"。他们以为,这就是"人生的真谛"。

正如在黑夜里迷失方向的人把远处闪烁的磷火误认为是北极星一样,这些青年把"自私"看成人的普遍本性和推动社会前进的动力,是一个极大的错误;他们苦心探索得来的这个"人生的真谛",实际上不过是历史上一切腐朽的剥削阶级的人生哲学而已。

1. 个人利益不一定表现为"自私"

这些青年立论的前提是:人跟动物一样,有求生的欲望,要吃,要睡,要繁殖,要保卫自己的安全,换句话说,人有生存和发展的自然需要。人的这种自然需要表现出来就是人的"自私"本性。

这个立论前提是不正确的。

第一,它混淆了人的生存方式同动物的生存方式的本质区别。人类是从动物发展进化而来的,从广义上说,人类本身就是最高等的动物。人具有同动物相似的自然需要,具有求生的欲望和自卫的本能,这是理所当然的。但是,正如马克思所反复强调指出的,人的本质并不是单个人所固有的抽象物,在其现实性上,它是一切社会关系的总和。人的生存方式同动物的生存方式是根本不同的:一般动物依靠周围环境的现成的自然物来满足自己的自然需要,而人依靠社会的生产和实践——改造自然物的创造性劳动来满足自己的自然需要,在社会环境中发展和提高自己的自然需要。马克思说:"一当人们自己开始**生产**他们所必需的生活资料的时候(这一步是由他们的肉体组织所决定的),他们就开始把自己和动物区别开来。"[1]这就是说,人从生产自己的生活资料开始,人的需要的产生、满足和发展就受生产活动及其结果(社会生活条件)的制约和决定。任何人一旦离开社会,他就既不能产生作为人的需要,也不能满足作为人的需要,而只能走向死亡,或者变成像狼孩那样的"兽人"。因此,人虽然具有和一般动

---

[1] 《马克思恩格斯全集》,中文1版,第3卷,24页,北京,人民出版社,1960。

物类似的自然需要，但是两者的本质是完全不同的：一般动物是自然性的，而人类却是社会性的。把本质上完全不同的两种需要混为一谈，把社会的人看成自然的人、生物学上的人，这就重蹈了旧唯物主义者的覆辙，是根本错误的。

第二，它混淆了"个人利益"和"自私"这样两个不同词语的概念。这些青年很喜欢谈论"自我"问题，认为人之所以有求生的欲望和自卫的本能，是因为有"自我"的存在，受"自我"的支配。这种说法是可以讨论的，问题在于如何正确理解"自我"。什么叫做"自我"？"自我"作为一个哲学概念和伦理学概念，是西方资产阶级首先提出来的。在反对封建基督教的神权主义和禁欲主义的斗争中，资产阶级极力鼓吹"个性解放"和"自我"这样的口号，具有一定的积极意义。但是，正如"个性解放"的口号掩盖着资产阶级对无产阶级的奴役一样，"自我"这个口号后来实际上变成了资产阶级自私自利和个人主义的代名词。德国古典哲学家费希特曾经对"自我"进行哲学概括。他认为，"自我"是唯一的实在，"自我"之外没有独立自在的其他事物，世界上的一切事物都不过是"自我"所建立的"非我"。这是十足的主观唯心主义。这种"自我"哲学后来成了许多资产阶级野心家的精神支柱。由此可见，如果从主观唯心主义的立场上来理解"自我"，那么"自我"只能是"自私"的同义语，这是我们所必须坚决摒弃的。在马克思主义看来，"自我"是指作为认识和实践主体的个人。人类社会是由无数的个人组成的，任何人都是作为个人而生存的。马克思恩格斯说："任何人类历史的第一个前提无疑是有生命的个人的存在。"① 个人既然生存，那么就必须有一定的生存条件，就有生活和发展的各种需要，即个人的生活条件、学习条件、工作条件以及发展自己的有利于社会公共事业的个性和特长。这些需要综合起来，叫做个人利益。马克思主义从来没有否认或反对个人利益。正如普列汉诺夫所说："个人利益并不是一条道德诫命，而只是一件科学事实。"② 反对或否认一件科学事实是荒唐可笑的。恰巧相反，马克思主义历来主张在保证社会利益的前

---

① 《马克思恩格斯全集》，中文1版，第3卷，23页，北京，人民出版社，1960。
② 《普列汉诺夫哲学著作选集》，第2卷，92～93页，北京，三联书店，1961。

提下，尽可能满足人民的个人利益。那么，什么叫做"自私"呢？马克思主义认为，"自私"是私有制社会产生和形成起来的一种私有观念，是剥削阶级的意识形态。在原始社会末期，社会分裂为两大对抗阶级——奴隶主阶级和奴隶阶级。奴隶主阶级不仅占有生产资料，而且完全占有奴隶。这种经济关系反映到思想上，便形成"自私"观念。在封建社会里，地主阶级在农奴制的基础上进一步发展了"自私"观念。到了资本主义社会，资产阶级在商品经济和自由竞争的基础上，更是把"自私"观念发展到了登峰造极的地步。列宁指出："旧社会依据的原则是：不是你掠夺别人，就是别人掠夺你；不是你给别人做工，就是别人给你做工；你不是奴隶主，就是奴隶。"① 列宁的话深刻地揭露了"自私"观念的社会基础和阶级实质。"自私"有两个根本特征：（1）损人利己，即为谋取和扩展个人私利而不惜违犯、损害和牺牲他人利益和社会利益；（2）在社会生活中，极力利用各种权力来谋取和扩展个人私利，而无视或逃避自己应该履行的对他人和社会的义务。对于这样的"自私"观念，马克思主义从来就持否定和反对的态度。总之，"自我"生存的条件即个人利益与"自私"是两个不同意义的概念：前者是一个客观事实，后者是一种剥削阶级观念。把两者混为一谈，认为人们讲个人利益就是"自私"，从而作为立论的根据，也是完全错误的。

第三，个人利益不一定表现为"自私"。个人利益并不是孤立的单个人的利益，它的本质是由个人的社会关系所决定的，是在同他人利益和社会利益的关系中表现出来的。由于时代和社会制度不同，由于人们所处的社会关系不同，各人的个人利益的性质、内容、实现方式和满足程度也各不相同。在原始社会里，个人和氏族集体是分不开的，个人的生活和发展同氏族集体的生活和发展是一致的，当然那时的任何个人的生活和发展的需要不会也不可能表现为"自私"。只有进入私有制社会以后，由于一切剥削阶级成员的生活和发展的需要即个人利益，是建立在剥夺和压制广大劳动者的个人利益的基础之上的，是以牺牲广大劳动者的个人利益为前提

---

① 《列宁选集》，2版，第4卷，354页，北京，人民出版社，1972。

的，所以这些剥削阶级成员的个人利益才表现为"自私"。而广大劳动者，除了奴隶阶级和无产阶级以外，都是小生产者。一方面，他们处于被剥削被压迫的地位，他们依靠自己的诚实劳动去谋取个人利益以维护自己的生活和发展，不表现为"自私"；另一方面，他们又或多或少地占有一些生产资料，常常自觉不自觉地为谋取个人利益而损害他人利益和社会利益，又表现为"自私"。当然，小生产者的这种"自私"同一切剥削者的"自私"是有原则区别的：剥削者的"自私"往往发展成为以"自我"为核心的极端利己主义形态，小私有者的"自私"只不过是企图多占些小便宜而已。在社会主义社会里，由于实行了生产资料公有制，人们的个人利益同他人利益以及社会利益在本质上是一致的。一般说来，人们只有在谋取社会利益的同时才能得到个人利益，因此人们的个人利益不会表现为"自私"。由此可见，个人利益与"自私"并没有必然的联系。个人利益是否表现为"自私"，取决于个人利益处在什么样的经济关系之中。只有在私有制的基础上去谋取个人利益，或者在私有观念的支配之下去谋取个人利益，才会表现为"自私"；在公有制的基础之上，在集体主义观念支配之下去谋取个人利益，就不会表现为"自私"。不加分析地说人们追求个人利益必然表现为"自私"，显然是不正确的。

既然立论的前提是不正确的，那么这个立论不正像建立在沙滩上的一座楼阁吗？

2."自私"不是一切社会形态中永恒的动力

我们再来看看这个立论本身。这些青年认为"自私"是推动社会发展、历史前进的永恒的动力。这个论断是不合乎历史事实的。

首先，"自私"不是原始社会发展的动力。地质学家和考古学家的科学研究表明：人类社会发展至今已经有一百多万年的历史了。在这一百多万年里，人类社会经历了原始社会、奴隶社会、封建社会、资本主义社会和社会主义社会这样五种形态。其中，有百分之九十九的时间是处在原始社会。这个漫长的原始社会的发展是由"自私"推动的吗？当然不是。在原始社会里，生产资料公有制，微不足道的个人财产，仅仅是个人生产劳动和个人生活所必需；人们共同劳动，劳动产品归集体所有，实行平均分配，没有阶级，没有剥削和压迫，当然也没有什么"自私"观念。正像拉法格对原始社会的道德风尚做了大量考察之后所说的："私有观念对于一切资产者是非常自然的，但当初跑进人们的头脑却不那么容易。当人们开始思想时，恰恰相反，他们首先想到的是一切应当归大家。"既然当时人类还没有"自私"观念，那么断言"自私"是推动原始社会发展的动力，不是十分荒谬的吗？

其次，"自私"只是私有制社会发展的一个动力，然而不是唯一的动力。的确，马克思主义从来不否认"自私"对私有制社会发展所起的积极意义。恩格斯明确说过："自从阶级对立产生以来，正是人的恶劣的情欲——贪欲和权势欲成了历史发展的杠杆，关于这方面，例如封建制度的和资产阶级的历史就是一个独一无二的持续不断的证明。"① 又说："卑劣的贪欲是文明时代从它存在的第一日起直到今日的动力。"② 但是，我们对恩格斯的这个论断要作完整准确的理解。"自私"为什么会成为推动私有制社会前进的一种动力呢？这是因为，从人类历史发展的进程来看，私有制社会取代原始社会是一个巨大的历史进步，而私有制社会又经历了由奴隶社会到封建社会再到资本主义社会这样一个从新生到成熟又到腐朽的发展过程。当整个私有制时代（恩格斯称为"文明时代"）取代原始社会（恩格斯称之为"蒙昧时代"或"野蛮时代"）的时候，当一个新生的剥削制度取代另一个剥削制度（例如封建制度取代奴隶制度或资本主义制度取代封建制度）的时候，人们的"自私"动机在客观上是同历史发展的潮流相适应的，所以在客观上促进了社会历史的发展。"自私"作为私有制经济关系在观念形态上的反映，具有相对独立性，反过来保护和促进私有制的发展。它是人类社会发展到私有制阶段的自然历史过程中的一个必然环节，因而具有一定的积极的历史作用。然而，无论如何，我们不能夸大这种历史作用。这是因为，从纵的角度看，"自私"的历史作用随着历史条件的发展而变化。当整个私有制时代走向腐朽没落，即新兴的社会主义和共产主义制度行将取而代之的时候，当历史上的私有制时代里一种剥削制

---

① 《马克思恩格斯选集》，1 版，第 4 卷，233 页，北京，人民出版社，1972。
② 同上书，173 页。

度走向腐朽没落、行将被另一种新兴的剥削制度取而代之的时候，这些腐朽的剥削阶级的"自私"观念已经不能适应新的经济基础的需要，不但对社会历史不起推动作用，而且恰巧相反，只能起阻碍作用或破坏作用。从横的角度来看，在私有制社会里，大多数的剥削者固然都是怀着"自私"的动机去谋取个人私利的，大多数的人民群众固然受"自私"观念的深刻影响，或多或少地怀着"自私"的动机去谋取个人利益，这是历史事实，然而历史表明，人类之中，不论在奴隶社会、封建社会，还是在资本主义社会，还有众多的道德高尚的人并不是怀着"自私"的动机去从事社会活动的。在历代的剥削阶级的杰出人物中，像邓世昌这样的民族英雄，不是能为国家和民族的利益而奋斗终生吗？像魏徵、王安石、包拯这样的清官，不是能为本阶级的整体利益和长远利益而鞠躬尽瘁吗？像谭嗣同、杨虎城、张学良这样的志士仁人，不是能为了民族和国家的前途而不惜抛头颅、洒热血，或则几乎终身受监禁吗？当然，他们努力奋斗的目的不能不受到当时历史条件的限制，也不能不具有阶级局限性。至于在人民群众中，这种不自私的人更是层出不穷、大有人在。难道许许多多科学家对科学事业的追求和贡献是以"自私"为动力的吗？难道李时珍献身科学事业是为了个人名利吗？听听近代著名科学家的自白吧。爱迪生说："我的人生哲学是工作，我要揭示大自然的奥秘，并以此为人类造福。"居里说："科学家的天职叫我们应当继续奋斗，彻底揭露自然界的奥秘，掌握这些奥秘便能在将来造福人类。"爱因斯坦说："人只有献身社会，才能找出那短暂而有风险的生命的意义。"科学家的这些自白表明，推动他们研究科学、献身科学事业的，不是狭隘的"自私"，而是对真理的追求，是造福于人类社会的崇高志愿。由此可见，在私有制社会里，"自私"只是一部分人从事社会活动的动力，但不是所有的人从事社会活动的动力。我们还应当看到，无论是"自私"，是对真理的追求、造福于人类社会的崇高志愿，还是为社会、为民族谋利益的高尚理想，都只是一种"精神的动力"。马克思主义认为，这种"精神的动力"并不是推动历史前进的真正动力，在它背后还隐藏着推动历史前进的最后动力。恩格斯深刻指出："如果要去探究那些隐藏在——自觉地或不自觉地，而且往往是不自觉地——历史人物的动机背后并且构成历史的真正的最后动力的动力,那么应当注意的,与其说是个别人物、即使是非常杰出的人物的动机,不如说是使广大群众、使整个整个的民族,以及在每一民族中间又使整个整个阶级行动起来的动机;而且也不是短暂的爆发和转瞬即逝的火光,而是持久的、引起伟大历史变迁的行动。"① 这就是说,推动人们进行社会活动的各种"精神的动力",归根结底是由社会经济关系所决定的,经济活动是各种"精神的动力"背后的真正动力。总之,恩格斯关于"自私"是私有制社会发展的动力的论断的意义是很清楚的。如果抓住恩格斯的这个论断,从而把"自私"说成是推动私有制社会前进的唯一的最终动力,那是缺乏分析的,是不合乎历史事实的,是对恩格斯的论断的曲解或误解,因而是错误的。

如果说,在私有制社会里,"自私"尚是推动社会前进的一种动力,那么,在社会主义社会里,"自私"只能是社会前进的一种阻力。社会主义社会建立了生产资料公有制,这种公有制要求有相应的观念形态来反映它并反过来保护它,促使它巩固和发展,这就是公有观念即集体主义思想。然而"自私"观念,如前所说,是私有制在观念形态上的反映,是为私有制的形成和巩固服务的。它不能适应社会主义公有制的要求,相反,只能对社会主义公有制起瓦解和破坏作用。社会上那些剥削阶级分子,那些深受剥削阶级思想影响的人,在"自私"观念的支配下,进行贪污盗窃、投机倒把、走私逃税等各种形式的经济犯罪活动,难道对社会主义现代化建设、对社会主义社会的发展有一丝一毫的积极作用吗?

有些青年认为,社会主义社会的发展也是由"自私"推动的。因为无产阶级说"只有解放全人类才能最后解放自己",归根到底还是为了"自己";而无产阶级的"大我"是由无数的"小我"即"自私"构成的,所以推动无产阶级进行革命和建设的基础和原动力是每个人的"自私"。这种说法是站不住脚的。我们对无产阶级"只有解放全人类才能最后解放自己"要作正确的理解,不能作任意的解释。无产阶级是人类历史上最伟大的、与社会化大生产相联系的阶级。它肩负着最后消灭一切阶级和一切阶

---

① 《马克思恩格斯选集》,1版,第4卷,245页,北京,人民出版社,1972。

级差别、建设共产主义的历史使命。它的阶级利益与全人类的利益从根本上来说是一致的,除了广大人民的利益,它没有另外的特殊利益。我们说无产阶级"只有解放全人类才能最后解放自己",是说无产阶级只有消灭一切阶级差别和阶级对立,才能最后完成肩负的历史任务,消灭作为无产阶级的自身。这里所说的"解放自己",是指无产阶级的自行消亡,而不是为无产阶级谋取特殊的阶级利益。这是一方面。另一方面,无产阶级的"大我"当然是由无数的"自我"即"个人"构成的。每个无产者都有自己的个人利益,但是,无产阶级的集体利益并不是无产者个人利益的机械相加的总和。什么叫做"集体利益"?对于无产阶级来说,"集体利益"和"革命利益""阶级利益""民族利益""社会利益""国家利益"这几个概念的本质意义是同一的,即指人民的整体利益和长远利益,例如在政治上建立和巩固人民民主专政,在经济上建立和巩固社会主义经济,极大地发展社会生产力,在文化上逐步提高人民的科学文化教育水平,等等。这些利益集中起来,就是进行社会主义革命和社会主义建设,实现共产主义。这种集体利益,是社会主义社会巩固和发展的基础和保证,也是每个无产者个人利益得以实现和发展的前提和保证。集体利益是"源",个人利益是"流"。两者的关系不容颠倒。如果把个人利益看成集体利益的基础和原动力,那就是本末倒置。无产阶级进行革命和建设的目的,是为大多数人民谋利益,其中当然包括每个劳动者的个人利益,但是并不归结为个人利益。无产阶级认为,集体利益高于个人利益,在保证集体利益的前提下,可以而且应当把个人利益同集体利益很好地结合起来,而当两者发生矛盾的时候,必须以个人利益服从集体利益。

特别应当指出的是,新中国成立三十多年来,各条战线上涌现了许多雷锋式的共产主义战士,他们的先锋模范作用曾经极大地激励广大人民群众去创造历史。然而,也有些青年却认为雷锋是"自私"的。据说,人的"自私"是多方面的,有的为满足自己的物质要求,有的为满足自己的精神要求,雷锋之所以热心帮助别人,就是为了满足自己在精神方面(包括荣誉感等等)的"自私"要求。这真是"以小人之心,度君子之腹"!我们并不否认"精神自私"者的存在。在旧社会里,的确有些剥削者在酒足饭饱之余，经常装模作样地兴办一些所谓"慈善事业"，或者为的是欺世盗名、收买人心，或者为的是"积阴功"，以祈求鬼神保佑他们来世的荣华富贵。他们在一定时间、地点和条件下，也可以做些"好事"，也可以"牺牲"个人的某些利益，以获得精神上的满足，然而他们的出发点和归宿是很清楚的，即为了谋取更大的自私利益。雷锋等英雄人物的所作所为则根本不同：第一，他做好事是一种为造福社会和他人的、根本不指望任何报酬的自觉自愿的道德行为，是以为谋取他人利益和集体利益而自觉自愿牺牲个人利益以至生命作为出发点和归宿的；第二，他做好事后，精神上感到幸福和满足，不是个人的可怜的狭隘的欢乐，而是对履行自己对社会和他人的义务之后的一种自豪感，是对社会主义社会道德关系的正确认识和处理之后的一种自由，是一种伟大而高尚的共产主义道德情操。共产主义新人这种精神上的富有，是那些因袭着旧社会"自私"观念、精神上匮乏的人所根本无法理解的。

总而言之，"自私"观念是人类社会进入私有制阶段的产物，它必将随着人类社会进入共产主义社会而最终消灭。在历史的长河中，它只是推动私有制社会前进的一种动力，但不是唯一的动力，更不是推动一切社会形态前进的永恒动力。那么，推动一切社会形态前进的永恒动力是什么呢？马克思主义认为，这种力量就是人们生存所必需的生活资料的谋取方式，就是社会生存和发展所必需的物质资料的生产方式，即生产力与生产关系、经济基础与上层建筑这个社会基本矛盾的斗争。它们的矛盾和斗争决定社会从这一制度发展到另一制度。在私有制社会里，社会基本矛盾集中表现为阶级斗争，正是这种阶级斗争，成为推动阶级社会前进的主要动力，而人民群众是物质资料的生产者，是推动历史前进的决定力量。在社会主义社会，社会基本矛盾集中表现为人民群众日益增长的物质文化需求同落后的社会生产力之间的矛盾，这种矛盾的不断斗争和解决，推动着社会主义社会向前发展。到了未来的共产主义社会，推动社会前进的仍然是社会基本矛盾，只不过内容和性质不同罢了。所有这些，都是马克思主义的基本常识。然而，我们有些青年对这些颠扑不破的真理知之甚少，却要"另辟蹊径"，去探索"人生的真谛"，结果只能误入歧途。这是一个深刻的教训。让我们记住列宁的教导吧:"**遵循着**马克思的理论的**道路**前进,我们将愈来愈接近客观真理(但决不会穷尽它);而**遵循着**任何其他的**道路**前进,除了混乱和谬误之外,我们什么也得不到。"①

3. 共产主义理想是我们前进的精神动力

马克思主义认为,社会基本矛盾及其斗争是推动历史前进的动力,是推动人们从事历史活动的真正的最后动力,但是决不否认社会意识对于社会历史和人们社会活动的巨大能动作用。正如列宁所说:"人的意识不仅反映客观世界,并且创造客观世界。"② 一个社会、一个人以什么样的思想为指导,对于这个社会、这个人的实践影响极大。

如前所述,"自私"是产生于私有制社会并与之相适应的社会意识;在社会主义社会里,"自私"早已失去了积极的历史意义,对社会的发展只能起瓦解和破坏作用,只能把人们引入迷途。因此,在社会主义社会里,"自私"绝不是"神圣"的,我们决不能为"自私"平反,更不能去宣传什么"自私",提倡什么"自私"。相反,我们必须理直气壮地、旗帜鲜明地反对"自私"、批判"自私"、摒弃"自私"。这是坚定不移的原则,这是一方面。另一方面,公有观念即集体主义思想是反映社会主义公有制并与之相适应的社会意识,它能保护并促进社会主义社会的发展,激励人们去为社会利益而献身。它是我们时代强大的精神原动力。因此,我们说,集体主义思想才是真正神圣的。我们要大张旗鼓地、理直气壮地宣传集体主义思想,提倡集体主义思想,这也是坚定不移的原则。这两方面综合起来,就是宣传和提倡共产主义思想,批判和抵制剥削阶级思想,这是社会主义精神文明的思想建设的主要内容。如果我们不批判和抵制剥削阶级思想,却去宣传什么"自私",提倡什么"自私",那么正如党的十二大政治报告所指出的,我们的现代化建设就不能保证社会主义方向,我们的社会主义社会就会失去理想和目标,失去精神的动力和战斗的意志,就不能抵制各种腐化因素的侵蚀,甚至会走上畸形发展和变质的邪路。

那么,我们是否否认个人利益原则对社会主义建设事业的积极意义

---

① 《列宁选集》,2版,第2卷,143页,北京,人民出版社,1972。
② 《列宁全集》,中文1版,第38卷,288页,北京,人民出版社,1959。

呢？是否否认追求个人利益对个人从事社会活动的积极意义呢？绝不是的。列宁在总结俄国革命和建设的经验时曾经指出："必须把国民经济的一切大部门建立在个人利益的关心上面。共同讨论，专人负责。由于不会实行这个原则，我们每一步都吃到苦头。"① 可见，对个人利益关心的原则，是社会主义经济的一个重要原则。这是因为，第一，我们无产者是人不是神，我们每个人首先必须吃、喝、穿、住，然后才能从事其他社会活动。我们一方面要全心全意为人民服务，另一方面也要堂堂正正地从集体和国家那里领取自己必要的生活资料和学习资料，这是我们进行革命和建设的必要条件。在我国目前的社会条件下，生产力水平较低，集体和国家尚不能充分满足人们的正当的个人利益，人们花一定的时间和精力去考虑个人利益问题，是无可非议的。第二，我们无产阶级革命和建设的目的，我们谋求社会集体利益，归根到底是要保障人民的个人利益的实现。社会集体利益不是存在于人民的个人利益之外的，如果离开人民的个人利益，所谓"社会集体利益"也就成为空洞、虚幻的了。因此，否认和抹杀个人利益是跟无产阶级革命和建设的根本宗旨背道而驰的。应当指出，在十年动乱时期，林彪、"四人帮"一度否认或抹杀人们的个人利益，把人们正当的个人利益同"自私"混为一谈，结果给社会主义经济建设和人民群众生活水平的提高，造成了极大的损失和影响。我们应当吸取这种深刻的教训。

问题在于，我们应当正确认识个人利益和社会集体利益之间的关系，正确对待个人利益。马克思主义认为，人们对个人利益的追求本质上是一种社会关系，是在与他人利益或社会利益的关系中表现出来的。在不同时代、不同制度下，个人利益与他人利益以及社会利益的内容及相互关系是各不相同的。在原始社会里，个人和氏族集体是根本分不开的，个人一旦离开集体就根本不能生存，因此也就无所谓个人利益和集体利益的问题。人类进入私有制社会以后，社会分裂为两大对抗阶级，个人利益与社会利益的对立也随之产生了。在这种制度下，所谓"社会利益"实质上是剥削阶级的阶级利益，对劳动人民来说，不过是一种虚幻的社会利益；所谓

---

① 《列宁全集》，中文1版，第33卷，51页，北京，人民出版社，1957。

"个人利益",如前所说,由于除了奴隶阶级和无产阶级以外的任何阶级的个人,都是私有者或小私有者,都是作为单个的私有者进行生产活动和其他活动的,人们并没有也不可能结成一个真实的集体,所以都是建立在私有制之上的,都在不同程度上表现为自私利益。在这样的历史条件下,人们要获得个人利益以保证自己的生活和发展,就只能依靠"个人奋斗":剥削者把谋取和扩大个人利益建立在损害和牺牲社会大多数成员的利益之上;劳动者要谋取个人利益,只能在私有制的基础上,同剥削者进行反奴役、反剥削的斗争。所谓"社会利益"不仅不能保障他们个人利益的获得,反而成为他们进一步贫困的根源。因此,在私有制社会里,个人利益和社会利益的对立是无法消除的,两者不可能结合起来。在社会主义社会,情况就不同了,个人利益和社会集体利益在生产资料公有制基础上统一起来了。一方面,社会利益不再是剥削阶级的阶级利益,而是全体劳动者的共同利益;另一方面,个人利益不再是私有者的个人利益,而是无产者的个人利益。这种社会利益是个人利益得以实现和发展的基础和保证。而且,随着社会化生产的日益发展,社会组织越来越严密,劳动者个人越来越离不开社会,劳动者个人利益的获得和增长也越来越离不开社会利益的巩固和发展。劳动者个人利益中具有决定意义的主要部分或绝大部分正是与社会利益一致的,正是从社会集体利益这个"大仓库"中领取的。一句话,在社会主义条件下,人们的个人利益与社会集体利益有机地结合在一起。任何劳动者,要离开集体事业、集体利益去谋取个人利益和个人的发展,都只能是缘木求鱼、舍本逐末。马克思恩格斯深刻指出:"只有在集体中,个人才能获得全面发展其才能的手段,也就是说,只有在集体中才可能有个人自由。"① 这就是说,集体和社会集体利益是无产者和社会主义条件下的劳动者生活和发展的前提和基础。因此,我们要正确对待个人利益,要在首先谋求社会集体利益的过程中去求得个人利益的增进,绝不能为满足个人利益而损害他人利益和社会集体利益,要同各种损人利己的自私行为作坚决的斗争。这就是无产阶级的集体主义精神。

---

① 《马克思恩格斯全集》,中文1版,第3卷,84页,北京,人民出版社,1960。

毛泽东同志说:"人是要有一点精神的。"人类区别于动物的一个重要标志,就是人类具有某种精神。古往今来,各种高尚的精神曾经激励一代又一代的志士仁人去战胜各种各样的包括物质上的艰难险阻,为人类的事业建立了丰功伟绩。那么,在今天,在党中央领导我们开创社会主义现代化建设新局面的时期,作为一个革命者,作为一个对历史负有重任的青年,应该具有什么样的精神呢?也就是说,应该树立起什么样的人生理想呢?为谋取个人利益而生活、而奋斗吗?这样的人是有的。他们仅仅从生理需要出发,整天沉湎于个人利益,特别是物质利益的追求和享受中。但是,他们跟一般动物有什么两样呢?正如陶铸同志所说:"一个受物质支配的人,一个个人'物欲'很强的人,一定是缺乏理想、趣味低级、精神生活很空虚的人,也是生活极为可悲的人。"为自己一家人的利益而生活、而奋斗吗?这样的人也是有的。如果说,在旧社会,人们由于基本生活得不到保证,不得不为个人和家庭的生活而惨淡经营的话,那么,在大家基本生活普遍得到保证的社会主义社会里,仍然埋头于经营自己的小窝,置祖国和人民的利益于不顾,就太自私了。因此,正确的结论是:只有为百分之九十九以上的人民服务的精神,也就是集体主义精神,才是高尚的精神。而要具有这种高尚的精神,就必须树立共产主义的远大理想。共产主义理想是我们时代精神的集中体现,是代表历史发展方向和全人类根本利益的最合理的社会理想。正是这种崇高的理想,指引和鼓舞无数革命先烈和老一辈革命家奋斗终生。当然,共产主义作为社会制度在我国得到完全的实现,还需要经过若干代人的长时期的努力奋斗。我们广大青年作为革命的下一代,应该坚定不移地确立共产主义必胜的信念,应该在当前开创社会主义现代化建设新局面的伟大事业中,在为共产主义事业而奋斗的长期实践中,领略人生的真谛,确立无产阶级人生观,把自己造就成为有理想、有道德、有文化、有纪律的社会主义新人。

(三)怎么认识"个人主义"[*]

全国解放后,我国从 50 年代开始,在政治思想和学术领域,曾多次对

---

[*] 本文原载《支部生活》,1987(4)。

个人主义思想的危害进行过批判。但是，最近几年又出现了一种"为个人主义正名"的主张。这种主张认为，对个人主义的观念应该加以更新，使之与我国改革时期的观念更新配套。因此，究竟怎样认识个人主义，对我们来说，是一个需要弄清楚的问题。

　　为什么有的同志要为个人主义正名？他们的理由是，个人主义并不能归结为"自私自利"和"损人利己"，因为个人主义总是和个人事业、个人价值、个人观念……相联系的。他们认为，既然上述这些个人的东西都不能否定，因此，个人主义也不应该否定，也就是说，如果否定了个人主义，也就否定了个人的积极性，否定了个人的活力。对这种意见究竟应当怎样看待呢？

　　从历史上看，个人主义的思想，最早是西方资产阶级在反对封建压迫时所提出的一种意识形态、道德原则和行为规范，也可以说是一种有关人生价值的理论。这种理论强调以人的本性为根据，从天赋人权出发，认为人生来就是自由的，不应该受到他人、整体或社会的制约。17世纪的英国著名思想家霍布斯，从利己主义的伦理学出发，认为自私是人的本性，特别强调个人的自身发展的重要性。17世纪末，英国的另一个著名思想家洛克，则更明确地提出了人的权利都是上天赋予的，是不应当被侵犯的。18世纪以后，著名的英国经济学家亚当·斯密，根据资本主义自由竞争的发展和需要，特别强调个人的意志和个人的自由。此后，著名的英国思想家边沁，进一步提出了功利主义的伦理观，认为人的行为所依照的最根本的准则就是趋乐避苦，因此，一个人追求幸福和快乐的意志，应该受到尊重和得到满足。这些思想，归结起来，都可以说是反映了资产阶级长期在封建压抑下所提出的重视个人利益、强调个人自由、主张自我支配、宣扬个人价值的观念和理论。但是，个人主义这个名词的出现却是比较晚的。最早提出个人主义这一概念的，是19世纪的法国政治评论家托克维尔。马克思曾经说过，这个人是一个曾被当时的庸人们奉为神明的人物。

　　托克维尔是怎么理解个人主义一词的呢？他毫不隐讳个人主义的利己主义本质，并明确宣称：个人主义的主要内容，就是要使每一个人只关心自己、家庭和朋友的小圈子的利益，也就是一种温和的利己主义。托克维尔以后，个人主义在西方就正式成为一种以个人为中心的价值理论。这一理论，强调个人的发展，认为每一个人都是一个目的，任何人都不应为别人而牺牲自己的利益，更不应成为别人幸福的手段。这一理论，不顾社会和整体的需要，强调每一个人都应有最大限度的自由和责任去选择自己的目标和达到这一目标的手段。这种理论，还主张反对权威和对个人的各种各样的支配，反对政府对个人生活的管理和干预。个人主义作为一种经济理论，它强调个人的私有财产制度，认为每一个人，只要不违背资本主义的法律，都有权享有最大限度的机会去获取、管理和使用自己的财产。这就是说，通过剥削别人的剩余价值，直至成为一个大资本家，都是个人应享有的权利。

资产阶级思想家们所一再宣扬的个人主义，由于片面地强调个性自由，反对政府、社会、国家对个人的管理，反对个人必须服从整体的思想，到19世纪末，就逐渐受到资本主义国家中许多思想家的抵制，影响也越来越小。特别是由于资本主义大规模的生产和社会组织的出现，资产阶级的思想家们就力图用"互助合作"和"合理利己"的观念来代替个人主义。但是，十月革命以后，主要是由于社会主义的集体主义的出现和传播，个人主义的理论在资本主义国家内又流行起来，在50年代以前，资产阶级思想家在反对社会主义的制度和理论时，主要矛头是攻击马克思主义的无产阶级专政，认为这种专政是残酷斗争、无情打击，是一种暴力。但是，随着形势的发展，这种宣传已不能收到明显的效果。50年代以后，资产阶级的思想家就开始攻击无产阶级的集体主义，认为强调集体主义就是抹杀个性，就是限制个人自由。正是由于这一原因，强调个人尊严和个性解放的"个人主义"又重新成为一种时髦的口号，成为西方思想家们最近几十年来用以反对集体主义、强调个人自由的流行观念。

我国50年代至60年代，对个人主义在社会主义社会中的消极作用，曾进行过多次分析批判，但总的来说还比较简单，虽然对个人主义在政治上、思想上的危害分析得比较透彻，但没有能够从历史发展、思想渊源和理论核心上进行充分说理和论证；此外，在分析批判个人主义时，有的文章还不恰当地否定了个人尊严、个人价值、个人自由和个人的正当利益，在理论上和实践上，都产生了一些不好的后果。

近几年来，随着我国对外开放和对内搞活经济的政策的实施，如何最大限度地发挥人们的主动性和创造性，就成为全党和全国广大人民群众十分关心的一个问题。正是在这一时代背景下，最近几年来个人主义的思想又被一些人以各种不同的方式提出来，其目的是要给个人主义一个合法地位，使一些人可以公开地宣扬个人主义，追求个人主义。

为什么我们必须彻底抛弃个人主义，并用集体主义来代替个人主义呢？

从理论上来分析，个人主义是同社会主义社会的公有制经济、政治、道德等背道而驰的，是行不通的。从出发点来说，个人主义是一切从个人出发，强调人们最重要的是关心自己、家庭和朋友的小圈子的利益，是利己主义的；从最终的目的和归宿来说，个人主义把个性解放、个性自由作为人生的唯一追求目标，否认并且反对在必要的情况下，为了整体的利益而必须牺牲自己的利益。尽管某些宣传个人主义的人，想在观念更新的名义下，力图把个人主义同"自私自利"和"损人利己"区分开来，认为个人主义只是要在不损人的情况下利己，要在不妨害他人个性发展的情况下发展自己，但是这在现实的社会生活中是不可能的。如果一个人的出发点和最终目的都是为了自己，那么，当他的利益和发展同他人、社会、国家的利益矛盾时，他是不可能有别的选择的。因此，我们必须用马克思主义的集体主义来反对个人主义，提倡集体利益高于个人利益，提倡集体和国家的发展高于个人的发展。

当然，我们必须强调，对集体主义的认识，对个人服从集体利益的理解，应当是全面的而不是片面的、辩证的而不是形而上学的。集体主义在强调集体利益高于个人利益的原则下，不但不否认个人的正当利益，相反特别注意发挥每个人的聪明才智，尊重每个人的个人尊严，承认每个人的个人自由，关心每个人的正当利益。

（四）怎样对待义利关系*

在社会主义市场经济条件下，究竟应当怎样对待义利关系，已经成为

---

* 本文原载《北京日报》，1997-05-04。

当前政治生活、经济生活和人与人关系中一个有重要意义的问题。

1. 在社会主义市场经济条件下，正确把握义利关系的基本前提

在谈到社会主义市场经济条件下的义利关系时，我们应当首先对社会主义市场经济有一个确切的理解，从而为我们研究社会主义市场经济条件下的义利关系提供一个正确的前提。

建立和发展社会主义市场经济，是我国经济振兴和社会进步的必由之路，是社会主义建设实践中对马克思主义理论的重大发展，是一项前无古人的伟大创举。发展社会主义市场经济，不仅极大地促进了我国生产力的发展，增强了社会主义国家的综合国力，提高了广大人民的生活水平，同时也增强了人们的利益观念，形成了为个人利益、集体利益和国家利益而奋斗的思想。正是从这一意义上，人们也可以说，社会主义市场经济也是一种利益经济，它在集体利益、国家利益为先的前提下，充分保障和满足个人的正当利益，从而调动人们的积极性，更有力地推动生产力的发展。"利益"的驱动，增强了人们的竞争意识和效率观念，有利于人们自立、自强精神的形成。同时，我们还应当看到，在改革开放和建立市场经济体制以后，由于西方意识形态及其价值观念的影响，由于我国封建社会、半殖民地半封建社会遗留的腐朽思想和小生产习惯势力等等原因，"个人利益"的观念，又往往会诱发出自私自利、损人利己、唯利是图、见利忘义等行为，以致一些人置他人利益和国家利益于不顾，出现了损害他人利益、损害社会利益的严重后果。党的十四届六中全会决议指出，"市场自身的弱点和消极方面也会反映到精神生活中来"，其中一个重要的方面，就是造成了人们对义利关系认识的扭曲。

我国由社会主义计划经济向社会主义市场经济的转变，只是一种经济体制的转变，并不是社会主义制度的转轨或转型。决议明确指出：社会主义市场经济体制，"不仅同社会主义基本经济制度政治制度结合在一起，而且同社会主义精神文明结合在一起"。这就是说，我们所实行的市场经济，不仅是同以公有制为主体的社会主义经济制度和人民民主专政的政治制度结合在一起，而且同我们的以马克思列宁主义、毛泽东思想和邓小平建设有中国特色的社会主义理论为指导，以社会主义道德规范为重要要求

的精神文明建设紧密结合在一起。从这里可以认识到，我国市场经济，必须受到社会主义的政治制度、经济制度和思想道德的制约，并且在其指导下沿着社会主义道路向前发展。这是我们讨论社会主义市场经济条件下义利关系时应当明确的一个最重要、最基本的前提。

2. 对义利问题的历史回顾与分析

义利问题，之所以在社会生活中受到人们的重视，因为它是同整个社会的根本价值导向连在一起的，是同一个社会的政治理想、经济目标和道德标准相辅相成的。义利问题，作为一种价值观，它几乎渗透到每个人的一切活动之中，并在人们的所有行为选择和价值取向中，起着重要的导向作用。义利问题，作为整个社会的政治、经济、伦理观念的一个重要组成部分，对社会的政治稳定、经济发展和道德进步，都有着重要影响。不同的时代、不同的社会和不同的阶级，对义利问题有着不同的理解。

什么是"利"？尽管不同的思想家对它有着不同的理解，但总的来说，"利"就是指物质利益，其中又包括个人利益和民族、国家利益。什么是"义"？一般来说，"义"就是正义和道义。宋代的思想家朱熹说："义者，宜也。""宜"有"应当"的意思，也就是依据一定社会的政治生活、经济生活和道德生活的原则而应当去做的，就是"义"。因此，义和利在中国古代，主要是指思想道德与物质利益的关系、个人利益与国家利益的关系以及物质生活与精神追求的关系等多方面的意义。

义利关系在中国传统思想中，作为一种价值观念，历来受到政治家、思想家以及伦理学家们的特别重视。一般来说，孔子、孟子和后期儒家都强调先义后利或重义轻利。商鞅、韩非等法家一派则重利轻义，而管子、墨子、荀子等，多主张义利并重，力求使义利能够统一起来。正是由于中国古代思想家们对义利问题的特别关心，义利关系成了中国古代的一个被反复争论的重大问题。儒家创始人孔子曾经把"好义"和"好利"看做区别一个人道德高尚和道德卑下的唯一标准，他说："君子喻于义，小人喻于利。"孟子认为，如果社会上的人们都去相互争"利"，那么国家就会出现动荡和危险，因此，只有实行"仁义"，才是社会安定的重要保证。荀子认为，"义"与"利"都是一个在社会生活中的人所需要具有的，是不能被剥夺的，但他主张对那些不适当的"利"要加以限制，同时，又强调"先义而后利者荣，先利而后义者辱"。法家从人性自私的理论出发，比较强调"利"的重要性，强调通过使私人获得"利"的方法，奖励耕战，使人们积极从事农业生产和服兵役，从而使国家很快地富强起来。汉代的董仲舒早年认为："天之生人也，使人生义与利。利以养其体，义以养其心。心不得义不能乐，体不得利不能安。"他把义利关系看做物质生活和精神追求的关系，并强调了两者之间相辅相成的关系。但到后来，他把义利关系引向片面，提出"正其道不谋其利，修其理不急其功"的思想，走上了重义轻利的极端。宋明理学家们进一步扭曲了义利关系，形成了重利贱义的理论，对以后中国思想史上的义利之辩，有重要影响。他们认为"大凡出义则入利，出利则入义"，主张"存天理，灭人欲"。综观中国传统思想家的义利观，应当说大多数思想家都认为，在个人利益和国家利益、社会利益发生矛盾时，应当是先义后利、义重于利的，这就是《论语》中所说的"见得思义"、"见利思义"和"义以为上"的基本观念。但是也确有少数思想家，片面地强调了"义"的重要性，走上了重义轻利甚至重义贱利的极端。他们只许言义，不许言利，否认个人利益的必要性，造成了抹杀人民群众的正当个人利益、束缚人们个性发展的后果。这里应当指出，即使是那些强调"先义后利""义重于利"的思想家，他们之所以强调"义"的重要性，主要是为了维护当时的封建统治阶级的利益，以巩固封建阶级的统治为最终目的。

3. 在社会主义市场经济条件下，什么是我们应当提供的正确的义利观

确实，我们要实行社会主义市场经济，就必须承认并强调"利"在经济生活中的重要作用。但是，我们必须明确，社会主义市场经济所强调的"利"，绝不像资本主义市场经济中所强调的"利"那样，只强调个人的物质利益，只重视个人的私利。在社会主义市场经济条件下，正当的个人利益，包括个人的物质利益在内，理所应当得到保护和保障，任何不重视个人正当利益的思想和行为，都会损害人民群众发展社会生产力的积极性，都是错误的，对社会主义的建设是有害的。同时，在社会主义市场经济条

件下，在强调和保护个人正当利益的同时，更应当强调国家的利益、社会的利益和全体人民的利益。

马克思主义者从物质文明建设和精神文明建设的辩证关系出发，强调义利关系的辩证统一。我们所说的"义"，主要是指社会主义的思想道德要求和国家人民的利益。我们所说的"利"，主要是个人的物质利益和某些单位或地区的利益。在社会主义市场经济条件下，正确处理道德原则、精神追求同现实生活中的个人利益、局部利益的关系，是保证社会主义事业兴旺发达的一个重要问题。马克思、列宁、毛泽东等，都反复强调革命的理想、精神的追求同个人的物质利益的辩证统一。邓小平同志明确地指出，"革命精神是非常宝贵的，没有革命精神就没有革命行动。但是，革命是在物质利益的基础上产生的，如果只讲牺牲精神，不讲物质利益，那就是唯心论"，进一步明确了革命精神必须要以物质利益为基础。但是，我们还应当强调，我们绝不仅仅追求个人的物质利益，而且还要把社会的、民族的和国家的利益放在更加重要的位置上。从根本来说，在社会主义社会中个人的正当利益和国家的利益是一致的。国家的利益体现着个人长远的、根本的利益。离开了社会主义国家的整体利益，任何个人的利益都是不可能实现的。正如邓小平同志所指出的："每个人都应该有他一定的物质利益，但是，我们提倡物质利益，决不是提倡个人抛开国家、集体和别人，专门为自己的利益奋斗，决不是提倡个人都向钱看。要是那样，社会主义和资本主义还有什么区别？"因此，在社会主义市场经济条件下，在对待义利的关系上，我们首先应当强调的就是社会的利益、集体的利益和国家的利益，个人利益只有是合法的、正当的和不违背国家利益的，才应当受到保障和保护。我们的义利观是以国家利益和人民的利益为先、为重的个人利益与社会利益相统一的一种新的义利观。

值得注意的是，一段时期以来，一些人以发展市场经济为由，把"义"和"利"对立起来，认为市场经济既是强调"利益"的经济，就不应当再讲"义"。有的人甚至认为，市场经济应当"金钱至上""先利后义"。更值得注意的是，一些人以市场经济要重视个人利益为理由，提出要把个人主义作为道德原则来代替集体主义，认为市场经济就是要把个人利益作为唯一的杠杆来发展我们的经济。正是在这样的思想影响下，在所谓"只要利""不要义"的情况下，一些人的"自私自利""唯利是图""见利忘义""损人利己"思想不断泛滥，有的甚至公然违犯国家法律，坑蒙拐骗，谋财害命，毒化了社会风气，严重影响了社会主义市场经济的正常发展。因此，正确认识社会主义市场条件下的义利关系，对当前来说，在理论上和实践上都有重要的意义。

党的十四届六中全会决议，根据我国现实的实际情况，明确地提出要"形成把国家和人民利益放在首位而又充分尊重公民个人合法利益的社会主义义利观"。这一提法，是对社会主义市场经济条件下义利观的科学概括。这一概括，从马克思主义的立场、观点、方法出发，批判地继承了我国古代义利观中的合理内容和积极因素，从社会主义市场经济的内在要求出发，以人民利益、国家利益和个人合法利益的实际地位、作用、意义为根据，对义利问题作了创造性的、科学的概括，对于指导我们的经济生活，对于调整社会主义社会中人和人的各种关系，有着鲜明的针对性和极重要的现实意义。

"把国家和人民利益放在首位"，这就是说把"义"放在首位，"国家之利""人民之利""天下之利"，也就是我们今天所强调的"大义"。我们是社会主义国家，国家和人民利益就是我们的大局，任何个人利益都必须符合集体的利益，决不能损害集体和人民的利益。"充分尊重公民个人合法利益"，这就是说，"公民个人合法利益"同社会主义的国家利益和人民利益从根本上说是统一的、一致的，应当受到充分的尊重，得到认真的保护，并鼓励和倡导每一个公民为获得自己的合法利益而诚实劳动和积极工作。社会主义市场经济的义利观，一方面强调以国家利益和人民利益为重的思想，即把人民利益和国家利益"放在首位"，又强调个人合法利益应当受到充分的尊重。这种新的义利观，也可以说是一种"以义导利、义利统一"的价值观。这种"以义导利、义利统一"的价值观，有利于我们正确处理个人、集体和国家的关系，有利于既能维护人民和国家的利益，又能保障个人的合法利益。在人民群众中，广泛而深刻地加强新的义利观教育，就能够在更坚固的基础上，更好地调动广大群众建设四个现代化的积

道德教育与"两课"教学

极性，有利于促进我国的经济发展，有利于克服和消除个人主义、利己主义和拜金主义对人们的腐蚀，有利于提高全民族的思想道德素质。

三、树立正确的世界观、人生观和价值观*

树立正确的世界观、人生观和价值观，对于提高广大党员和干部的思想觉悟，培养社会主义的有理想、有道德、有文化、有纪律的"四有"新人，从而保证我国的现代化建设能够沿着社会主义道路向前发展，有着重要的意义。什么是正确的世界观、人生观和价值观，它们之间的关系是什么，怎样才能树立起正确的世界观、人生观和价值观，这三个问题，是我们在加强思想道德建设中所应当深入研究和讨论的问题。

世界观是人们对世界上各种各样的事物的总的看法。我们所要树立的正确的世界观，也就是辩证唯物主义的世界观，有时候也称马克思主义的世界观。辩证唯物主义的世界观承认世界的物质性、客观性，承认物质世界是按照自身发展的规律运动和变化的；人的活动，既要遵守客观世界的规律，又能够通过实践认识和改造自然界及人类自身。辩证唯物主义的世界观认为，社会主义必然代替资本主义，是社会历史发展的不可逆转的总趋势；尽管在社会主义发展的长期过程中，还必然会存在和发生这样那样的曲折和反复，但由于资本主义制度存在着无法克服的固有矛盾，社会主义必然要代替资本主义，并将最终发展成为共产主义的社会。树立辩证唯物主义的世界观，就能够增强社会主义和共产主义的理想和信念，提高为社会主义献身的力量和勇气，就能够在困难面前知难而进，在各种曲折复杂的情况下，保持革命的乐观主义精神。从国际共产主义运动所面临的情况来看，在苏联解体和东欧剧变之后，一些人之所以失去了对社会主义和共产主义的信心，徘徊动摇，裹足不前，甚至悲观失望、堕落蜕化，原因之一，就是没有能够真正树立起辩证唯物主义的世界观，被资本主义的暂

---

* 本文原载《中国特色社会主义研究》，1996（3）。

时的"得逞"所迷惑,看不到资本主义必然灭亡的本质,看不到社会主义将最终取得胜利的光明前途。国际共产主义运动的这种暂时的"低潮",也还可能持续一段时期,在这种情况下,我们更应当加强辩证唯物主义世界观的教育,使广大干部、工人、农民都能够从社会发展普遍规律的高度认识社会主义的光明前途,从而在建设有中国特色社会主义的伟大实践中坚定必胜的信心。

我们所说的正确的人生观,就是为人民服务的人生观。人生观是人对人生的意义、目的和价值的根本看法。其中,人为什么活着、人怎样生活才最有意义和人生的价值问题,是人生观的核心。在社会中生活的人,由于经济利益和政治利益不同,处在不同的社会关系之中,从而形成不同的人生观。在阶级社会中,不同的阶级,由于利益不同,必然会形成不同的甚至根本对立的人生观。就是同属于一个阶级,由于每个人所生存的环境和所受的教育及自我修养的差异,也往往会形成不同的人生观。一般来说,人们的人生观必然要受到一定的经济、政治和环境的制约,但不同阶级和不同阶层的人,又可以主动地、自觉地选择自己的人生观。出身于非无产阶级的人,可以接受共产主义教育,刻苦锻炼,从而树立起马克思主义的世界观,成为坚定的共产主义者;相反,即使是出身于劳动人民家庭的人,接受社会主义的教育,在红旗下长大,如果不注意世界观、人生观和价值观的改造,仍然会受到各种非无产阶级思想的腐蚀,接受庸俗、腐朽的资产阶级的人生观。人生观的这种可选择的特点,说明加强人生观教育的必要性。深入持久地开展人生的意义、目的和价值的教育,强调为人民服务的人生观的意义,就能帮助广大青年和人民群众真正懂得人生的真谛,从而自觉地选择为人民服务的人生观,为社会主义建设事业多做贡献。在当前我国的社会中,从表现形式上看,有着纷纭复杂的、各种不同的人生观:一种是为自己求得金钱、荣誉的以个人为中心的个人主义的人生观,也就是资产阶级的人生观;一种是以国家利益、人民利益为重的为人民服务的人生观,也就是无产阶级的人生观。在建设有中国特色社会主义的伟大事业中,对每一个人来说,人生观问题也就是为什么人的问题,是人生一切问题中一个根本的、首要的问题。这个问题不解决,不论是搞革命还是搞建设，是不可能兢兢业业，也不可能做出什么成绩的。如果一个人生活的目的只是为自己、为家庭的私利，即使是在物质享受上能够得到满足，那又有什么意义？那又有什么价值？一个人只有为他人的幸福、为社会的发展、为国家的兴旺做出贡献，使自己的工作能够造福人民、造福子孙后代，才是最有意义、最值得人们追求的人生，才是光荣的人生、闪光的人生。值得我们注意的是，改革开放以来，在资产阶级的拜金主义、享乐主义和个人主义的人生观的腐蚀下，一些人经受不住考验，自觉不自觉地把金钱、享受和权力、地位当做人生的唯一目的去追求，陷入资产阶级的极端利己主义的泥坑而不能自拔。因此，树立为人民服务的人生观，对我们来说，在今天有着尤为重要的现实意义。

　　一个树立了为人民服务的人生观的人，对人生的意义就能够有真切的理解，就能够把人民群众的利益放在心上，力求为人民做好事，使人民能够从自己的工作中得到幸福。一个人的能力有大小，职业有不同，但只要有了为人民服务的人生观，就能够时时处处为人民着想，助人为乐，造福人民，成为人民群众欢迎的人。因而，全心全意为人民服务的精神，"毫不利己、专门利人"的精神，应当成为我们时代的最崇高的精神。正像毛泽东同志所说的，只有具有了这种崇高的精神，才是"一个高尚的人，一个纯粹的人，一个有道德的人，一个脱离了低级趣味的人，一个有益于人民的人"。越来越多的人能够树立起为人民服务的人生观，必将促使社会主义的事业更快地向前迈进。

　　世界观和人生观有密切关系。正确的世界观是正确的人生观的基础，人们对人生意义的正确理解，是建筑在对世界发展变化及其规律正确认识的基础之上的。从这一意义上，我们可以说，人生观从属于世界观，没有正确的世界观，也就不可能有正确的人生观。因此，只有把握了社会主义必然要取代资本主义这一历史发展规律，才能具有对共产主义的坚定的理想和信念，才能牢固地树立起相信人民、依靠人民、全心全意为人民服务的人生观。同时，人生观发生变化，又往往会反过来影响到世界观的变化。人生观能够积极作用于人的世界观，对世界观的巩固、发展和变化起着重要的作用。现实生活说明，一个人在长期革命斗争中曾经树立起正确

第三章 树立正确的人生价值观

的世界观和人生观，但如果经不起拜金主义、享乐主义和极端个人主义思想的腐蚀，一旦放弃了为人民服务的人生观，那么，他就必然会丧失对社会主义和共产主义的信念，从而背叛自己的崇高理想和世界观。

正确的价值观，就是集体利益、人民利益高于个人利益的集体主义的价值观。集体主义既是社会主义的道德原则，又是人们应当树立和奉行的一种价值观念。什么是价值？我们在价值观中所说的价值，并不完全等同于经济学中的使用价值和交换价值，而是指人们所认为的最重要、最贵重、最值得人们去追求和珍视的东西，它既可以是物质的东西，也可以是精神的东西。

在中国古代思想史上，人们常用"贵"来表示"价值"这一概念。"贵义"就是把"义"看得最有价值，"贵生"就是把生命看得最有价值，等等。价值观就是对什么最重要、最贵重、最值得人们追求的一种观点和评价标准。处于不同的经济政治利益关系中的人，必然会有不同的甚至截然相反的价值观。对于个人主义者来说，由于他处处强调以个人为中心，把为个人看做唯一的目的，把为社会看做达到个人目的的手段，因而他必然会认为，只有个人的一切，才是最重要、最值得他去追求的，因而也就有最大的价值；相反，对于国家的利益、人民的利益，被认为是没有价值的，也就不值得为它去奋斗，更不值得为之而献身。对于无产阶级和革命人民来说，国家的利益、人民的利益、中华民族的利益是至高无上的，是最重要、最宝贵、最值得去追求的，因而也就是最有价值的。正是从这一价值观出发，无产阶级认为，广大人民群众的利益、国家和社会的利益是我们评价一切事物的有无价值和价值大小的最重要的标准。在建设有中国特色社会主义的过程中，不断发展变化着的许多新事物、新情况和新矛盾，每日每时都向每一个人提出有关事物的有无价值和价值大小的许多现实问题，需要我们去判断和解决。对于社会主义事业和对广大人民群众有利的事业，我们应当看做最有价值的、最值得我们为之献身和奋斗的，我们应当尽力去做；反之，一切不利于社会主义事业和人民利益的，我们就应当旗帜鲜明地加以反对。我们之所以强调要树立正确的价值观和用正确的价值导向来引导我们的人民，其意义就在这里。

人生观和价值观的关系既有相同的方面，又有不同的方面。价值观的范围较大，因为它泛指人们对一切事物的有无价值和价值大小的看法和评价标准，而人生观主要是对人生的意义和价值大小的一种根本的看法。从这个意义上，可以说价值观包括人生观，人生观也是一种价值观，即对人生的意义和价值的一种总的根本看法。由于对人生价值的看法是人对其他事物的看法的一个出发点，因而一个人对人生价值的看法，又必然会影响对其他事物的看法，所以人生观在一个人的整个价值观中占有最重要的地位。人的正确价值观的确立和巩固，又能不断地促进正确人生观的形成和发展。世界观是人生观的基础，人生观是价值观的出发点，它们相互作用、相辅相成。

怎样才能树立起正确的世界观、人生观和价值观？

首先，要认真学习有关世界观、人生观、价值观的基本理论，从思想上提高觉悟，认识树立正确的世界观、人生观、价值观的重要意义。在当前，学习和掌握马克思列宁主义、毛泽东思想和邓小平建设有中国特色社会主义的理论，学习江泽民同志关于世界观、人生观、价值观的讲话，有非常重要的意义。我们应当准确、科学地把握这些理论的精髓，深刻理解在当前形势下，树立正确的世界观、人生观和价值观的特殊的重要意义。特别应当强调的是，在目前形势下，树立正确的世界观、人生观和价值观，就能够立场坚定，方向明确，对我们坚持社会主义道路，有着不可忽视的重要作用。

其次，要在实践中加强锻炼，不断地同各种非马克思主义以至反马克思主义的世界观、人生观和价值观划清界限。在意识形态和思想道德建设上，要提高政治敏锐性和识别力，对一切没落腐朽的东西，要进行坚决的抵制和斗争。正如江泽民同志所指出的："思想宣传阵地，社会主义思想不去占领，资本主义思想就必然会去占领。""树欲静而风不止"，我们还应当清醒地看到，西方敌对势力所大力进行的"西化"和资产阶级腐朽生活方式对我们的侵蚀，最重要的就是要从世界观、人生观和价值观上来腐蚀我们。一旦我们接受了西方资产阶级的世界观、人生观和价值观，我们就必然会在建设社会主义的道路上迷失方向，误入歧途。西方敌对势力曾经以这种手段,在某些国家得逞。因此,它们正不遗余力地要把它们的世界观、人生观和价值观强加给我们,这一点应当引起我们的高度警惕。马克思主义强调理论对实践的指导作用,强调理论认识要在现实生活的斗争中得到发展。为了更好地树立正确的世界观、人生观和价值观,就必须旗帜鲜明地同一切反马克思主义的世界观、人生观和价值观划清界限,认识它们的危害,肃清它们的影响。

最后,要自觉地进行自我改造,充分认识自我改造的长期性和艰苦性,活到老,改造到老。我们认识到什么是正确的世界观、人生观和价值观之后,一定要联系自己的思想和行为,身体力行,不断地在实践中检查自己,进行必要的自我批评。列宁曾经极其深刻地指出:"资本主义旧社会留给我们的最大祸害之一,就是书本与生活实践完全脱节。"我们应当努力改正那种"书本与生活实践完全脱节"的情况,在实际生活中,认真培养锻炼正确的世界观、人生观和价值观,更好地为社会主义贡献力量。一个人生活在社会中,不可避免地要受到各种思想的影响。马克思主义的科学的世界观、人生观和价值观是不可能自发产生的,必须经过教育、培养和在实践中的艰苦磨炼。即使在长期的革命斗争甚至战争年代中经受过严峻考验,已经树立或形成了无产阶级的世界观、人生观和价值观的人,如果不能继续锻炼、修养和自我改造,稍一放松,就有可能倒退、滑坡,甚至丧失掉已经树立起来的世界观、人生观和价值观,被资产阶级的"糖衣炮弹"所打中。改革开放和实行社会主义市场经济以来,在世界观、人生观和价值观方面所出现的问题,已经充分说明了这种情况的严重性,尤其值得我们注意。由于私有制经济的发展,特别是西方各种思潮的涌入,再加上享乐主义、拜金主义和形形色色的个人主义思想的泛滥,在我国当前的社会主义社会中,各种不同的世界观、人生观和价值观相互斗争、相互激荡,对人们的世界观、人生观和价值观产生了种种不可忽视的影响。改革开放十几年来,不仅一些涉世未深的青年人受到错误思想的腐蚀,成为资产阶级腐朽生活方式的俘虏,就是一些经过锻炼的老党员、老干部,由于经不住金钱、权力的考验,也有少数人变质,违法犯罪,成为人民的罪人。每一个有志于建设社会主义的先进分子,都要引以为鉴,见微知著，严格要求，增强在改造客观世界中改造主观世界的能动性。

人类对客观世界的改造是永无止境的,在改造客观世界中,对人类自身的改造也是永无止境的。周恩来同志生前曾多次强调一个革命者改造自身的重要性。他强调要"活到老、学到老、改造到老"。为了适应建设有中国特色社会主义的需要,我们一定要强调改造世界观、人生观和价值观的重要性。"改造思想",不但不是一件不光彩的事,而且还是一个坚定的、自觉的革命者的必然要求,是革命事业胜利的重要条件。只有这样,我们才能在前进的道路上通过各种考验,才能抵制一切腐朽思想的侵蚀,才能始终保持革命者的品质,使我国的现代化建设能够沿着社会主义道路健康地向前发展。

第四章 注重道德传承 加强道德实践

一、继承和弘扬中华传统美德[*]

学习、贯彻、落实社会主义核心价值观，使社会主义核心价值观溶入全民族的精神血液，内化于心、外化于行，这是与实现中华民族伟大复兴中国梦形神相随的一项重大战略任务。社会主义核心价值观要入耳入脑入心、敦化为民风民俗民德，一条重要的途径，是必须与中华文化的根本相融通，生长于斯、发展于斯、创新于斯。习近平总书记指出，培育和弘扬社会主义核心价值观必须立足中华优秀传统文化，牢固的核心价值观，都有其固有的根本，抛弃传统、丢掉根本，就等于割断了自己的精神命脉。习近平总书记还着重指出，中华传统美德是中华文化精髓，蕴含着丰富的思想道德资源，不忘本来才能开辟未来，善于继承才能更好创新，对历史文化特别是先人传承下来的价值理念和道德规范，要坚持古为今用、推陈出新，有鉴别地加以对待，有扬弃地予以继承。习近平总书记的这些重要

---

[*] 本文原载《红旗文稿》，2014（7）。与夏伟东合作。原题为《古为今用 推陈出新——论继承和弘扬中华传统美德》。

论断,是我们今天正确把握培育社会主义核心价值观同弘扬中华传统美德相互关系的基本遵循。

(一) 对待中华传统道德须秉持正确立场

正确对待中华传统道德,关键在于秉持正确的立场。

中国自近代以来,包括新中国建立以来,在传统文化和传统道德问题上,全盘否定的文化虚无主义、全盘否定的西化论、全盘肯定的复古主义等思潮,从来就没有真正销声匿迹过,一有适宜的条件,这些思潮便会以不同的面目顽强地表现出来。对于中国共产党人来说,对传统文化和传统道德的态度,也经历着曲折的认识过程。只是从以毛泽东同志为代表的那一代卓越的共产党人开始,中国共产党人才真正解决了正确对待传统文化和传统道德的立场问题,在不断使马克思主义中国化的进程中,提出了马克思主义对待中国传统文化和传统道德的基本原则,如批判继承、古为今用、推陈出新,等等。毛泽东同志说:"今天的中国是历史的中国的一个发展;我们是马克思主义的历史主义者,我们不应当割断历史。从孔夫子到孙中山,我们应当给以总结,承继这一份珍贵的遗产";"清理古代文化的发展过程,剔除其封建性的糟粕,吸收其民主性的精华,是发展民族新文化提高民族自信心的必要条件;但是决不能无批判地兼收并蓄";对于历史遗产和一切进步的文化,都不能生吞活剥地、毫无批判地吸收,应该"如同我们对于食物一样,必须经过自己的口腔咀嚼和胃肠运动,送进唾液胃液肠液,把它分解为精华和糟粕两部分,然后排泄其糟粕,吸收其精华,才能对我们的身体有益"。

毛泽东同志这些代表性的论述,从理论原则上解决了对待中国传统文化和传统道德的正确立场问题。但在实践中,对于中国这样一个具有五千年文明史的国度来说,处理好传统文化和传统道德的批判继承、古为今用、推陈出新问题,决不会一蹴而就和一劳永逸。五千年的文化积淀,使中国传统文化和传统道德具有鲜明的两重性与矛盾性,其中,既有民主性的精华,又有封建性的糟粕;既有积极、进步、革新的一面,又有消极、保守、落后的一面,在有些情况下,精华与糟粕紧密结合,良莠杂陈,瑕瑜互见。一方面是资源丰沛、取之不竭，一方面是见仁见智、各取所需；加上近代以来，中华文化始终面对处于强势地位的西方文化的挑战和冲击，这就使得中国在对待传统文化和传统道德的问题上遭遇的复杂困境，是世界上任何一个国家都无法比拟甚至难以想象的。传统文化和传统道德，究竟是中国前进的动力还是前进的阻力，这样的问题，近代以来给国人带来极大的困惑，造成极大的纷争。

尽管自近代以来，在如何对待传统文化和传统道德的问题上存在各种不同甚至势不两立的态度和观点，但从总体上可以说，凡是进步有识之士，对待传统文化和传统道德的态度，基本上都强调既返本又开新，强调在不断地返本中不断地开新，因此，像"综合创新"这样充满智慧的主张，才会日益成为思想界的主流，而那些极端的反古派和极端的复古派，却越来越成为非主流。今天，在对待传统文化和传统道德的问题上，我们应该顺应思想界的这一主流，不要再受困于极端的态度和观点，旗帜鲜明地拒斥历史虚无主义、文化虚无主义和文化复古主义、文化保守主义，认认真真地总结好、承继好从孔夫子到孙中山这一份珍贵的文化道德遗产。

最根本的，须如习近平总书记指出的那样：要加强对中华优秀传统文化的挖掘和阐发，努力实现中华传统美德的创造性转化、创新性发展，把跨越时空、超越国度、富有永恒魅力、具有当代价值的文化精神弘扬起来，把继承优秀传统文化又弘扬时代精神、立足本国又面向世界的当代中国文化创新成果传播出去。这就要求讲清楚中华优秀传统文化的历史渊源、发展脉络、基本走向，讲清楚中华文化的独特创造、价值理念、鲜明特色，增强文化自信和价值观自信，认真汲取中华优秀传统文化的思想精华和道德精髓，大力弘扬以爱国主义为核心的民族精神和以改革创新为核心的时代精神，深入挖掘和阐发中华优秀传统文化讲仁爱、重民本、守诚信、崇正义、尚和合、求大同的时代价值，使中华优秀传统文化成为涵养社会主义核心价值观的重要源泉。只要中华民族一代接着一代追求美好崇高的道德境界，我们的民族就永远充满希望。

（二）对待中华传统道德要尊重文化传承客观规律

社会主义核心价值观，无论是国家层面的价值目标、社会层面的价值取向，还是公民个人层面的价值准则，其产生，都不能靠简单的"设计"，而要靠准确把握概括时代精神，科学提炼取舍传统文化和传统道德。

在时代快速发展的今天，比较容易被人们忽视的，是对传统文化和传统道德的批判继承。毫无疑问，旧时代的文化和道德，必定包含着特定时代陈腐的旧精神、旧风俗、旧习惯、旧道德，有严重的地域、时代和阶级的局限性，许多内容早已丧失复兴的价值，甚至还可能成为今天的历史包袱。但是，也必须看到，今天的时代和过去的文化道德的联系，是本根般、血脉般的联系，客观上无法割断也不能割断，强行割断，一味拒斥，必定是剪不断、理还乱。

对传统文化和传统道德采取古为今用、推陈出新的方针，不是对历史遗产的主观偏爱，更不是发思古之幽情，而是尊重文化传承的客观规律。在传统文化和传统道德中，蕴含着不可忽视的、超越时代的、可继承的优秀遗产。讲仁爱、重民本、守诚信、崇正义、尚和合、求大同的精神，就是中华优秀传统文化和传统美德的精髓。"己欲立而立人，己欲达而达人""己所不欲，勿施于人"的仁爱精神；"天行健，君子以自强不息"的进取精神；"地势坤，君子以厚德载物"的包容精神；"大道之行也，天下为公"的社会理想；"不义而富且贵，于我如浮云"的义利观；"富贵不能淫，贫贱不能移，威武不能屈"的大丈夫气概；"与人为善""助人为乐""扶贫济困""知耻近于勇"的道德品格；等等，对这些中华民族的传统美德，要理直气壮地继承和弘扬，使之成为涵养社会主义核心价值观的重要源泉。

应该取既厚古也厚今的态度，厚古之资源，厚今之所用。对于中国文化和传统道德，既不能全盘否定，也不能全盘继承。全盘否定，势必导致文化虚无主义或全盘西化论；全盘肯定，势必导致文化保守主义或全盘复古论。对我们的祖先传承下来的文化道德，要以历史唯物主义为指导，在去粗取精、去伪存真的基础上，采取兼收并蓄的态度。返本的目的在于开新，开新的目的全在用，而成功与否，关键在于是否能古为今用、推陈出新。

古为今用，要求批判继承传统道德的主要目的，是服务于中国特色社会主义文化建设的需要，创造出先进的道德，提炼出先进的社会主义核心价值观，解决现实生活中的思想道德问题，为改革发展创造良好的思想道德环境。根本依归，是在对历史的继承创新中塑造民族精神、民族魂，进而认识和把握中国社会发展规律，激励人民继续前进的信心和勇气。

推陈出新，要求对中国历史上诸子百家的文化和道德思想作统盘考察，取各家之精华，舍各家之糟粕，在比较、分析、整合的基础上兼收并蓄、综合创新，使之形成一种新的符合时代需要的思想，成为社会主义核心价值观的有机组成部分。

（三）对待中华传统道德要具体情况具体分析

对中国传统道德的古为今用、推陈出新，是一个总原则，在实际认知和践行过程中，需要将这个原则具体化，做到具体情况具体分析。

在中国传统道德中，从我们今天的立场、观点和方法着眼，大体上可分出几种不同情况。

第一种情况，一些传统道德，基本属于精华部分。

第二种情况，一些传统道德，是奴隶制、封建制等级制度和等级观念的核心意识形态，基本属于糟粕部分。

第三种情况，一些传统道德，精华与糟粕交织融合在一起。

还应当看到，就是基本上属于精华的部分，也仍然瑕瑜互见，尽管"瑕不掩瑜"，但对于"瑕瑜错陈"的情况，古人从来都强调"持择须慎"。

首先，对那些基本上属于精华的传统道德，要理直气壮地批判继承，同时也应当按照古为今用、推陈出新的原则进行分析，赋予时代新意。例如，"先天下之忧而忧，后天下之乐而乐"这两句广为传颂的名言，是北宋范仲淹在《岳阳楼记》一文中所说的。其中所指的"天下"，在当时，既指整个中华民族所聚居的广袤土地，又兼指宋王朝统治的范围。这两句话中的"忧""乐"，既有对广大人民群众的忧乐，又有对宋王朝兴衰的忧乐。今天，我们理解的"天下"与范仲淹所理解的"天下"，既有相通之处，也有原则区别；相应的，所应当有的"忧""乐"，既有相通之处，也有原则区别。

在中国传统道德中，这样的例子还可以举出很多。如"仁者爱人""己所不欲，勿施于人"，等等，在继承时都要注意抛弃其在当时所包含的抹杀阶级矛盾和维护统治阶级私利的消极内容，弘扬其在今天调解人民内部矛盾、加强人民之间的团结友善关系的积极内容。再如，"居天下之广居，立天下之正位，行天下之大道。得志，与民由之，不得志，独行其道。富贵不能淫，贫贱不能移，威武不能屈，此之谓大丈夫"，对于其中的"广居""天下""道""志"等，都应当运用古为今用、推陈出新的原则加以综合创新。

其次，对那些基本上属于糟粕的传统道德，要理直气壮地批判拒斥。比如，对"三纲五常"中的"三纲"，由于其是专制等级制度和等级观念的意识形态支柱，而且与今天的社会制度和社会生活完全背道而驰，不但没有正面价值，反而充满负面价值，因此，可以判定为糟粕，要坚决抵制。当今社会政治生活以及日常生活中屡屡表现出来的家长制作风和歧视妇女等现象，究其传统文化的根源，正在于"君为臣纲、父为子纲、夫为妻纲"这类腐朽思想的毒害。

最后，对那些精华与糟粕交织融合在一起的传统道德，更需要有鉴别地加以对待，有扬弃地予以继承。以义利关系这一中国传统道德的中心问题为例。《论语》中提出的"不义而富且贵，于我如浮云""见利思义""见得思义""义然后取"，等等，这些思想，基本上属于精华部分，但其中也夹杂着一些维护古代统治阶级私利的内容。重点在于正确区分古人所说的义与利和今天所说的义与利的区别，这样我们才能比较好地弃糟取精。更复杂的是另外一些情况。例如"君子思义而虑利，小人贪利而不顾义"和"君子喻于义，小人喻于利"等思想，就是比较典型地精华与糟粕相互交织在一起的情况。问题主要集中在对"君子"与"小人"的分别上。在中国古代社会，"君子"的一层含义，是指统治阶级的成员，另一层含义，是指有道德的人；"小人"的一层含义，是指居下位的卑贱者，另一层含义，是指只顾私利而没有道德的人。因此，对"君子思义而虑利，小人贪利而不顾义"和"君子喻于义，小人喻于利"的理解，可以包含两个既有联系、又有区别的释义：一个释义是，只有统治者才思考大义、明白大义，而劳动人民只贪图私利、懂得私利；另一个释义是，只有道德高尚的人才考虑大义、明白大义，而没有道德的人不顾大义、只知道私利。在中国长期封建社会中，第一种释义显然是主流，对这样的内容，应批判拒斥。对第二种释义，应批判继承，其经过改造后，可以有助于人们树立正确的义利观，处理好义利关系。

（四）对待中华传统道德的正确方法论

正确对待中国传统道德，从方法论上来看，还有一个如何正确对待道德特殊和道德普遍的关系问题。在过去一段时期内，对中国传统道德问题之所以存在认识和实践偏差，方法论上的失当，也是一个深层次的原因。比如，否定传统道德可以继承的观点，其错误在于只看到传统道德形成于某一具体时代、具体人物和具体事物的特殊性，没有看到在其中也可能包含了超越时代的普遍性因素；而主张全盘继承、全盘复古观点的错误，则在于夸大了传统道德的普遍性，看不到不同时代的特殊性，因而否认了对传统道德进行变革的必要性。

怎样正确理解传统道德的这种特殊和普遍的关系呢？马克思恩格斯在《德意志意识形态》中曾经指出，即使在阶级对立的社会中，各阶级之间，既有对立的利益，也有共同的利益，"而且这种共同利益不是仅仅作为一种'普遍的东西'存在于观念之中，而首先是作为彼此有了分工的个人之间的相互依存关系存在于现实之中"①。例如，统治阶级的思想家们，为了维护统治阶级的长远利益，不但利用这种共同利益来制定维护社会稳定的道德规范，举着这种共同的、普遍利益的旗帜来抵抗外来的侵略，而且根据这种共同利益来开发自然和兴修水利，等等。

道德要求都具有特殊意义和普遍意义。在中国的奴隶社会和封建社会条件下，当一个道德要求被提出来的时候，从特殊利益的层面看，其必然要立足于维护统治阶级的根本利益和等级制度的社会尊卑秩序；从普遍利益的层面看，它也要着眼于维系当时社会的整体生产生活关系，着眼于维

---

① 《马克思恩格斯文集》，第1卷，536页，北京，人民出版社，2009。

护社会秩序的安定和谐、家国社稷的长治久安。当然，由于受历史的、阶级的局限，当古人根据那时的特殊环境、特殊目的提出某些道德要求和道德准则时，又往往自认为是发现了人类道德生活永久不变的真理，认为这些道德要求和道德准则可以万古长存，企望"天不变，道亦不变"。

传统道德包含的这样两个层面，既使得那些在特定历史条件下产生的道德，其核心部分具有不言而喻的剥削阶级的阶级私利专属性，因此，对于这些反映剥削阶级根本利益，没有什么科学性、民主性和人民性因素的道德，就应该采取批判拒斥的态度；也使得那些确实反映了同一社会的人们所必须共同遵守的道德准则，那些如恩格斯所指出的某些共同的历史背景就必然会使道德有某些"共同之处"，那些如列宁所说的人类在千百年来所形成的"公共生活规则"，具备了可以批判继承的合理内核。对传统道德，究竟是批判继承，还是批判拒斥，判断的根本标准，就是看传统道德中是否包含着科学性、民主性和人民性的因素。

那些具有科学性、民主性和人民性的因素的独特的、优秀的文化道德遗产，按照古为今用、推陈出新的原则加以甄别改造之后，就必将成为培育和践行社会主义核心价值观独特的文化依托和文化优势，也必将成为中国特色社会主义伟大事业独特的文化依托和文化优势。正是独特的文化传统、独特的历史命运和独特的基本国情启示我们，中国注定要走适合自己特点的发展道路。

（五）中国传统美德的核心和主流

中国传统美德的核心和主流，可以简约地概括为"天下为公"的精神。

认真反思数千年的文化道德传统，在今天还能称为美德的，可以说，都或多或少地反映了《礼记》中提出的"大道之行也，天下为公"的精神，《礼记》中阐释的"小康""大同"思想，本质上是和"天下为公"这样的"大道"紧密联系在一起的。《诗经》中的"夙夜在公"思想，《左传》中的"立德、立功、立言""三不朽"思想，贾谊《治安策》中的"国而忘家，公而忘私"思想等，强调的都是"天下为公"精神。正是在

"天下为公"精神的影响和激励下，范仲淹写下"先天下之忧而忧，后天下之乐而乐"；文天祥写下"人生自古谁无死，留取丹心照汗青"；顾炎武写下"天下兴亡，匹夫有责"；颜元写下"富天下，强天下，安天下"；林则徐写下"苟利国家生死以，岂因祸福避趋之"——这样的道德格言在传统典籍中汗牛充栋，这样的道德人格在历朝历代层出不穷，共同彰显着中华传统美德以国家、民族、整体利益为上的特殊宝贵的价值。

在个人对他人、对社会的关系上，中国传统美德强调个人对国家、对民族尽责，强调先人后己，助人为乐，直至强调"杀身成仁，舍生取义"，这种整体主义道德，是中国传统道德区别于西方以个人主义为核心的道德传统的一个重要特点和优点。中华民族在五千年的历史征程中，饱经内忧外患，历尽兴衰起落，但周虽旧邦，其命惟新，中华民族始终屹立于世界民族之林，成为世界上唯一使远古文明与当代文明、远古民族与当代民族一脉相承的文明民族。毫无疑问，中国传统文化和传统道德中"天下为公"的整体主义精神，成为维系中华文明和中华民族生生不息、愈挫愈强的强大精神纽带。国家的统一，民族的团结，反对分裂，反对内战，成为几千年来各族人民的共同愿望，从而决定了中国历史发展的主流和方向。尽管中华民族在历史上经历了无数次外敌入侵的外忧、无数次国家分裂和地区政权间对立的内患，诸如魏晋南北朝，五代十国，宋、辽、金、西夏并峙等时期，但最终都依靠自己民族的力量，一次次凤凰涅槃，获得新生。

应当看到，在长期的奴隶制和封建社会中，中国传统道德中"天下为公"的整体主义思想，也打上了深深的剥削阶级私利的烙印，成为维护统治阶级私利的一种思想武器。统治阶级总是把自己的阶级利益，把一姓王朝的私利，冒充为所谓"天下"的利益。我们今天批判继承中国传统道德中的整体主义精神，就是要拒斥这种用一己私利冒充天下利益的思想，继承那种"夙夜在公""公而忘私"、忧乐天下的"天下为公"精神。在今天，奋力实现中华民族伟大复兴中国梦的精神，就是最根本的"天下为公"的精神。

二、继承和弘扬五四以来的中国革命道德[*]

(一) 中国革命道德的形成与发展

中国革命道德是指中国共产党人、人民军队、一切先进分子和人民群众在中国新民主主义革命和社会主义革命与建设中所形成的优良道德。中国革命道德是马克思主义和中国革命与建设的伟大实践相结合的产物,是马克思主义伦理思想在中国的新发展。中国革命道德是中华民族的优良道德传统在新的历史时期的继承和发展,是中国古代优良传统道德的新的升华和质的飞跃。中国革命道德萌芽于1919年五四运动前后,发端于中国共产党成立以后的蓬蓬勃勃的伟大的工人运动和农民运动,经过土地革命战争、抗日战争、解放战争,以及社会主义革命和建设的长期发展,逐渐形成并不断发扬光大。中国革命道德,以实现社会主义和共产主义的崇高理想为最终目的,以全心全意为人民服务为宗旨和核心,以集体主义为基本原则,高举爱国主义与国际主义相结合的旗帜,形成了无私奉献、顽强拼搏、艰苦奋斗、勤俭节约等革命精神。中国革命道德是中华民族极其宝贵的精神财富,是当代中国时代精神的重要体现。

从毛泽东、邓小平到江泽民,都非常重视继承和发扬革命道德传统,十分强调革命道德传统在我国民主革命、社会主义革命与建设中的重要作用。在革命战争年代,毛泽东同志强调,是否发扬革命传统,是我国民主革命能否取得胜利的重要因素。在社会主义革命与建设时期,毛泽东同志更加重视发扬革命传统。邓小平同志多次强调,要恢复和发扬我们党和人民的革命传统,培养和树立优良的道德风尚,为建设高度发展的社会主义精神文明做出积极的贡献。江泽民同志在最近几年,更是不断地强调弘扬革命传统,特别是革命道德传统的重要意义。他在为《中国传统道德》丛

---

[*] 本文原载《高校理论战线》,2000 (1)。原文题目为《论五四以来的中国革命道德》,收入本书时有删节。

书的题词中写道:"弘扬中国古代优良道德传统和革命道德传统,吸取人类一切优秀道德成就,努力创建人类先进的精神文明。"把弘扬革命道德传统同努力创建人类先进的精神文明结合起来,使我们进一步认识到弘扬革命道德传统的重要意义。

中国革命道德,作为一种精神力量,从它形成的时候起,就对中国的革命和建设事业,发挥着极其重要的作用。正如邓小平同志所指出的:"为什么我们过去能在非常困难的情况下奋斗出来,战胜千难万险使革命胜利呢?就是因为我们有理想,有马克思主义信念,有共产主义信念。"因此,我们应当继承和弘扬革命传统。20世纪50年代我国的社会主义建设之所以取得举世瞩目的成绩,一个重要原因,就是由于我们继承和弘扬了中国革命道德的传统,广大党员和人民讲理想、讲纪律、讲为人民服务,爱党、爱国家、爱社会主义,这是我们大家所深切体会到的。同样,我们党在20世纪60年代的困难时期,之所以能够带领全党和全国人民团结奋斗、渡过难关,一个重要原因,也正是由于继承和弘扬了革命道德传统。革命传统,特别是革命道德传统,是我们克服前进道路上一切困难的重要精神支柱,是我们战胜千难万险的重要力量源泉。这是我们在革命和建设的长期实践中所得出的宝贵经验。从一定的意义上,我们完全可以说,中国革命道德传统,是我国社会主义和共产主义事业胜利的重要保证,是我国现代化建设能够沿着正确道路前进的重要精神动力。为了建设一个富强、民主、文明的社会主义国家,为了彻底实现社会主义和共产主义理想,我们一定要在全国人民中,大力弘扬革命传统,特别是革命道德传统,使革命道德在新时期焕发出更加灿烂的光辉。

弘扬中国革命道德要同弘扬中国古代优良道德传统相结合,使中华民族的优良传统道德能够适应时代的要求,为社会主义的道德建设服务。中国优良传统道德是中国革命道德的渊源之一,从一定的意义上说,没有中国优良传统道德的长期发展和丰富内容,就不可能有中国革命道德。中国革命道德是中国优良传统道德的延续和发展,它继承了中国传统道德的精华,摒弃了传统道德的糟粕,它是对中国传统道德的一种质的升华,是超越了中国传统道德的时代局限而形成的一种崭新的道德。弘扬中国优良道德传统和弘扬中国革命道德传统，目的都只有一个，这就是更好地建设我国的社会主义物质文明和精神文明。

(二) 中国革命道德的核心、原则和奋斗精神

中国革命道德的核心，是全心全意为人民服务。中国革命道德从一开始就特别强调为群众服务、为大众谋幸福和为人民的利益而献身的极端重要性。"真心实意为群众谋利益"，是一切革命人民和先进分子的自觉要求。1939年，毛泽东同志就提出了以是否"为人民服务"作为区别革命道德和一切剥削阶级道德的根本分界线。1944年，他在纪念革命战士张思德时，明确地以"为人民服务"作为对张思德及一切革命者的崇高品质的概括，强调一切革命者都要"想到大多数人民的利益"，都要"彻底地为人民的利益工作""一切革命队伍的人，都要互相关心、互相爱护、互相帮助"。此后，毛泽东同志又进一步提出"全心全意为人民服务"的思想，使"为人民服务"的思想有了新的升华。旗帜鲜明地把"全心全意为人民服务"作为革命军队和革命政党的宗旨，作为贯穿革命道德始终的一根红线，是中国共产党在中国革命实践中的一个伟大创造，对中国的革命事业和道德建设，发生了极其重大的推动作用。

正如毛泽东同志所说的："为什么人的问题，是一个根本的问题，原则的问题。""这个根本问题不解决，其他许多问题也就不易解决。"只有从人民的利益出发，只有全心全意地为人民服务，才能具有"毫不利己、专门利人"的精神，才能在道德境界上不断升华，才能成为"一个高尚的人，一个纯粹的人，一个有道德的人，一个脱离了低级趣味的人，一个有益于人民的人"。在革命战争时期，无数革命先烈，忠于革命、忠于人民、忠于祖国，把一切都献给了人民的事业，用鲜血和生命谱写了一曲曲壮丽的凯歌。他们为追求真理、造福人民而宁死不屈、视死如归的大无畏精神，一心想着人民、全心全意为人民服务和毫不利己、专门利人的精神，是中国革命道德的生动体现。同样，在社会主义建设时期，广大的党员、干部和人民群众，在各自的工作岗位上大公无私、勇于奉献、全心全意为人民服务，在面临危险的情况下，国而忘家、公而忘私，有的甚至牺牲了

第四章 注重道德传承 加强道德实践

自己的生命。正如人们评价焦裕禄同志所说的,"心中装着群众,唯独没有他自己",也像雷锋同志自己所说的,要"把有限的生命投入到无限的为人民服务之中去"。他们这种崇高的"全心全意为人民服务"的精神,在过去的社会主义的建设事业中,曾发挥了极其重要的作用;在当前和今后社会主义现代化建设事业中,也必将发挥更加重要的作用。弘扬中国革命道德传统,也就是要弘扬体现在这些革命英雄模范人物身上的优秀道德品质。

中国革命道德的原则是集体主义,这是由中国革命道德的"为人民服务"的核心所决定的。从"为人民服务"出发,革命者的所有言论和行动,都应当把人民的利益放在第一位,都应当把党的利益、国家的利益、民族的利益、集体的利益放在第一位。每一个革命者的个人利益,是应当受到尊重和得到保护的。在社会主义革命和建设的整个过程中,从根本上说,革命者的个人利益同革命利益是一致的,因为,他们从事革命活动的目的,就是要为人民的利益、为革命的利益而奋斗,他们总是把自己的个人利益融化于人民的利益和革命的利益之中。同时,也应当看到,在某些情况下,革命者的个人利益也确有同革命利益发生矛盾的情况。在个人利益和革命利益发生矛盾时,革命者应当根据什么原则来处理和解决这种矛盾呢?这就应该如毛泽东同志所说的那样:"以革命利益为第一生命,以个人利益服从革命利益。"如邓小平同志所说的那样:"为了国家和集体的利益,为了人民大众的利益,一切有革命觉悟的先进分子必要时都应当牺牲自己的利益。"正是依靠这种革命利益高于个人利益的集体主义的原则,我们的革命事业才能得以不断蓬勃地向前发展。一切革命者和先进分子,自觉地把革命利益放在首位,以个人利益服从革命利益为自己的神圣职责;革命的集体和领导,始终不渝地从各个方面照顾每个革命成员的个人利益,关心他们的事业成就和个人的全面发展。正是这两个方面的高度结合,才使集体主义的原则在革命道德中能够发挥出强大的精神力量,激发了革命者为集体而献身的斗志,形成了革命队伍前所未有的向心力和凝聚力。

中国人民在长期的革命斗争中,为了推翻帝国主义、封建主义和官僚

道德教育与"两课"教学

资本主义三座大山，为了克服在"一穷二白"的大国建设社会主义四个现代化所遇到的困难，为了抵御国内外敌对势力的破坏和封锁，在革命斗争和建设的实践中，形成了一种坚忍不拔、百折不挠、艰苦奋斗、誓死前进的革命奋斗精神。"下定决心，不怕牺牲，排除万难，去争取胜利"，就是这种精神的体现。在1998年伟大的抗洪斗争中，江泽民同志把这种革命精神进一步概括成"万众一心、众志成城、不怕困难、顽强拼搏、坚忍不拔、敢于胜利"的精神。这种革命的奋斗精神，是我们的革命事业和建设事业成功的重要保证，是我们过去、现在和将来战胜前进道路上千难万险的重要精神动力。

（三）继承和弘扬中国革命传统道德的现实意义

在建设有中国特色社会主义的新时期，在加强社会主义精神文明建设，特别是在加强道德建设中，大力弘扬中国革命道德传统，有着特别重要的现实意义。

第一，弘扬中国革命传统道德，有利于加强、巩固社会主义和共产主义的理想与信念。

中国革命道德的根本目标是要实现社会主义和共产主义。列宁指出："为巩固和完成共产主义事业而斗争，就是共产主义道德的基础。"从革命道德的形成、发展和实践的过程中，我们可以清楚地看到，坚持社会主义、共产主义理想和信念的不屈不挠的精神，是革命道德的灵魂。社会主义、共产主义的理想和信念，是建立在对社会发展规律科学认识的基础上，合乎时代进步潮流的理想和信念。无数革命先烈，正是为了实现这样一个崇高的理想，毫不犹豫地献出了自己的生命。"砍头不要紧，只要主义真。杀了夏明翰，还有后来人"（夏明翰语）；"敌人只能砍下我们的头颅，决不能动摇我们的信仰！因为我们信仰的主义，乃是宇宙的真理"（方志敏语）。这些革命先烈之所以能够坚持斗争、无私无畏、宁死不屈、英勇牺牲，就是因为他们有坚定的社会主义、共产主义的理想和信念。社会主义、共产主义的理想和信念，是革命力量的源泉，是革命事业成功的基本保证。不论在任何时候，我们都不能淡化、削弱或丢掉对社会主义、共产主义的理想和信念，否则，革命事业就会遭受挫折，甚至会走上邪路。

在实行社会主义市场经济的新时期，坚持社会主义、共产主义的理想和信念，坚持宣传和提倡共产主义道德，是社会主义道德建设能否取得成功的一个关键问题。在社会主义的初级阶段，我们既要提倡全国人民的共同理想，又要坚持共产主义的崇高理想；既要重视人民群众的物质利益，不断提高和改善人民的物质生活，又要进行理想和信念的教育，充实人民群众的精神生活。正如江泽民同志所说的："物质贫困不是社会主义，精神空虚也不是社会主义。"在提高人民物质生活水平的过程中，决不能使人们自觉或不自觉地陷入到只知道谋取个人私利的误区之中。一个思想空虚、精神萎靡的人，是难免要被各种邪恶势力牵着鼻子引入邪路的。"人是要有一点精神的"，如果没有精神、理想和信念的支持，一个人的一生，只能庸庸碌碌、无所作为，甚至会造成对国家和社会的危害。思想道德阵地社会主义和共产主义的理想与信念不去占领，资产阶级的及其他腐朽没落的思想就必然乘虚而入。弘扬中国革命道德，有利于树立和培养人民群众的社会主义和共产主义的理想与信念，有利于坚持社会主义道路，有利于建设一个"消灭剥削，消除两极分化，最终达到共同富裕"的美好社会。

第二，弘扬革命道德，对在全国人民中树立和形成正确的世界观、人生观、价值观与道德观，对培养社会主义有理想、有道德、有文化、有纪律的社会主义新人，具有重大现实意义。

一个革命者，只有牢固地树立了正确的世界观、人生观、价值观和道德观，才能在革命事业的艰难困苦中经受住各种各样的严峻考验，才能正确地对待顺境和逆境而保持革命节操，才能在革命事业处于挫折、低潮时而意志弥坚，才能视国家、民族的利益为最大价值而为其奋斗终生。在中国革命的长期发展中，广大革命者充分认识到只有马克思列宁主义的辩证唯物主义和历史唯物主义的世界观，才是指导革命的科学的世界观；只有全心全意为人民服务的人生观，才是每一个革命者应当奉行的人生观；只有以个人利益与集体利益相结合，而以集体利益高于个人利益为原则的价值观和道德观，才是唯一正确的价值观和道德观。革命人民在艰苦卓绝的伟大斗争中、在革命和建设的考验中，深刻地了解到观察历史发展的正确方法，形成了资本主义必然灭亡、社会主义必然胜利的科学认识，明确了一个革命者应当如何正确对待生死、荣辱、顺逆、得失、苦乐和贫富关系，懂得了集体利益之所以高于个人利益的客观必然性。革命者所形成的这种世界观、人生观、价值观和道德观，对在建立社会主义市场经济条件下提高广大人民群众的思想道德素质，有着不可忽视的重要作用。

在即将来临的21世纪的激烈竞争中，人才素质的竞争，必将成为世界各国间相互竞争的焦点。邓小平同志提出培养"有理想、有道德、有文化、有纪律"的"四有"新人思想，为我国未来的人才培养确立了方向。怎样才能更好地培养"四有"新人呢？改革开放20年来的理论和实践，向我们揭示了这样一个真理：大力继承和弘扬中国革命道德传统，才能真正有利于培养出"四有"新人；反之，要想培养"四有"新人是不可能的。因为，在"四有"中，"有理想"，就是要有社会主义和共产主义的远大理想，要有为实现这一远大理想的坚定信念；"有道德"，就是要有社会主义和共产主义的道德，要能够自觉地为人民服务，奉行集体主义原则；"有纪律"，就是要以革命利益和集体利益为重，严格遵守党纪国法，而且要把维护纪律建立在高度自觉的基础之上。

第三，弘扬中国革命传统道德，对改善全社会的道德风尚、抵制一切腐朽思想的腐蚀、提高广大人民群众的思想道德素质也有重要的积极作用。改革开放以来，我国在经济建设方面，取得了举世瞩目的成绩，而在社会风气方面，却出现了一些值得注意的情况。正如《中共中央关于加强社会主义精神文明建设若干重要问题的决议》所指出的："一些领域道德失范，拜金主义、享乐主义、个人主义滋长；封建迷信活动和黄赌毒等丑恶现象沉渣泛起；假冒伪劣、欺诈活动成为社会公害；文化事业受到消极因素的严重冲击，危害青少年身心健康的东西屡禁不止；腐败现象在一些地方蔓延，党风、政风受到很大损害；一部分人国家观念淡薄，对社会主义前途发生困惑和动摇。"当前社会生活中的这些污泥浊水，毒害和污染着我们的精神生活。加强社会主义精神文明建设，特别是加强社会主义的道德建设,一个重要的方面,就是要以革命道德的洪涛巨浪,荡涤这些泛起的思想沉渣,摒弃各种腐朽思想,净化人际关系,从而更有效地改善党风和社会风气,提高全社会的思想道德水平。

弘扬中国革命道德传统,也是对最近十几年来一些人反对提倡共产主义道德、否定中国革命、宣扬文化保守主义思潮的一个有力的回击。一些人把革命精神和共产主义道德都说成是假话、大话和空话,说成是一种过激的思想和行为,少数人甚至把一切革命都说成是坏事,扬言要告别革命、躲避崇高。这是一种消极的、颓废的、没落的思想,它只能削弱革命人民的社会主义和共产主义的理想与信念,腐蚀广大人民群众的斗争意志,破坏有中国特色社会主义的建设事业。对于这种错误的思想,邓小平同志早在1980年就极其深刻地指出:"我们在新民主主义革命时期,就已经坚持用共产主义的思想体系指导整个工作;用共产主义道德约束共产党员和先进分子的言行;提倡和表彰'全心全意为人民服务','个人服从组织','大公无私','毫不利己、专门利人','一不怕苦、二不怕死'。现在已经进入社会主义时期,有人居然对这些庄严的革命口号进行'批判',而这种荒唐的'批判'不仅没有受到应有的抵制,居然还得到我们队伍中一些人的同情和支持。每一个有党性、有革命性的共产党员,难道能够容忍这种状况继续下去吗?"我们应当结合新的革命与建设的实践,进一步认清在当前弘扬中国革命道德传统和提倡共产主义道德的重要意义。

三、加强社会主义思想道德建设

(一)论社会主义道德的核心和原则[*]

党的十四届六中全会通过的《中共中央关于加强社会主义精神文明建设若干重要问题的决议》(以下简称《决议》)指出:"社会主义思想道德集中体现着精神文明建设的性质和方向,对社会政治经济的发展具有巨大

---

[*] 本文原载《高校理论战线》,1996 (11)。

道德教育与"两课"教学

的能动作用。"在当代中国建设社会主义精神文明，必须始终坚持以马克思列宁主义、毛泽东思想和邓小平建设有中国特色社会主义理论为指导，充分发挥精神文明对社会政治经济发展的极大的能动作用，保证我国的物质文明建设能够沿着社会主义道路，健康顺利地向前发展。现在，仅就六中全会《决议》中关于道德建设的有关问题，谈一谈学习的认识和体会。

1. 关于社会主义道德建设的核心

六中全会《决议》指出，"社会主义道德建设要以为人民服务为核心，以集体主义为原则，以爱祖国、爱人民、爱劳动、爱科学、爱社会主义为基本要求"，这是当前道德建设的一个总的指导思想。这就是说，我们在道德建设中要紧紧抓住一个核心、一个原则和五个基本要求。在社会公德、职业道德和家庭美德建设中，都要大力倡导为人民服务的精神，倡导集体主义的原则和集体主义精神。

新中国成立以来，在道德建设中，我们常常把"为人民服务"同树立正确的人生观联系在一起，同"爱人民"的社会公德结合在一起，同"革命的人道主义"联系在一起，而没有提高到社会主义道德建设的核心这一高度加以认识。我认为，《决议》提出"为人民服务"是社会主义道德建设的核心，是一种科学的概括，是对道德建设的一种新的认识，具有重要的理论意义和现实意义。

为什么说"为人民服务"是社会主义道德建设的核心呢？

首先，"为人民服务"这一思想，反映了社会主义经济基础和政治制度的客观要求。

我们知道，道德是社会意识形态之一，是由一定的经济基础所产生并能动地作用于一定的经济基础，为巩固和发展这一经济基础服务的。社会主义的经济是以公有制为主体的经济，最终目的是要消灭剥削、消除两极分化，以实现所有人民共同富裕。因此，"为人民服务"，为广大人民群众特别是为工人、农民和知识分子服务，是我们的根本目的。我们之所以强调社会主义的本质是解放生产力和发展生产力，主要就是因为，只有解放和发展了生产力，才能改善广大人民群众的生活水平，提高人民的福利待遇，才能消除两极分化，最终达到共同富裕的目的。社会主义道德建设作为社会主义经济的客观要求，不论任何时候，都不能忽视最广大人民群众的最大利益这一思想。我国实行社会主义市场经济以来，在国内，有的人以允许多种经济成分发展为由，妄图否定公有制的主体地位；在国外，西方敌对势力用种种手段，力图以资本主义私有制取代社会主义公有制，从而腐蚀、瓦解社会主义的经济基础，使中国沦为"完全西方附庸化的资产阶级共和国"。在这种情况下，我们强调"为人民服务"是社会主义道德建设的核心，就是要充分发挥社会主义道德的巨大的能动作用，关心人民，爱护人民，急人民之所急，想人民之所想，扶危济困，帮贫救难，以维护人民利益为最高要求，从而形成一种团结和睦的新型人际关系和热爱社会主义的氛围。从社会政治制度来看，我国是一个人民当家做主的人民民主专政的国家，只有人民，才是历史的创造者和推动者，我们的社会道德建设应该同我们的"国家富强、人民幸福"的奋斗目标紧密地联系起来。由此可见，"为人民服务"既是我国社会主义道德建设的核心，也是我们道德建设的出发点和根本目的。

其次，"为人民服务"是社会主义道德所有要求的集中体现。

什么叫有道德？一个人怎样才能成为一个有道德的人？用一句通俗的话来说，就是要有为他人服务、为社会献身的精神。一个人在社会中生活，总要处于各种不同的社会关系之中，处于不同的社会组织或社会团体之中，总要同其他人发生各种不同的关系。"道德"就是使人们能够时时处处想到别人、想到国家和想到社会，从而能够设身处地、推己及人、与人为善、服务他人，使他人能够因同自己的相处而得到益处。这样的行为就是道德的行为，这样的人就是一个有道德的人。一个有道德的人在践履服务他人、献身社会的崇高行为的过程中，必然会使自己的道德觉悟不断提高，思想境界不断升华，并受到社会的尊重，从而使自己身心获益。中国古代思想家也正是从这一意义上来理解道德的。东汉时刘熙，根据"义以音生，字从音造"的传统，认为"德者，得也，得事宜也"，这就是说，"道德"就是在人和人相处时，要把这种关系处理得合适，使他人和自己都能有所得。许慎更明确地说："德，外得于人，内得于己也。"即，一个有道德的人，在同他人相处中，一方面要能够"以善念存诸心中，使身心互得其益"，这就是"内得于己"；另一方面，又能够"以善德施之他人，使众人各得其益"，这就是"外得于人"。从社会实际生活中我们可以深切地感受到，一个人越是自觉地、真诚地、经常地为他人服务、为社会献身，他的道德就越高尚，他的思想境界也就越崇高。"为人民服务""为社会服务"，就是一种献身精神，这种献身精神的大小，是同道德的升华成正比例的。我们从徐虎、李素丽等先进楷模的事迹中，可以更清楚地看到，社会主义道德的核心，就是由他们所体现的这种崇高的"为人民服务"的精神。正如毛泽东同志早在1944年所指出的，"我们这个队伍完全是为着解放人民的，是彻底地为人民的利益工作的""我们的干部要关心每一个战士，一切革命队伍的人都要互相关心，互相爱护，互相帮助"。在当前实行社会主义市场经济的情况下，在道德建设中，我们一定要抵制拜金主义思想对人们的腐蚀，加强广大人民群众之间的互相关心、互相爱护和互相帮助，使人们的思想道德素质不断地得到提高。

再次，"为人民服务"是贯串社会公德、职业道德、家庭美德领域的一根主线，体现着社会主义道德建设各个方面的根本要求。

《决议》指出，在加强社会主义道德建设中，必须开展社会公德、职业道德和家庭美德教育，在全社会形成团结互助、平等友爱、共同前进的人际关系。而要形成这种人际关系，就更需要弘扬为人民服务的精神。

在职业道德建设中，《决议》提出了爱岗敬业、诚实守信、办事公道、服务群众和献身社会五个主要方面，其中每一个方面都是同"为人民服务"紧紧联系在一起的。没有"为人民服务"的思想，就不可能"爱岗敬业""办事公道"，更不可能做到"服务群众""献身社会"。对职业岗位的无限热爱和对群众的真诚关心，都必然出于一种发自内心的为人民服务的献身精神。李素丽说得好："不管有多少烦心事儿，只要一坐在票台前为乘客服务，我就特开心，什么烦恼都忘了。"也正是这种自觉地、真诚地为人民服务的精神，使李素丽十五年来如一日，热爱自己的售票工作，把三尺票台看作自己"爱岗敬业""服务群众""献身社会"的广阔天地。

在社会公德方面，大力倡导"助人为乐"的精神，在当前尤为重要。一个人在社会中生活，免不了要遇到一些困难，甚至遭到某些不幸，总希望能够得到别人和社会的帮助。在社会主义社会中，人和人之间本应当是一种团结互助的友爱关系。但是，实行改革开放和发展社会主义市场经济以来，由于市场自身的弱点和消极方面的影响，一些人见利忘义，唯利是图，只顾自己，不管别人，甚至在人民群众的生命财产遭到严重危害时，仍然是"见义不为""见死不救"、冷眼旁观、麻木不仁。这种情况，不但毒害了社会主义社会中人和人之间的同志友爱关系，而且客观上往往造成使恶人更加肆无忌惮的严重后果。针对我国当前社会中的情况，加强"助人为乐"的教育，形成关心人民疾苦和"见义勇为"的社会风气，我们必须强调发扬"为人民服务"的精神。

在家庭美德教育中，要做到尊老爱幼，邻里团结，在文明社区建设中，要改造旧习，移风易俗，形成文明健康的社会文化等等，都需要弘扬服务人民、献身社会的崇高精神。正是从这一意义上，可以看到，"为人民服务"是贯串整个社会的各个重要领域的自始至终的一个重要思想。

最后，"为人民服务"体现了社会主义道德建设的先进性要求和广泛性要求的统一，包含着社会主义道德的不同层次的要求，引导人们沿着社会主义道德的要求不断向上攀登。

正如《决议》所指出的："我们现在建设和发展有中国特色的社会主义，最终目的是实现共产主义，应当在全社会认真提倡社会主义、共产主义思想道德。"这是社会主义道德的先进性的要求。在一段时期内，一些人错误地认为，现在既然是社会主义初级阶段，又实行市场经济，就不应该再提倡共产主义道德，甚至把提倡共产主义道德看作脱离实际的"大话"。这种否认社会主义道德先进性要求的观点，是极为有害的，它必然会使我们在道德建设中失去信仰、迷失方向。实践证明，在我们社会中，一些共产党员和先进分子，为了广大人民群众的利益，为了共产主义理想，大公无私，勇于献身，全心全意为人民服务，他们崇高的共产主义道德品质，正有力地激励着广大人民，应当在我们的社会中认真提倡，使更多的人向他们学习。同时，社会主义道德建设，还必须从广大人民群众的思想道德素质的实际情况和人们的现实道德水平出发，不断教育和提高，逐步引导他们达到更高的水平。道德作为人们行为的规范，它本身必然包含着从低到高的多层次的要求。道德的最高要求，是不可能一蹴而就的，人们只有在道德阶梯的攀登上，刻苦锻炼，身体力行，才有可能达到道德的高峰。古人认为，道德的最高要求，是激励人们道德进步的一种动力，即使是短时期内不易达到，也要本着"虽不能至，心向往之"的精神，从实际出发，不断地向这一目标努力。因此，在提倡先进性的同时，要"鼓励支持一切有利于解放和发展社会主义社会生产力的思想道德，一切有利于国家统一、民族团结、社会进步的思想道德，一切有利于追求真善美、抵制假恶丑、弘扬正气的思想道德，一切有利于履行公民权利与义务、用诚实劳动争取美好生活的思想道德"，引导广大人民群众，不断地提高他们的思想道德水平。从一定的意义上来看，"为人民服务"这一思想，既包含着社会主义道德的基本要求，也与向社会主义道德的最高要求"全心全意为人民服务"发展有必然联系。"为人民服务"与"为社会服务"的思想和行为的不断发展，就必然会培养起人们"全心全意为人民服务"的理想和信念，从而才能使人们在日常的行为中发扬"为人民服务"的精神。

总之，我们要认真体会"为人民服务"作为社会主义道德建设的核心的重要意义，使我们的道德建设取得更大的成就。

2. 关于社会主义道德建设的原则

社会主义道德建设，究竟应当以什么为原则？党的十四届六中全会《决议》指出，社会主义道德建设，应当以集体主义为原则，这就进一步明确了我国道德建设中一个重要的问题，在理论上和实践上，都有极其重要的意义。

集体主义作为我国社会主义道德的原则，是新中国成立以来我国理论界所取得的一个共识。我们实行改革开放和发展社会主义市场经济以来，一些人错误地认为，集体主义是计划经济的产物，因而在我国实行市场经济后，就不应当再以集体主义为原则，而应当代之以其他原则。更有甚

第四章 注重道德传承 加强道德实践

者,有的人认为,既然实行了以强调个人利益为根本目的的市场经济,就应当以"个人主义"作为我们社会的道德原则。有些人在强调"个人主义"的同时,还极力从各个方面贬损、斥责集体主义,说集体主义不重视个人利益、束缚个性发展等,从而在社会上给许多人造成了困惑。因此,对于《决议》的这一规定,有必要进行深入的理解:为什么在社会主义市场经济条件下,我们的道德建设,仍然要以集体主义为原则?怎样才是对集体主义的全面的、科学的理解?集体主义原则在道德建设中有什么重要意义?

第一,为什么说在社会主义市场经济条件下,我们的社会主义道德,仍然应当以集体主义为原则?

应当明确,我们所实行的市场经济,不是一般的市场经济,而是社会主义市场经济。党的十四届六中全会《决议》指出,社会主义市场经济,作为一种经济体制,它"不仅同社会主义基本经济制度、政治制度结合在一起,而且同社会主义精神文明结合在一起"。我们实行社会主义市场经济的目的,并不仅仅是发展经济,而且是使我们国家沿着社会主义道路,发展成为屹立在世界东方的一个富强、民主、文明的社会主义国家。正是由于这一原因,我们认为,以我国实行市场经济为理由,认为我国的社会已经"转型",因而要求我们的社会道德原则也应当从集体主义转向个人主义原则的看法,是完全错误的。正像江泽民同志在十四大的报告中所指出的,我们现在实行社会主义市场经济,只是由过去的计划经济体制转到市场经济体制,也就是说,这只是一种经济体制的转变,不是社会制度的转变,这种转变的目的正是为了不断完善和发展我们的社会主义制度。至于说到我们的政治制度,虽然我们要进行相应的政治体制改革,但坚持四项基本原则,坚持社会主义的民主政治制度,则是我们坚定的立场。我们知道,任何一个社会的通行的道德原则,都是同它的经济制度和政治制度相适应的,古今中外,概莫能外。如果一个社会的基本道德原则同自己的社会制度相背离,它就必然会成为一种反对这种社会制度的异己力量。这一点,在历史上也是屡见不鲜的。在一个社会的经济、政治制度没有根本变化的情况下,一般来说,它的道德基本原则,也只能随着这一社会的经济、政治制度的不断补充、发展和完善而相应地不断补充、发展和完善，而不能用另外什么同这一社会经济、政治制度不一致或相矛盾的某些原则去代替。集体主义的原则，并不是单纯地同计划经济相联系的，而是同社会主义的基本的政治制度和经济制度相联系的，那种认为实行市场经济就要改变社会主义的道德原则的思想，是一种似是而非的看法，应当加以澄清。由此可见，社会主义道德的集体主义原则，作为整个社会的价值导向和道德基本原则，是同社会主义本质相联系的，是贯串社会主义建设的整个历史时期的，任何对于社会主义集体主义道德原则的犹豫和动摇，都将对社会主义道德建设带来危害，有可能使我们的道德建设偏离社会主义的方向。这一点，是我们应当特别加以注意的。

第二，在强调集体主义作为社会主义道德的原则时，我们还必须对集体主义做出科学的、全面的解释，纠正在一段时期内对集体主义的种种误解。

在过去一段时间内，特别是在"文化大革命"中，在"左"的思想的影响下，曾经片面地强调了集体利益的"至上性"，忽视以至否认个人正当利益的合理性，存在过把集体利益同个人利益绝对对立起来的错误倾向。但是，一些人以此为理由，他们不是要纠正那种强加于集体主义之上的种种片面理解，而是要纠正集体主义本身，这就大错特错了。社会主义道德的集体主义原则，同"为人民服务"一样，是同社会主义的基本经济制度和政治制度相联系的，是同实现社会主义和共产主义的理想结合在一起的。马克思、恩格斯、列宁、斯大林等经典作家，在不同历史时期，从不同方面强调了无产阶级的集体利益高于个人利益这一原则对于革命和建设的重要意义。马克思的追随者、著名的共产主义思想家拉法格，最早把集体主义确定为同公有制相适应的一种思想原则。苏联十月革命时期的卢那察尔斯基在1925年发表的《马克思主义的道德观》一文中，明确提出共产主义的集体主义原则是同资产阶级的利己主义根本对立的。斯大林也多次肯定了集体主义原则。毛泽东同志在中国革命和建设的实践中，进一步强调了个人服从集体、局部服从全局的重要意义。邓小平同志从建设有中国特色社会主义的实践出发，强调："在社会主义社会中，国家、集体和个人的利益在根本上是一致的,如果有矛盾,个人的利益要服从国家和集体的利益。"① 还进一步指出:"在社会主义制度之下,个人利益要服从集体利益,局部利益要服从整体利益,暂时利益要服从长远利益,或者叫做小局服从大局,小道理服从大道理。"② 并且进一步指出:我们提倡和实行这些原则,绝不是说可以不注意个人利益,不注意局部利益,不注意暂时利益,而是因为在社会主义制度之下,归根到底,个人利益和集体利益是统一的,局部利益和整体利益是统一的。在《在全国教育工作会议上的讲话》中,邓小平同志还十分明确地提出,要"把青少年培养成为忠于社会主义祖国、忠于无产阶级革命事业、忠于马克思列宁主义毛泽东思想的优秀人才,将来走上工作岗位,成为有很高的政治责任心和集体主义精神,有坚定的革命思想和实事求是、群众路线的工作作风,严守纪律,专心致志地为人民积极工作的劳动者"③。江泽民同志最近几年来,尤其强调集体主义精神在我国社会主义建设中的重要意义,他把集体主义提高到我国当前社会主旋律的高度,使我们加深了对集体主义重要性的认识。我国是一个拥有十二亿人口的社会主义大国,在处理个人同集体、个人同国家以及地方同中央的关系中,如果放弃或背离集体主义原则,其后果将是十分严重的。

社会主义的集体主义,有着多方面的内容。作为一种道德原则,根据我们的认识,它包含着相互联系、相辅相成的三个方面的内容。

其一,社会主义集体主义强调集体利益高于个人利益,提倡在集体利益与个人利益发生矛盾时,个人要顾全大局,以集体利益为重,在必要的情况下,个人应当为集体利益而放弃个人利益,甚至为集体利益而献身。

强调集体利益高于个人利益,并不是说在任何情况下,都要无条件地牺牲个人利益,更不是对个性的束缚和对个人利益的抹杀。在社会主义国家中,我们必须把整个国家、整个民族的利益放在首位,只有在社会主义

---

① 《邓小平文选》,2版,第2卷,337页,北京,人民出版社,1994。
② 同上书,175页。
③ 同上书,106页。

的集体之中，个人的个性才能够得到真正的发挥。至于说由于受到个人主义、享乐主义和拜金主义的腐蚀而产生的自私自利、损人利己的思想，由于它同集体的利益相背离，理应受到集体主义思想的制约，以消除其对社会、对集体所可能产生的消极作用。"集体利益高于个人利益"这一思想，是我国社会主义社会价值导向的一个重要原则，它对维护国家利益和民族利益，对团结全国人民，对发展社会主义的经济和政治，都有极其重要的意义。

其二，社会主义集体主义在强调集体利益高于个人利益的前提下，同时强调，集体必须尽力保障个人正当利益能够得到满足，促进个人价值的实现，并力求使个人的个性和才能得到充分的发展。

重视个人的正当利益，维护个人的尊严和价值，并使每个人的个性得到充分发展，是集体主义的一个重要内容，它本身就是集体主义的应有之义。马克思恩格斯曾经指出："只有在集体中，个人才能获得全面发展其才能的手段，也就是说，只有在集体中才可能有个人自由。"这段话深刻地指出了"个人"发展与集体发展的辩证关系，那种认为强调集体主义就会约束个人和限制个人的观点，是毫无根据的；那种把集体主义看作"敌视个人"的观点，更是极为有害的。社会主义市场经济，从一定意义上说，是一种重视利益的经济，我们在强调国家利益和社会利益的同时，也要重视个人正当利益。只有很好地重视个人的正当利益的满足和个人才能的发挥，重视个人价值的实现，才能更有利于社会利益和国家利益的发展。在我们现实的某些集体中，也确实存在着忽视个人正当利益、忽视个人能动性的重要作用的现象，这对进一步发挥个人的积极作用，对更好地形成集体的活力，都是极为有害的，也应当引起我们的高度重视。

其三，社会主义集体主义强调，从根本上说，个人利益与集体利益是统一的，是相辅相成、辩证发展的。

在社会主义社会中，国家利益、集体利益和个人利益，归根结底是统一的。集体利益体现着个人的长远的根本的利益，是集体中每个成员利益的有机统一，而每个人正当的个人利益，本身就是集体利益的一个不可分割的部分。集体利益同个人利益的关系，又是辩证的。社会主义社会中的集体，是一种新型的代表着每个成员利益的真实的集体，因此，集体利益的发展和集体价值的实现，其本身就蕴含着个人正当利益的发展和个人价值的实现，因此可以说，没有集体的发展，也就不可能有个人的发展。同样，社会主义社会中的"个人"，都是生活、工作在一定集体中的个人，是集体一切活力的最根本的动力和源泉，因此，只有集体每个成员的个人活力和能动性能够得到发挥，每个成员的个人的价值能够实现，集体才能成为坚强有力、富有朝气和充满活力的集体。国家利益、集体利益和个人利益的辩证统一，赋予了社会主义集体主义以强大的生命力，这是它与以往一切剥削阶级的"整体主义""集体主义"的一个最本质的区别。

第三，集体主义作为社会主义道德建设的原则，对我们在社会主义市场经济条件下，加强社会主义道德建设，保证道德建设的正确方向，以及在全社会认真提倡共产主义道德，都有极其重要的意义。

我们实行社会主义市场经济以来，国家的经济、政治和精神文明等都取得了巨大进步，这是主流，是应当肯定的。但是，正像六中全会《决议》所提出的，"一些领域道德失范，拜金主义、享乐主义、个人主义滋长""一部分人国家观念淡薄，对社会主义前途发生困惑和动摇"等等，其中一个重要问题，就是在一些人中间，出现了把个人利益放在首位，"以个人为中心"，置集体利益和国家利益于不顾的倾向。社会主义的集体主义道德原则，就是要强调，在个人和他人、个人和社会的一切关系中，都要从国家利益和社会利益出发，从个人服从集体、局部服从全局、暂时服从长远的要求出发，正确地解决所出现的问题和矛盾。有些人以我国实行市场经济为理由而否认社会主义道德的集体主义原则，一个最大的错误就在于，他们忽视了我们所实行的市场经济是社会主义性质的，这就忘记了事物的本质，离开了发展的正确道路。因此，为了保证社会主义道路的方向，我们在道德上就必须坚持集体主义原则。

集体主义的原则，如同为人民服务的核心一样，都应当贯彻于社会主义道德的各个不同的领域和方面，是指导我们正确处理一切人际关系的一个基本原则。在社会公德和职业道德建设中，更应当特别强调和重视集体利益和国家利益，强调"集体利益高于个人利益"。对于家庭伦理道德来说，也只有坚持集体主义原则，把人民利益、国家利益放在个人利益之上，才能正确地处理好家庭成员之间的各种矛盾和关系。在社会主义社会中，一个置集体利益和国家利益于不顾的人，是不可能具有家庭美德的。从表面现象上来看，在人和人的关系中，似乎有一些只是牵涉到个人和个人、个人和家庭成员之间的关系，但归根到底，这些关系又都是同个人和社会、个人和国家的关系密切相联系的。正是从这一点出发，我们认为社会主义集体主义作为社会主义道德的原则，能够正确地调整我国社会各种人际关系，正确地调整个人同个人、个人同集体、集体同集体以及个人、集体同国家的关系，因而对提高我国人民的道德品质，形成扶正祛邪、扬善惩恶的社会风气，保证我国沿着社会主义道路向前发展，都有十分重要的意义。

（二）关于集体主义原则的几个问题[*]

对集体主义的理论如何深化和在实践中如何实施，在当前理论领域和社会实践中仍是一个有待深入讨论和研究的重要问题。在市场经济条件下，集体主义还能不能成为社会主义道德的基本原则，个人主义能否取代集体主义成为社会主义道德的基本原则？改革开放以来，对这些问题的争论和理论分歧，几乎都同对"集体主义"和"个人主义"的不同理解有关。因此，重新认识和明确界定集体主义，对伦理学和思想道德教育的理论与实践都有特殊的重要意义。

1. 集体主义原则的主要内容

集体主义原则究竟怎么界定，在当前学术界众说纷纭。因此，在新形势下，如何正确全面地阐释集体主义有十分重要的意义。集体主义原则合理调控集体与个人、集体与集体、全局与局部的各种矛盾和所有与此相联系的关系，是社会主义道德体系中占主导地位的根本原则，涵盖社会的指导思想和价值取向，影响人们的思想观念和思维方式，引导社会思潮。它不仅作用于政治、经济、文化和社会生活的各个方面，而且对每个社会成

---

[*] 本文原载《思想理论教育导刊》，2012（6）。系 2010 年度教育部人文社会科学重点研究基地重大项目"社会主义和谐社会核心价值体系研究"（项目批准号：10JJD720007）的阶段性成果。

员的世界观、人生观和价值观都有重大的影响。

我个人认为,大体上说,集体主义有三个方面的主要内容:

(1) 集体主义的总原则:集体利益优先于个人利益。

集体主义的总原则,就是"集体利益高于个人利益,或者说集体利益优先于个人利益"。失去了这一原则,也就不可能有社会主义的集体主义。"集体利益高于个人利益"是集体主义原则的内核。对于这一点,我们应当有正确的认识和理解。我们说"集体利益高于个人利益",是指一切其他的道德原则和道德规范以及与此相关的各种道德准则,都应当而且必须以这一原则为导向,并使其在各个方面和各个环节都能符合这一原则,按照这一原则的要求行事。

社会主义社会是一个真正能够体现全体人民利益的社会,国家利益、人民利益、集体利益必然是重于、高于个人利益。与此相适应,整体利益大于个体利益,全局利益大于局部利益,个体利益服从整体利益,局部利益服从全局利益,当前利益服从长远利益,都是集体主义的应有之义。

在实际生活中,个人利益和集体利益难免会发生矛盾。集体主义强调,在个人利益和集体利益发生矛盾,尤其是发生激烈冲突的时候,必须坚持集体利益高于个人利益的原则,即个人应当以大局为重,使个人利益服从集体利益,在必要时,为集体利益作出牺牲。这里需要特别强调的是,只有在不牺牲个人利益就不能保全集体利益的情况下,集体主义才要求个人为集体利益献身。集体主义之所以要求个人利益服从集体利益,归根到底,既是为了维护集体的共同利益,也是为了维护个人的根本利益。

(2) 集体主义强调集体利益和个人利益的辩证统一。

在社会主义社会中,国家利益、社会利益体现着个人根本的、长远的利益,是集体所有成员共同利益的统一。同时,每个人的正当利益,又都是集体利益不可分割的组成部分。集体的兴衰与个人利益得失息息相关。在现实生活中,集体利益和个人利益是相辅相成的。集体利益的发展,本身就包含着集体中每个人利益的增加。而集体中每个人利益的增加,同样有利于集体利益的扩大。

为此,我们强调集体利益和个人利益的关系是辩证统一、相互依存和相互制约的。首先,个人要积极关心、维护国家和集体的利益。当个人利益与国家、集体利益发生矛盾时,要把国家、集体利益放在首位,必要时还要具有从大局和长远利益出发牺牲个人利益的精神。所谓的必要时牺牲个人利益,是以尊重公民个人的自觉自愿为基础的,而不是国家、集体对个人的强迫。其次,对于国家和集体而言,要高度重视个人利益的正当性和合理性,尽力保障个人的正当利益,使公民合法权益不受侵害。最后,集体和个人都要从各自的角度重视集体利益与个人利益的统一与协调,在协调中使双方的利益得到保护和发展。

在过去一段时间,由于对集体主义的解释出现了片面强调集体主义而忽视个人利益的现象,因而有些人错误地认为集体主义是对个人利益的限制和否定,这种误区应当改变过来。

(3)集体主义重视和保障个人的正当利益。

集体主义的一个重要方面,就是要促进和保障个人正当利益的实现,使个人的才能、价值得到充分的发挥。这不但与集体主义不相矛盾,而且正是集体主义思想的应有之义。只有在集体中,个人才能获得全面发展,只有在集体中,才可能有个人自由。那种把集体主义看作对"个人的压制"和"个性的束缚"的思想,是与集体主义的本义相违背的。事实上,正是集体主义的贯彻,才真正为培养人的健全人格、鲜明个性和创新精神提供了道义保障。贯彻集体主义原则,不但不会抹杀个人利益和个人权利,相反,社会主义的集体主义,本身就包含着对个人利益的肯定。一些人出于误解,错误地把集体利益高于个人利益同"自由""公正""人权""人道"等对立起来,并且以倡导个人"自由、民主和权利"的旗帜来反对集体主义。随着市场经济的逐步发展,拜金主义、享乐主义、唯利是图、坑蒙拐骗、自私自利的腐朽资产阶级思想,也在一定的气候和土壤里不断发展。改革开放30多年来在伦理学方面的争论,不是要不要充分强调个人的民主、自由和权利,而是在社会主义市场经济条件下,如何防止和反对资产阶级腐朽思想的侵蚀,坚持社会主义集体主义这样一个有极端重要意义的原则。

个人主义强调个人权利对社会的优先性,主张个人利益是一切社会行为的归宿。集体主义道德原则反对个人主义，本质上是反对其过分张扬的个人权利对社会利益和"公共善"的消解。集体主义虽然强调集体利益的优先性，同时主张从具体的现实个人的生活条件和社会生活的物质前提来把握个人的道德选择。集体主义所强调的个人权利，指的是不能侵犯社会整体和其他人的正当权益。

2. 发展社会主义市场经济为什么需要坚持集体主义

有些人认为，个人主义是市场经济必然的道德基础，因此，在社会主义市场经济条件下，如果提倡集体主义和奉献精神，就会妨碍和不利于人们为赚钱而从事的种种行为，市场经济将不可能发展。我们认为，随着社会主义市场经济的发展，我国的经济生活和道德生活正在发生着深刻的变化，在道德领域出现了许多新问题，我们必须不断补充、丰富和完善集体主义原则，以适应变化了的现实。但是，并不存在用个人主义代替集体主义的问题，这是由社会主义社会的本质决定的，也是发展社会主义市场经济的客观要求。

（1）集体主义是社会主义社会的本质要求。

在社会主义市场经济条件下，集体主义仍然而且应当成为社会主义道德的基本原则，这是社会主义社会的本质要求。生产资料公有制占主体地位的社会主义基本经济制度，以工人阶级为领导阶级、以共产党为执政党的人民当家做主的国体和政体，以马克思主义、毛泽东思想和中国特色社会主义理论体系为指导的社会主义先进文化，分别为集体主义的实施创造了经济前提、政治前提和文化前提。坚持中国特色社会主义道路和共产主义理想，就必然要坚持集体主义。放弃了集体主义原则，也就不可能真正坚持社会主义事业和共产主义事业，错误的道德导向将会引导我们的社会走到邪路上去。我们强调坚持集体主义的重要性，根本原因就在于此。一些人认为，在"马克思的社会主义或共产主义中，个人主义和集体主义是统一的，利己主义和利他主义也是统一的"[①]，这种观点同马克思主义是根本背离的。

---

① 尚实：《用非道德的办法解决道德问题——如何看待现阶段的个人主义和利己主义》，载《社会科学报》，2003-08-14。

(2) 集体主义是发展社会主义市场经济的客观要求。

发展社会主义市场经济，是同社会主义基本制度有机结合的，从这个意义上讲，集体主义不但是社会主义社会的本质要求，而且也正是发展和完善社会主义市场经济的客观要求。与社会主义市场经济相适应的社会主义道德的主要任务就是在社会主义制度下弘扬主体精神的同时，否定市场经济中利己主义和金钱崇拜的自发倾向，并在新的基础上实现主体精神与集体利益的有机结合。

我们通过发展市场经济来塑造独立个人、焕发道德主体性的同时，也付出了比较沉重的道德代价。这就是市场经济条件下个人道德主体性的高扬，很大程度上是个人"利益最大化"的逐利冲动所引发出来的。这里，主体精神与人被物化为"经济人"以及相应的道德利己主义和个人主义的相伴而生，这种情况已经在一定程度上导致了对社会主义核心价值导向的偏离。发展市场经济之所以需要道德，是因为它在唤醒人的主体性的同时，有助于克服市场自身的弱点和消极方面，有助于形成追求高尚、激励先进的良好社会风气，从而保证市场经济的健康发展。等价交换、契约、效益等是经济原则，少了这些原则，市场经济无法运转。但是，道德原则和经济原则都不能泛化，不能相互替代。试图用经济事实、经济行为来否定道德崇高、否定奉献精神，用经济原则代替道德原则，用现实的存在代替应当来进行社会的道德设计，不仅是荒唐的，而且是可怕的。它将导致人情冷漠、唯利是图，加剧人的异化，违背道德的约束和导向本质。

(3) 集体主义在具体的道德要求上有不同的层次。

在社会主义市场经济条件下，根据我国经济生活和思想道德情况的实际，有必要对集体主义原则在具体的道德要求上划分为不同的层次。一方面，集体主义原则的最高要求是发扬无私奉献、一心为公的精神，它是先进分子所力求做到的；另一方面，集体主义原则也要求人民群众做到先公后私、先人后己，或至少做到公私兼顾、不损公肥私，并且不断地追求更高的道德境界。这样，提倡奉献精神就是集体主义题中应有之义。有人认为，"青年人赚钱的行为本身，就是为人民服务"，甚至提出"我不赞成不赚钱的为人民服务，免费的为人民服务未必是好事"，在他们看来，"在市场经济中赚钱，不是免费服务，也不是低价服务，而是按照经济规律的服务，赚钱本身也就是一种为人民服务"①。这种把奉献精神同市场经济对立起来，并以市场经济为借口而否认"无私奉献"和"为人民服务"的观点，是极端有害的。

集体主义提倡奉献精神，同时，也注意到对道德高尚的人的行为的补偿。为了使这种行为能够在社会上长盛不衰，维护社会公正，集体对作出牺牲和奉献的个人的补偿则是必不可少的。从现实的角度看，在发展社会主义市场经济的条件下，集体和全局完全可以对个体、局部的自我牺牲进行适当的补偿。尽管那些无私奉献、甘于自我牺牲的人，他们自己可以不计个人利益，但对他们的自我牺牲进行补偿，可以对广大群众起到社会价值的导向作用。

集体主义的理论和实践，需要随着市场经济和政治、文化的不断发展进行更加深入的探讨与研究，使集体主义理论更加丰富，在实践中更好地适应社会经济、政治和文化的发展，使自己更有说服力。这一工作，还有待于广大理论工作者的努力。

3. 集体主义中的"集体"定位问题

在贯彻集体主义原则时，一个重要的问题就是对"集体"应当如何理解。一些人常常以"集体"的概念无法明确而对集体主义产生疑虑，以"集体"无法定位而否定集体主义。他们提出，这里的"集体"，到底是指国家和民族，还是指某一个单位、组织或行业，还是全部都包括在内？一些人甚至认为，发展市场经济，出现了许许多多不同性质的局部的各种各样的集体，为什么在道德原则上还要坚持社会主义的集体主义？要消除这些疑虑，首先必须明确集体主义中的"集体"定位问题。

（1）集体主义中的"集体"有两个层次的内容。

从唯物辩证法的视角来看，集体主义中的"集体"有两个层次的内容。它既可以表现为作为国家、民族、社会等普遍的"集体"，也可以表现为当前市场经济条件下各种不同的、局部的集体。我们也可以说，这里

---

① 茅于轼：《青年不要空谈理想　赚钱本身就是为人民服务》，载《河南商报》，2009-11-16。

的集体，既有一般意义上的集体，又有个别意义上的集体。这种"一般"和"个别"、"普遍"和"特殊"的关系，正好是复杂的现实生活的反映。作为一般意义上的集体，它是所有个别的、局部的"整体"的共同特性。所有个别的、局部的"整体"，都有一般意义上的"整体"的某些属性。正是由于这种特点，我们有时在一般意义上使用"集体"这一概念，有时在个别意义上使用这一概念。任何一般的、普遍的、共同的东西，都是同个别的、特殊的、具体的东西相联系而存在的。在当前的市场经济条件下，尽管各种具体的、特殊的、个别的集体，有着不同层次不同性质的差异，但在社会主义社会中，在马克思主义的指导下，在社会主义的政治、经济、文化和道德的诱导下，它们都必然要受到社会主义集体的制约和引导。所以，在道德原则上，同样适用社会主义的道德原则。那种以市场经济为原因而否定集体主义原则的理论是不能成立的。

(2) 集体主义中的"集体"应当体现全体成员的利益和意志。

如果一个集体不能代表整个社会的普遍利益，也不能代表这个集体之中的各个成员的利益，那它就是一个"虚幻的集体"。我们所说的"集体"，是能真正"代表全体成员利益的"集体。也就是说，集体利益和个人利益是辩证统一的。在社会生活中，集体主义的一个重要内容，就是为了维护集体真正的、长远的、可持续的利益，这就必须要把维护个人的正当利益作为集体主义一个必须加以认真重视的方面。我们在突出集体地位的同时，也要强调个人的地位，从一个全新的高度，来认识个人与集体的辩证关系。集体是由许多个人和局部组成的，离开了个体的充分发展，也就不可能有集体的发展，这个道理是显而易见的。集体犹如一个有生命、有活力的有机体，个人和局部犹如这个有机体中的细胞。生物学研究早已发现并证明，只有一个有机体的所有细胞都充满活力，这个有机体才能是生机勃勃和生长旺盛的。当然，我们也要十分清楚地看到，任何一个有机体的细胞，如果脱离了自己赖以存在的有机体，这个细胞也就失去了自身存在的条件。

(3) 集体主义中的"集体"应当是"真实的集体"。

"真实的集体"是相对于"虚幻的集体"而言的。判断集体是否真实的最可靠的方法，莫过于看这个集体是否真正像它所宣称的那样为最大多数人谋利益，而不是仅为少数人谋利益。就此而论，强调集体主义原则中集体的真实性问题已经超出了一般的理论领域，成为直接与集体主义原则的可信赖程度密切相关的现实问题。

在社会主义初级阶段，由于经济发展、政治改革和社会进步的程度不同，我们社会的集体，还不可能都是真实的集体。它既不是马克思恩格斯所说的那种"虚假的""虚妄的""不真实的"集体，也还不可能达到马克思恩格斯所说的"真正的""能完全代表成员利益的"集体。但是，从我国社会主义社会现实的总的情况来看，我国社会中的大多数的"集体"基本上都是能够体现它的成员利益的集体。当前社会中一些现实的"集体"，可能还存在这样那样的缺陷，但是，只要这个集体的成员基本上是为这个"集体"成员的利益而工作的，我们就应当承认这个集体是现实的，也是合理的。同时，这个集体中的所有成员，都应当不断地、逐步地为改善这个集体并使这个集体朝着更加完善的方向而努力。只有通过集体所有成员的不断努力和坚持不懈的奋斗，并通过"改善""提高""再改善"和"再提高"，才能使我们的集体逐渐趋于完善。

（三）社会主义道德建设的核心[*]

在社会主义道德建设中，首先要弄清楚的问题就是社会主义道德建设的核心到底是什么。只有明确了这个问题，我们的道德建设才能有正确的方向、目的和原则，才能对全社会提出实事求是的道德要求，才能有切实可行的方法，从而达到社会主义道德建设的目的。

1. 什么是社会主义道德建设的核心

党的十四届六中全会所作的《中共中央关于加强社会主义精神文明建设若干重要问题的决议》中，极其明确地指出："社会主义道德建设要以为人民服务为核心。"江泽民同志在党的十五大所作的政治报告中，再一次肯定并强调，我们的道德建设和道德教育必须要以"为人民服务为核

---

[*] 本文原载《道德建设论》，35～66页，长沙，湖南人民出版社，1997。收入本书时内容有改动。

心"。这一提法，符合我国社会主义初级阶段道德建设的现实状况，是对我国社会主义道德建设的核心所作的科学概括。社会主义道德建设"要以为人民服务为核心"的概括，是根据马克思列宁主义、毛泽东思想和邓小平理论对道德建设问题所做的重大发展，在理论上和实践上，都有重要的意义。

从理论上看，在我国社会主义革命和社会主义建设的很长一段历史时期内，尽管我们经常谈到"为人民服务"，但经常是把"为人民服务"作为无产阶级的人生观来理解，而没有提高到道德核心的高度来认识。在道德建设的理论上，我们比较详细地探讨了有关道德建设的原则、规范和职业道德等问题，探讨了有关道德教育和道德修养的问题，而在一定程度上忽视了道德核心的研究。从这一点来看，不能不说是我们近年来道德建设上的一个不足，是我们今后应当加以大力研究来弥补的。另外，从道德实践来看，把"为人民服务"确立为社会主义道德建设的核心，必将极大地激励人们去为他人做奉献的精神，形成整个社会的相互关心、相互帮助的良好道德风尚。

什么是"核心"？一般来说，核心是指一个事物或现象的最主要的部分，它居于一个事物或现象的中心，体现着该事物或现象的本质，是该事物或现象的灵魂。毛泽东在谈到中国共产党在中国革命事业中的作用时，曾经极其深刻地指出："中国共产党是全中国人民的领导核心。没有这样一个核心，社会主义事业就不能胜利。"邓小平同志也多次论述"核心"在一个事物中的重要地位，他不但反复强调"共产党是中国人民的领导核心"，并且从不同的方面，论述了"核心"在一个事物中的重要地位。在谈到"四项基本原则"的核心时，他说："我们坚持四项基本原则，就是坚持社会主义，坚持无产阶级专政，坚持马列主义、毛泽东思想，坚持党的领导。这四个坚持的核心，是坚持党的领导。"在谈到资产阶级自由化的核心时，他又说："资产阶级自由化的核心就是反对党的领导，而没有党的领导也就不会有社会主义。"在谈到一个集体的领导时，他强调："任何一个领导集体都要有一个核心，没有核心的领导是靠不住的。"由此可见，"核心"在一个事物或现象中，有着多么重要的意义。

什么是道德建设的核心？道德建设的核心，也就是道德建设的灵魂，它决定着社会道德建设的根本性质和发展方向，是一种社会道德区别于另一种社会道德的主要标志。一般来说，在道德建设中，从始至终，都必然要有一个统率一切道德原则、道德规范和职业道德、社会公德、家庭美德的指导思想，这个统率一切的指导思想，也就是我们所说的道德核心。道德领域中所有的道德现象，包括道德意识现象和道德活动现象，都要受道德核心的制约和规定，并以这一核心作为其出发点和最终目的。在阶级社会中，一个阶级的道德核心，可以说是这一阶级的伦理精神的体现，是这一阶级的道德所以区别于其他阶级道德的本质特征。一个社会的统治阶级，当它代表着先进的生产关系，体现着历史的进步要求，反映着广大人民群众的利益时，这一阶级的道德建设的核心，就一定能成为这一时代的伦理精神的精华，发挥着推动时代进步的精神动力的重要作用。

从道德建设的一般规律来看，不论任何社会或一个社会中的任何一个阶级，其道德核心，总是同其道德的根本出发点和根本目的联系在一起的，总是同其"道德"是为什么人服务联系在一起的。因此，我们也可以说，道德核心的问题，也就是一个"为什么人"的问题。自古以来，一切剥削阶级的道德的核心，都是为少数人服务的，或者是为奴隶主阶级服务，或者是为封建地主阶级服务，或者是为资产阶级服务；只有无产阶级的道德核心，才是为广大人民群众服务，即为人民服务的。

从道德建设的实践要求来看，人们往往较多地注意社会的道德原则、道德规范、道德修养以及职业道德等各方面的问题，从而忽视了道德核心在道德建设中的重要地位。为什么会产生这种情况呢？这主要是因为，道德原则、道德规范、道德修养以及职业道德等各方面的问题，是同人们的行为直接相联系的，是一个社会从道德上规范人的行为所必须经常提倡的。例如在封建社会，在道德建设上所极力倡导的，就是大家都非常熟悉的所谓三纲五常，即"君为臣纲，父为子纲，夫为妻纲"和仁、义、礼、智、信等道德要求，此外，儒家还提倡恭、宽、信、敏、惠、智、勇等"达德"。

但是，我们知道，在封建社会的这些道德要求和道德规范之中，有一个贯串其中的核心,这个核心就是维护封建社会的等级要求,即以维护该社会的尊卑关系作为贯串其中的核心。为什么在长期的封建社会中,在它的意识形态和道德教育中,总是只宣传它的道德规范和道德要求,而很少甚至根本不愿意提到它的这一道德核心呢?原因很简单,因为它代表的是剥削阶级,是压迫人民和剥削人民的阶级,它不愿意也不敢向人民公开它所提倡的道德核心。

同样,我们也可以看到,在古希腊的奴隶社会,有所谓"四大主德"的提出,即当时的思想家所说的"智慧、勇敢、正义和节制"。在欧洲中世纪,又有基督教的所谓"三主德",即"爱、信、望"。但是,不论是奴隶主阶级还是封建地主阶级的思想家,他们都不愿意直接说出他们的道德核心是为少数剥削者服务的。在长达几百年的资本主义社会中,资产阶级的思想家在道德要求和道德规范上,也曾提出了功利主义、利他主义、利己主义、个人主义、自由主义等道德原则,提出了诚实、守信、俭朴、宽容等道德规范,但是,除了在资产阶级上升时期,有一小部分思想家能直接说出他们的道德核心以外,其中大多数的思想家都不愿意直接地、公开地说出"以个人为中心、一切为了个人"是他们的道德核心。他们对个人主义的解释,也往往只强调它的注重个人价值、个人尊严、个人自由的方面,而常常掩盖着它的"以个人为中心、一切为了个人"的更为核心的内容。之所以如此,就是因为他们要维护的社会,是一个允许人剥削人的社会,是一个主张两极分化和贫富悬殊的社会,是一个过分重视"个人的私利"而不重视社会公共利益的社会。

社会主义社会是当今世界上真正为着广大人民群众利益而奋斗的社会。掌握政权的工人阶级,是人类历史上最进步的阶级,代表着现代社会的最先进的生产关系。正如邓小平同志所指出的:"社会主义的本质,是解放生产力,发展生产力,消灭剥削,消除两极分化,最终达到共同富裕。"因此,社会主义道德建设的核心,必然是同社会主义的这一本质相联系,特别是同它的最终要达到的"共同富裕"的目的相联系。

为什么说社会主义道德建设的"核心"应当是"为人民服务"呢?我们可以从三个方面来加以考察。

第四章　注重道德传承　加强道德实践

（1）"为人民服务"这一思想，反映了社会主义社会的经济基础、政治制度和思想文化的客观要求。

我们大家都知道，道德是社会的意识形态之一，是由一定的经济基础和政治制度所产生，并能动地作用于一定的经济基础和政治制度，从而为巩固和发展这一经济基础和政治制度而做出自己的贡献。社会主义的经济基础，是以公有制为主体的、多种经济成分共同发展的经济制度。在社会主义的初级阶段，我们既要强调非公有制经济同公有制经济在一个相当长的历史时期内的共同发展，更要坚持使公有制经济能够始终处于主导的地位，使我们的经济建设最终能达到广大人民群众共同富裕的目的。因此，"为人民服务"，为广大人民群众服务，特别是为工人、农民和知识分子服务，是我们的根本目的。我们之所以强调社会主义的本质是解放生产力和发展生产力，主要就是因为，只有解放和发展了生产力，才能改善广大人民群众的生活水平，提高人民的福利待遇，才能消除两极分化，最终达到共同理想的社会主义和共产主义的目的。社会主义道德建设，作为社会主义经济的客观要求，不论任何时候，都不能忽视最广大人民群众的最大利益这一思想。我国实行社会主义市场经济以来，在国内，由于允许和鼓励多种经济成分有一个适度的发展，有一些人就因此淡化了工人阶级和广大人民群众的利益。更值得注意的是，极少数人，只知道追求个人的私利，根本忘记了广大人民群众的利益。在国外，西方敌对势力用种种手段，试图以资本主义私有制取代社会主义公有制，从而腐蚀、瓦解社会主义的经济基础，使中国沦为两极分化的、"完全西方附庸化的资产阶级共和国"。在这种情况下，我们强调"为人民服务"是社会主义道德建设的核心，就是要充分发挥社会主义道德的巨大的能动作用，关心人民，爱护人民，急人民之所急，想人民之所想，扶危济困，帮贫救难，以维护人民利益为最高要求，从而形成一种团结和睦的新型人际关系和热爱社会主义的氛围。从社会政治制度来看，我国是一个人民当家做主的人民民主专政的国家，只有人民，才是历史的创造者和推动者，我们的社会主义道德建设应当同我们的"国家富强、人民幸福"的奋斗目标紧密结合起来。由此可见，"为人民服务"既是我国社会主义社会经济制度的要求，也是同我国社会主义民主政治的发展相一致的。

"为人民服务"这一思想，是毛泽东同志最早提出的。早在1944年9月，毛泽东同志为了纪念为革命而牺牲的张思德同志时，专门写了一篇题为《为人民服务》的文章。他说："我们的共产党和共产党所领导的八路军、新四军，是革命的队伍。我们这个队伍完全是为着解放人民的，是彻底地为人民的利益工作的。"又说："因为我们是为人民服务的，所以，我们如果有缺点，就不怕别人批评指出。不管是什么人，谁向我们指出都行。只要你说得对，我们就改正。你说的办法对人民有好处，我们就照你的办。"他在这篇文章中，还进一步指出："只要我们为人民的利益坚持好的，为人民的利益改正错的，我们这个队伍就一定会兴旺起来。"[1] 在《论联合政府》一文中，他又再一次强调："紧紧地和中国人民站在一起，全心全意为中国人民服务，就是这个军队的唯一的宗旨。"从毛泽东当时所提出的要求来看，应当说，这是对革命军队新四军和八路军的要求，是对广大革命工作者的要求，是一个高标准的要求。

邓小平同志进一步发展了毛泽东同志的"为人民服务"的思想，在理论和实践上，都极其重视"为人民服务"的重要性。改革开放以来，他更明确地指出，人民满意不满意、人民高兴不高兴、人民赞成不赞成，应当成为检验我们一切工作的标准，把"我是人民的儿子"作为他对人民的信仰和尊重。由此可见，社会主义道德建设提出以"为人民服务"为核心，是有其丰富的内容和深刻的含义的。

"为人民服务"中的"人民"，究竟指的是什么？这也是我们在研究和贯彻社会主义道德建设的核心时所应当弄清楚的一个重要问题。"人民"是一个历史的范畴，在不同的历史时期，有着不同的内容。在1949年全国胜利前夕，毛泽东同志对它的解释是："人民是什么？在中国，在现阶段，是工人阶级、农民阶级、城市小资产阶级和民族资产阶级。"[2] 当前，我国正处在建设有中国特色社会主义的新的历史时期，"人民"这一范畴，也应当有所变化。工人阶级、农民阶级、一切坚持和拥护四项基本原则的社

---

[1] 《毛泽东选集》，2版，第3卷，1004～1005页，北京，人民出版社，1991。
[2] 《毛泽东选集》，2版，第4卷，1475页，北京，人民出版社，1991。

会主义的公民，都属于新时期的"人民"的范畴。当然，我们什么时候都不能忘记，在我们的社会主义国家中，工人阶级和农民阶级是我国所有"人民"的主体，而且，工人阶级是我们的领导阶级。我们在提倡和贯彻"为人民服务"这一道德核心时，一定要特别强调为广大劳动人民服务这样一个极其重要的思想。

（2）"为人民服务"是社会主义道德要求的集中体现。

什么是道德？如果从理论上去下定义，我们就应当说，道德是社会生活中人与人之间的行为规范的总和。但是，这一定义又过于简单，容易引起各种不同的意见分歧。因此，伦理学家又从许多不同的方面，为道德下了各不相同的定义。我们暂时抛开伦理学家对道德所下的各种不同的定义，从通俗的意义上来对道德加以界说。或者说，用一句大家都比较容易了解的话说，道德就是能够为他人"服务"，就是能够为国家、为民族、为社会"服务"，就是能够在社会生活中，在个人同他人的相处中，发扬一种献身的精神，随时随地去关心别人、照顾别人。因此，也可以说，道德就是一种为他人和为社会的献身精神，或者说是一种"服务"的精神。为什么人们都愿意被人称为有道德的人，而不愿意被人们称为没有道德的人？因为一个有道德的人，在人和人的相处中，是要为帮助别人做出大量的工作的，是要做出无私的献身和牺牲的。正是在这一意义上，德国著名的哲学家、伦理思想家康德曾经说过一句很著名的话："道德之所以有如此崇高和美好的名声，就是因为它总是伴随着巨大的牺牲。"

一个人怎样才能成为有道德的人？这是许多人都想要了解和实践的一个问题。同样，我们也可以用一句通俗的话来说，一个人，如果他想成为一个有道德的人，他就一定要有为他人服务、为社会献身的精神。人们在社会中生活，总要处于各种不同的社会关系之中，处于不同的社会组织或社会团体之中，总要同其他人发生各种不同的关系。一个有道德的人，就是要时时处处想到别人，想到国家和社会，从而能够设身处地、推己及人、与人为善、服务他人，使他人能够因同自己相处而得到益处。这样的行为就是道德的行为，这样的人，就是一个有道德的人。一个有道德的人在践履服务他人、献身社会的崇高行为的过程中，必然会使自己的道德觉悟不断提高，思想境界不断升华，并受到社会的尊重，从而使自己身心获益。

中国古代思想家也正是从这一意义上来理解道德的。东汉时刘熙，根据"义以音生，字从音造"的传统，对"道德"的"德"字，作了很有意义的解释。他认为，"德者，得也，得事宜也。"这就是说，"道德"中的"德"字的音，是从"得到"中的"得"而来的，因此，所谓"德"就是在人和人相处时，要把这种关系处理得合适，使他人和自己都能有所得。东汉时期最著名的文字学家、《说文解字》的作者许慎，更明确地说："德，外得于人，内得于己也。"即，一个有道德的人在同别人的相处中，对外，要使别人有所获得；对内，还要使自己有所获得。怎样理解许慎所说的"外得于人，内得于己"呢？近代著名的国学家刘申叔对许慎所说的"外得于人，内得于己"这句话，作了很有意义的解释。他说，对于一个有道德的人来说，他在同别人的相处中，一方面，能够"以善德施之他人，使众人各得其益"，这就是"外得于人"；另一方面，能够"以善念存诸心中，使身心互得其益"，这就是"内得于己"。从人们在社会的实际生活中，我们也可以深切地感受到，一个人越是自觉地、真诚地、经常地为他人服务，为社会献身，他的道德就越高尚，他的思想境界就越崇高；他越是能够为他人做贡献，使他人有所得，他自己的道德情操就越高尚，心灵就越纯洁。中国古代先秦时期的思想家老聃曾经说过这样的话："圣人不积，既以为人，己愈有；既以与人，己愈多。"从原来的意义看，这句话似乎是从利益或者知识方面说的。这里的意思是："圣人"不事积蓄，全部都帮助了别人，自己反而更加富有；全都给予了别人，自己反而越来越多。如果我们赋予其新的意义，从道德上加以理解，也是很有启发意义的。这也就是说，在道德上，一个人，越是能够为别人做事，越是能够把东西给别人，那么，在自己的思想上和道德境界的提高上，就能够收获得越多。我们可以说，"为人民服务""为社会服务"，就是一种对他人、对社会的献身精神，这种自觉的献身精神的大小，是同自己的道德升华成正比例的。近几年来，在我国，曾涌现出许许多多道德上的模范人物，如徐虎、李素丽、李国安、孔繁森等，我们从他们的模范事迹和先进行为中，可以更清楚地看到，社会主义道德的核心，就是由他们这种崇高的"为人民服务"的精神所体现的。同时，我们也可以看到，正是在这种不断地为人民的过程中，这些先进人物的道德情操和道德境界也不断地得到升华，影响着更多的人向他们学习。在当前实行社会主义市场经济的情况下，在道德建设中，我们一定要加强广大人民群众之间的互相关心、互相爱护和互相帮助的教育，抵制拜金主义、个人主义和享乐主义思想对人们的腐蚀，使人们的思想道德素质，不断地得到提高。

（3）"为人民服务"体现了社会主义道德建设的先进性要求和广泛性要求的统一，包含着社会主义道德的不同层次的要求，引导人们沿着社会主义道德的阶梯，不断向上攀登。

正如我们前面所指出的，我们现在建设和发展有中国特色社会主义，最终目的是实现共产主义，应当在全社会认真提倡社会主义和共产主义道德，这是社会主义道德的"先进性"的要求；同时，我们还必须强调，现在既然是社会主义初级阶段，又实行市场经济，就必须注意广泛性的要求。

"为人民服务"作为社会主义道德建设的核心，它包含着极其丰富的内容，也有着各种不同层次的要求。"为人民服务"思想，有它的最高要求，也有它的最低要求。它的最高要求，就是全心全意为人民服务。它既是共产党的宗旨，也是对共产党员和一切先进分子的要求。在全心全意为人民服务这一最高要求中，一心为公、大公无私、毫不利己专门利人等，都是它的体现。

在中共中央第十五次全国代表大会上所通过的《中国共产党章程》中，也明确地规定，在党的建设中，要"坚持全心全意为人民服务"的宗旨，这也是从党员的标准出发所提出的，是从"为人民服务"的最高要求出发的。

同时，我们也要看到，作为社会主义道德建设的核心，为人民服务还有一种低层次的要求，这就是在人和人的相处中，要尽量做到替别人着想，力求有利于他人、有利于社会，使自己的行为能够给他人和社会带来有益的结果。

在社会主义市场经济的条件下，不同的利益主体，从不同的利益要求出发，在遵纪守法和不危害他人利益的前提下，尽管是从追求个人的利益出发的，只要他们的行为同时是为他人服务的，这种行为，在道德上，就应当给以肯定。这里必须强调的是，行为者所追求的个人利益，只能是正当的，这种对正当的个人利益的追求，不但不能是损人利己的，而且还应当同时是想到要为其他人谋利益的。一个从事个体生产的劳动者，在他追求个人的正当的利益时，只要他能够想到，要依靠自己的诚实劳动，使自己的劳动产品符合质量的要求，货真价实，以求既有利于自己，也能有利于他人，这种行为，就是道德的行为。

在社会主义市场经济的条件下，一切劳动者对自己的正当的个人利益的追求，本身就包含着一种为他人、为社会的思想，即包含着为他人、为社会服务的思想。因为，这里所说的正当的个人利益，就是要有利于发展社会主义生产力，有利于提高广大人民群众的生活水平，有利于社会主义的国力的增强。

从一定意义上我们也可以说，在社会主义条件下，如果我们给以新的解释，那么，"人人为我，我为人人"也可以说是"为人民服务"的低层次上的要求。

"人人为我，我为人人"是一个在历史上早已存在的思想。在西方文艺复兴以后，资产阶级的政治家和伦理学家曾多次地用不同的形式表述这一思想，来反映资本主义商品经济条件下人们的经济关系和伦理关系。法国的经济学家加尼尔说："每人为大家劳动，大家为每人劳动。"德国的著名思想家黑格尔说："一个人劳动时，他既是为自己劳动也是为一切人劳动，而且一切人也都是为他而劳动。"这也就是资产阶级思想家所说的"一人为大家幸福，大家为一人幸福"。这一思想，历史上，是针对中世纪的"人人为自己，上帝为大家"的基督教思想的，曾经产生过非常进步的作用。但是，我们应当看到，"人人为我，我为人人"的思想，主要是从商品经济条件下人们的行为结果来看的，并没有强调行为者所应具有的"为他人"的善良的道德动机。列宁在十月革命后，针对基督教所倡导的"人人为自己，上帝为大家"的思想，他说："我们将努力消灭'人人为自己，上帝为大家'这个可诅咒的准则，克服那种认为劳动只是一种差事，凡是劳动都理应按一定标准付给报酬的习惯看法。我们要努力把'大家为一人，一人为大家'和'各尽所能，按需分配'的准则渗透到群众的意识中去，渗透到他们的习惯中去，渗透到他们的生活常规中去，要逐步地却又坚持不懈地推行共产主义纪律和共产主义劳动。"在这里，列宁已经赋予了"人人为我，我为人人"以新的意义，把它作为新社会中人与人关系中的一种起码的要求，并希望能在此基础上，坚持不懈地推进共产主义纪律和共产主义劳动态度。

2. "为人民服务"是贯串道德原则、基本要求、社会公德、职业道德、家庭美德的一根主线

在社会主义社会中，一个人只有树立了"为人民服务"的思想，时时想着广大人民群众的利益，想到为人民服务，他才能够爱祖国、爱人民、爱劳动、爱科学和爱社会主义。因为，"为人民服务"是社会主义社会一切道德要求的最根本的出发点，离开了这个最根本的出发点，就不可能有道德的行为。

毛泽东同志曾经指出："为什么人的问题，是一个根本的问题，原则的问题。"他还进一步指出，一个革命者，如果这个"为什么人"的问题不能得到解决，他也就不可能对革命事业做出应有的贡献。他强调："我们说要学习马克思主义和学习社会，就是为着完全地彻底地解决这个问题。"

（1）"为人民服务"贯串集体主义之中。

《决议》指出，社会主义道德有一个原则，这就是集体主义。我们知道，集体主义原则所要处理的关系，是个人同集体、个人同他人之间的矛盾，是强调集体利益高于个人利益的。但是，这里所说的"集体"，在我国当前的社会主义的初级阶段中，就是最广大的人民群众；我们所说的"集体利益"，就是人民群众的利益。因此，我们必须强调，在社会主义的道德建设中，"为人民服务"的道德核心，要从始至终地贯彻到集体主义的原则中去。

在社会主义初级阶段，所谓"集体利益"，从一般的意义上，人们可

以理解为包含着不同层次的内容，如由不同的个体所组成的联合体的利益，也常常被人们称为集体利益。在大多数的情况下，人们把国家的行政机关和企事业的各个单位、各个部门的利益，称作集体利益。社会的公共利益，也属于人们日常所说的集体利益。在更多的情况下，我们把整个国家的利益、民族的利益，理解为社会主义的集体利益。我们认为，在提倡集体主义的道德原则时，我们对什么是"集体利益"应当有一个明确的界定。我们所说的"集体利益"，并不能等同于任何一个单位、一个部门的利益，如对一个机关、一个工厂、一个乡镇，甚至一个地区、一个省市的利益来说，只有它能够正确地体现国家的利益和人民的利益时，它的这一利益，才能够是我们所说的"集体利益"。如果一个单位、一个地区、一个企业，把自己的局部利益冒充为全国人民和全民族的"集体利益"，那么，这种所谓的"集体利益"，只能是一种狭隘的"本位主义"的体现。这种狭隘的"本位主义"，正像毛泽东同志所说的，不过是一种放大了的个人主义而已。由此可见，我们所说的"集体利益"，是以全国人民和全民族的利益为衡量标准的。

以上说的是，在社会主义道德建设的集体主义的原则中，我们必须从始至终地注意贯彻"为人民服务"这一道德核心的要求。

同时，我们还应当指出，社会主义道德的核心和原则，即"为人民服务"和"集体主义"，又是相辅相成的，它们之间有着内在的、密不可分的联系。在"为人民服务"的核心中，就包含着人民利益、集体利益高于个人利益的思想，也包含着为社会利益、集体利益在必要时牺牲个人利益的思想。在集体主义原则中，也同样体现着人民的利益是最高的利益，贯彻着个人利益要为人民利益而牺牲的思想。作为社会主义道德核心的"为人民服务"，强调的是我们一切工作的根本目的和出发点，都是为了广大人民群众的利益；而作为社会主义道德原则的"集体主义"，强调的是我们在为人民服务的活动中，在处理个人和他人、个人和集体的关系中，要能够从人民的利益出发，贯彻人民的利益高于一切的思想，更好地处理各种矛盾，从而使我们的道德行为，能够更好地维护人民利益和国家利益，更有利于有中国特色社会主义的现代化建设。

(2) 社会主义道德建设有五个基本的要求，这就是爱祖国、爱人民、爱劳动、爱科学、爱社会主义。

在这五个基本要求中，同样有一条贯串其中的主线，这就是"为人民服务"。在社会主义道德基本要求中，爱祖国、爱人民、爱社会主义这三项基本要求，是同"为人民服务"直接联系的。在任何一个社会中，要想培育广大人民群众的爱国主义思想，形成热爱祖国的道德意识，就必须强调社会的福利、国家的富强和人民的幸福，而这一切，都是同能否具有"为人民服务"的思想和觉悟相联系的。一个人，只要能够随时随地想到要"为人民服务"，他就一定能够爱护自己的祖国，保护自己的祖国，以至在祖国遇到外来敌人的侵犯时，不惜牺牲自己的生命来保卫自己的祖国。在社会主义社会中，爱祖国和爱社会主义是一致的。我们所爱的祖国，不是一般的国家，而是社会主义的国家，所以，爱祖国就是爱社会主义的中华人民共和国。

同样，"爱人民"作为社会主义道德的一个基本要求，它不是一个一般的口号，而必须要有爱人民的实际行动，即必须要在实际生活中，能够为人民服务。

即如"爱劳动"和"爱科学"，也都同"为人民服务"有着密切的关系。一个人，只有具备了"为人民服务"的思想和感情，深深地关注着人民的福利和生活水平的提高，他才能热爱劳动、热爱科学，力求在自己的全部工作和活动中，为人民做出更大的贡献。

在加强社会主义道德建设中，必须开展社会公德、职业道德和家庭美德教育，在全社会形成团结互助、平等友爱、共同前进的人际关系。而要形成这种人际关系，就更需要弘扬为人民服务的精神。

(3) 为人民服务贯串三大社会道德领域。

在职业道德建设中，《决议》提出了爱岗敬业、诚实守信、办事公道、服务群众和献身社会五个主要方面。

这五个方面都是同"为人民服务"紧密联系在一起的，没有"为人民服务"的思想，就不可能"爱岗敬业""办事公道"，更不能做到"服务群众"和"献身社会"。对职业岗位的无限热爱和对群众的真诚关心，都必然出于一种发自内心的为人民服务的献身精神。李素丽说得好："不管有多少烦心事儿，只要一坐在票台前为乘客服务，我就特开心，什么烦恼都忘了。"也正是这种自觉的、真诚的为人民服务精神，使李素丽十五年来如一日，热爱自己的售票工作，把三尺票台看作自己"爱岗敬业"、"服务群众"和"献身社会"的广阔天地。

在社会公德方面，大力提倡"助人为乐"的精神，在当前尤为重要。一个人在社会中生活，免不了要遇到一些困难，甚至遭到某些不幸，总希望能够得到别人和社会的帮助。在社会主义社会中，人和人之间本应当是一种团结互助的友爱关系。但是，实行改革开放和发展社会主义市场经济以来，由于市场自身的弱点和消极方面的影响，一些人见利忘义，唯利是图，只顾自己，不管别人，甚至在人民群众的生命财产遭到严重危害时，仍然是"见义不为""见死不救"、冷眼旁观、麻木不仁。这种情况，不但毒害了社会主义社会中人和人之间的同志友爱关系，而且客观上往往造成使恶人更加肆无忌惮的严重后果。针对我国当前社会中的情况，加强"助人为乐"的教育，形成关心人民疾苦和"见义勇为"的社会风气，我们就必须强调发扬"为人民服务"的精神。

在家庭美德教育中，要做到尊老爱幼、邻里团结，在文明社区建设中，要改造旧习、移风易俗、形成文明健康的社会文化等等，都需要弘扬服务人民、献身社会的崇高精神。正是从这一意义上，可以看到，"为人民服务"是贯串整个社会各个重要领域的从始至终的一个重要思想。

3. 树立为人民服务思想，加强世界观、人生观和价值观教育

为了更好地树立"为人民服务"的思想，我们有必要特别强调加强世界观、人生观和价值观教育的重要。"为人民服务"既是社会主义道德建设的核心，同时，又是社会主义社会中人们应当信奉的唯一科学的人生观，而要能够形成和树立这一人生观，就必须树立起科学的世界观和价值观。

（1）什么是正确的世界观。

世界观，又称宇宙观，通俗地说，就是人们对世界的总体的看法，也包括人们对自身在世界整体中的地位及作用的看法。它包括社会历史观、

第四章 注重道德传承 加强道德实践

伦理观、审美观、科学观等。哲学是世界观的理论表现形式。在阶级社会中，由于人们是分为不同阶级的，不同阶级各有自己的不同的利益，因而他们对世界的各种看法，由于受不同的利益支配而出现差异甚至对立。不论是从剥削阶级的利益出发，或者从宗教神学的观点出发，或者是从小生产者的利益出发，他们对世界的看法，是同无产阶级的看法不同的。我们所说的世界观是马克思主义的世界观。

从世界观的内容来看，它作为人们认识世界和改造世界的总体看法，大体上包括相互联系又相互区别的三个主要方面。1）从本体论上来看，世界的万事万物，究竟是统一于物质，还是统一于精神，是先有物质还是先有精神等根本问题。2）从认识论来看，是先有实践、后有认识和理论，还是先有观念、理论，然后人们才能根据观念、理论去实践呢？是实践是检验真理的标准，还是理论是检验真理的标准？3）从方法论来说，我们对世界各种事物的认识，是孤立地、静止地去看，还是从发展的、从辩证的、从对立面既斗争又统一的方面去看呢？从以上我们所列举的世界观的主要内容来看，我们也就可以看到，如果不能树立起正确的世界观，我们就不可能树立起"为人民服务"的思想。

我们所要树立的世界观是马克思主义的世界观，也就是辩证唯物主义和历史唯物主义的世界观。唯心主义的世界观认为，物质来源于精神，社会意识决定社会存在。形而上学唯物主义虽然在宇宙观上坚持物质第一性、意识第二性的原理，但它不能辩证地认识事物，最终在历史领域内走向了唯心主义。辩证唯物主义的世界观承认世界的物质性、客观性，承认物质世界是按照自身发展的辩证的规律运动和变化的，人的活动，既要遵守客观世界的规律，又能够通过实践认识和改造自然界和人类自身。辩证唯物主义的世界观认为，社会主义必然代替资本主义是社会历史发展的不可逆转的总趋势；尽管在社会主义发展的长期过程中，还必然存在和发生这样那样的曲折和反复，但是，由于资本主义制度存在着无法克服的固有矛盾，社会主义必然要代替资本主义，并将最终发展成为共产主义社会。树立辩证唯物主义世界观，就能够增强社会主义和共产主义的理想和信念，提高为社会主义献身的力量和勇气，就能够在困难面前知难而进，在各种曲折复杂的情况下,保持革命的乐观主义精神。从国际共产主义运动所面临的情况来看,在苏联解体和东欧剧变之后,一些人之所以失去了对社会主义和共产主义的信心,徘徊动摇,裹足不前,甚至悲观失望,堕落蜕化,原因之一,就是没有能够真正树立起辩证唯物主义的世界观,被资本主义的暂时"得逞"所迷惑,看不到资本主义必然灭亡的本质,看不到社会主义将最终取得胜利的光明前途。国际共产主义运动的这种暂时的低潮,也还可能持续一段时期,在这种情况下,我们更应当加强辩证唯物主义世界观的教育,使广大干部、工人和农民,都能够从社会发展普遍规律的高度认识社会主义的光明前途,从而在建设有中国特色社会主义的伟大实践中坚定必胜的信心。

(2) 什么是正确的人生观。

在新中国成立后直到这次党的第十五次代表大会这段相当长的历史时期内,我们一直是从人生观的要求来理解"为人民服务"的。确实,从道德建设的总体上来看,"为人民服务"是我们的社会主义道德建设的核心;同时,从一个人的人生观来看,"为人民服务"又是一种对人生的目的和意义的自觉的选择。

在当前的社会主义社会中,人们都说要树立正确的人生观,但是,究竟什么是正确的人生观呢?不同的人有不同的认识。追求个人的私利,是一种人生观;追求物欲的享受,是一种人生观;追求金钱的满足,也是一种人生观。这些人生观,都是腐朽没落的人生观。我们所说的正确的人生观,就是为人民服务的人生观。人生观是一定世界观在考察人生问题上的应用和表现。从根本上说,世界观制约、影响甚至决定着人们的人生观。但从一个人的人生观、世界观的形成来看,最初,往往是自觉或不自觉地形成一种对人生的看法,而这种对人生的看法,又反过来影响世界观,积极作用于世界观的形成。人生观是人对人生的意义、目的和价值的根本看法。总的来说,人生观包括三个方面的问题:1)人生的意义。人为什么活着、人怎样生活才算值得,这中间就包括对索取与贡献的看法。2)人生的目的。人生最终追求的目的是什么,什么是人生的最高理想。3)一个人为人处世的根本态度,有时也包含处世的方法,也可以说是一个如何做人的问题。其中,人为什么活着、人怎样生活才有意义和人生的价值问题,是人生观的核心。

在社会主义社会中的人们,由于经济利益和政治利益不同,处于不同的社会关系之中,从而形成不同的人生观。在阶级社会中,就是同属于一个阶级,但由于每个人所处的环境和接受的教育及自我修养的不同,也往往会形成不同的人生观。一般来说,人们的人生观必然要受到一定的经济、政治和环境的影响,但不同阶级和不同阶层的人,又可以主动地、自觉地选择自己的人生观。出身于非无产阶级的人,可以接受无产阶级的教育,刻苦锻炼,从而树立起马克思主义的世界观,成为坚定的共产主义者;相反,即使是出身于劳动人民家庭,接受的是社会主义的教育,在红旗下长大的人,如果不注意世界观、人生观、价值观的改造,仍然会受到各种非无产阶级思想的腐蚀,接受庸俗、腐朽的资产阶级的人生观。人生观的这种可选择的特点,说明加强人生观教育的必要性。深入持久地开展人生的意义、目的和价值的教育,强调为人民服务人生观的意义,就能够帮助广大群众真正懂得人生的真谛,从而自觉地选择为人民服务的人生观,为社会主义建设事业多做贡献。

在当前我国的社会中,从表现形式上看,有着纷繁复杂的、各种不同的人生观,但从根本上来说,主要有两种不同的人生观:一种是把人生看作为自己求得金钱、荣誉的以自己为中心的个人主义的人生观,也就是资产阶级的人生观;一种是以国家利益、人民利益为重并自愿为之奉献的人生观,也就是为人民服务的人生观。在建设有中国特色社会主义的伟大事业中,对每一个人来说,人生观的问题,也就是一个为什么人的问题,是人生一切问题中最根本的、首要的问题。这个问题不解决,不论是搞革命还是搞建设,是不可能兢兢业业的,也不可能做出什么成绩。如果一个人生活的目的仅仅是为自己、为家庭的私利而活着,即使在物质享受上能够得到满足,那又有什么价值?有什么意义?只有为他人的幸福、为社会的发展、为国家的兴旺做出贡献,使自己的工作能够造福人民、造福子孙后代,才是最有意义、最值得人们追求的人生,才是光荣的人生、闪光的人生。人生观的形成是一个发展过程,在这个发展过程中,充满着正确的人生观同错误的人生观之间的经常的复杂的甚至可以说是极其严重的斗争。中国古人曾说,学习如逆水行舟,不进则退,这对于确立正确的人生观来说,同样如此。一个经过革命生活锻炼并初步树立了无产阶级的为人民服务的人生观的人,在西方敌对势力的和平演变下,在资产阶级思想的腐蚀下,也有可能在这种斗争中败下阵来,放弃或者背叛早年自己所曾经真正信奉过的为人民服务的人生观,接受或信奉"人不为己,天诛地灭"、人都是自私的等资产阶级的人生观。值得我们注意的是,改革开放以来,在资产阶级的拜金主义、享乐主义和个人主义的腐蚀下,在社会主义革命和社会主义建设过程中,曾经树立起正确世界观的一些人经受不住考验,自觉不自觉地把金钱、享受、权力、地位当作人生的唯一目的去追求,陷入资产阶级的泥淖而不能自拔。因此,树立为人民服务的人生观,对我们来说,在今天有着尤为重要的意义。

一个人一旦形成了一种人生观,就能够产生一种力量,形成一种激情,从而鼓励人们去克服一切困难,以追求自己的人生目的。因而,一个树立了为人民服务的人生观的人,就会对人生的意义有真正的了解,就能够把人民群众的利益放在心上,力求为人民做好事,使人民能够从自己的工作中得到好处。一个人能力有大小,职业有不同,但只要有了为人民服务的人生观,就能够事事处处为人民着想,助人为乐,造福人民,成为为人民群众所欢迎的人。因而,全心全意为人民服务的精神,毫不利己专门利人的精神,应当成为我们时代的最崇高的精神,正像毛泽东同志所说的,只有具有了这种崇高的精神,才是"一个高尚的人,一个纯粹的人,一个有道德的人,一个脱离了低级趣味的人,一个有益于人民的人"。愈来愈多的人认识并树立起为人民服务的人生观,必将促使社会主义的事业更快地发展。

世界观和人生观有着密切的关系,正确的世界观是正确的人生观的基础,人们对人生意义的正确理解,是建筑在对世界发展变化及其规律正确认识的基础之上的。从这一意义上,我们可以说,人生观从属于世界观,没有正确的世界观,也就没有正确的人生观。因此,只有把握了社会主义必然要取代资本主义这一历史发展规律,才能具有对共产主义的坚定理想和信念，才能牢固地树立起相信人民、依靠人民、全心全意为人民服务的人生观。同时，人生观发生变化，又往往会反过来影响世界观的变化。人生观能够积极作用于人的世界观，对世界观的巩固、发展和变化起着重要的作用。现实生活说明，一个人在长期的革命生活斗争中曾经树立起革命的人生观和世界观，但如果经不起拜金主义、享乐主义和个人主义思想的腐蚀，一旦放弃了为人民服务的人生观，那么，他就必然会丧失对社会主义和共产主义的信念，从而背弃自己的崇高理想和世界观。

(3) 什么是正确的价值观。

一般来说，价值观是可以从多方面加以研究和界定的。从哲学上来看，价值观是关于物质的性质、构成、标准和评价的哲学学说，也叫价值论。它主要是从主体的需要和客体能否满足及如何满足需要的角度，考察和评价各种物质的、精神的现象及人们的行为对个人、阶级、社会的意义。一种事物或现象具有价值，也就是说该事物或现象对个人、阶级、社会具有积极的意义，能满足人们的某种需要，成为人们的兴趣、目的所追求的对象。价值是通过人们的实践实现的。由于人们的兴趣、需求和目的是不同的，因而所追求的目标也是不同的。在阶级社会中，由于从不同的利益关系去观察问题，从不同的情感去理解事物，价值观有明显的阶级性，不同的阶级有着不同的甚至截然相反的价值观。在当前，价值概念广泛应用于经济学、伦理学、美学、认识论及其他人文社会科学，在这些不同的知识领域中，有不尽相同的意义。在西方，资产阶级思想家曾经提出过各种各样的价值哲学。如主张自由意志的学者认为，价值就是人们的愿望的满足，凡是能够满足人的愿望的，就是有价值的。一些享乐主义的思想家则认为，价值就是快乐，能够使人得到快乐的就是有价值的。美国的哲学家培里认为，价值就是兴趣，能够引起人们兴趣的事物就是有价值的。杜威则认为价值就是事物作为手段，同实际地达到的目的的关系。马克思主义认为，从价值的一般本质来看，价值是现实的人同满足其需要的客体之间的一种关系。价值同人的需要有关，但它不是由人的需要所决定的。价值有其客观的基础，这一基础就是物质的、精神的现象所固有的属性，而这种属性，对于不同的人、阶级、社会有不同的积极的意义，并依照其意义的大小，决定其价值的大小。我们所说的价值观，是同世界观、人生观相联系的价值观，从一定的意义上来看，是从个人同集体、同他人、同社会、同国家的关系上来考虑的，是同人生的价值密切联系的。

根据上面的概括和分析可以看到，我们所要树立的正确的价值观，就是集体利益、人民利益高于个人利益的集体主义的价值观。集体主义既是社会主义的道德原则，又是人们所应当树立的价值观念。什么是价值？我们在价值观中所说的价值，并不完全等同于经济学中所说的使用价值和交换价值，而是指人们所认为的最重要、最值得人们去追求和珍视的东西，它既可以是物质的东西，也可以是精神的东西。

在中国古代思想史上，人们常用"贵"来表示"价值"这一概念。"贵义"就是把义看作最有价值的，"贵生"就是把生命看作最有价值的。价值观就是对什么最重要、最贵重、最值得人们去追求的一种观点和评价标准。处于不同的经济、政治利益关系中的人，必然会有不同的甚至截然相反的价值观。对于个人主义者来说，由于他处处强调以个人为中心，把个人看作唯一的目的，把社会看作达到个人目的的手段，因而他必然会认为，只有个人的一切才是最重要、最值得他去追求的，因而也就有最大的价值，相反，国家的利益将会被认为是没有价值的，也就不值得他去奋斗，更不值得他去献身。对于无产阶级和革命人民来说，国家的利益、人民的利益、中华民族的利益是至高无上的，是最重要、最宝贵、最值得去追求的，因而也就是最有价值的。正是从这一价值观出发，无产阶级认为，广大人民群众的利益，国家、社会的利益是我们评价一切事物价值大小和有无价值的最重要的标准。在建设有中国特色社会主义的过程中，我们面对着不断发展着的许多新事物、新情况和新矛盾，每日每时都向每一个人提出有关事物的有无价值和价值大小的许多现实问题，需要我们去判断和解决。对于社会主义和广大人民有利的事业，我们应当看作最有价值的，最值得我们去为之献身和追求的，我们应当尽力去做，反之，一切不利于社会主义事业和人民的利益的，我们就应当旗帜鲜明地加以反对。我们之所以强调要树立正确的价值导向来引导我们的人民，其意义就在这里。

第四章 注重道德传承 加强道德实践

中国古代的思想家,曾提出了一种"良贵"的价值观。孟子认为,对于一个人来说,最重要、最值得人们追求、最有价值的东西,是自己的人格,即自己的高尚的道德品质。他批评了当时的一些庸人,那些庸人只知道追求地位、荣誉,把爵位、官衔看作最值得追求的东西。孟子批评了这种错误思想。他指出,对于一个人来说,最值得追求的不应当是爵位和权势,而应该是一个人所应具有的高尚的道德品质,就是一种为国家、为民族、为社会的献身精神,也就是他所说的"杀身成仁,舍生取义"的精神。孟子说:"欲贵者,人之同心也。人人有贵于己者,弗思耳。人之所贵者,非良贵也,赵孟之所贵,赵孟能贱之。"这句话的意思是说希望得到尊贵和受人尊敬,这是人们共同的心理。但是,很多人只知道向外面去追求,而不知道自己本身就有可尊贵的东西,只是不去思考罢了。别人所给予的尊贵,并不是真正值得尊贵的。晋国的大夫赵孟,可以给一个人很高的官爵,但是,他也可以罢黜这个人的官爵,使他处于下贱的地位。他又说:"有天爵者,有人爵者。仁义忠信,乐善不倦,此天爵也;公卿大夫,此人爵也。古之人修其天爵,而人爵从之;今之人修其天爵,以要人爵,既得人爵而弃其天爵,则惑之甚者也,终亦必亡而已矣。"这里的意思是说,人们都认为,有一定的爵位是最值得尊贵的,但爵位可以分为两种,一种是道德爵位,一种是政治爵位。仁义忠信、喜好善行而不疲倦,这是道德爵位;公卿大夫,这是政治爵位。古时候的人修养自己的道德爵位,政治爵位也就随着来了;现今的人修养自己的道德爵位,是为了追求自己的政治爵位,而一旦获得了政治爵位,就会抛弃他的道德爵位,这就是非常糊涂的了,这种人,最终恐怕连政治爵位也会丧失的。孟子的这段话说明,一个人在社会生活中,最值得追求的就是自己的道德品质。因此,从这一意义上来看,对一个人的一生来说,只有自己的高尚的道德品质,才是最有价值的。

由此可见,对一个人来说,他自身到底有多大的价值,既不在于他有多少金钱和财富,也不在于他有多大的官职和多高的地位。如果一个人把他的财富和官职当作自己的价值所在,那么,当他没有财富和失去官职时,他也就一点价值都没有了。一个人的真正的价值,即所谓"良贵",

就是自身的道德品质。当然，一个人的能力，从一定的意义上，也往往同一个人的价值有重要的关系，但能力必须同道德品质相结合。毛泽东同志在《纪念白求恩》一文中曾经极其明确地指出，白求恩同志的"毫无自私自利之心的精神"，就是他的崇高的价值所在。他说："我们大家要学习他毫无自私自利之心的精神。从这点出发，就可以变为大有利于人民的人。一个人能力有大小，但只要有这点精神，就是一个高尚的人，一个纯粹的人，一个有道德的人，一个脱离了低级趣味的人，一个有益于人民的人。"

人生观和价值观的关系既有相同的方面，又有不同的方面。价值观的范围较大，因为它泛指人们对一切事物的有无价值和价值大小的看法和标准，而人生观主要是对人生的意义和价值大小的一种根本看法。由于对人生的看法是人对其他事物看法的一个出发点，因而一个人对人生价值的看法，又必然会影响他对其他事物的看法，所以人生观在一个人的整个价值观中占有最重要的地位，人的正确价值观的确立和巩固，又能不断地促进正确的人生观的形成和发展。世界观是人生观的基础，人生观是价值观的出发点，它们相互作用、相辅相成。

（4）怎样才能树立起正确的世界观、人生观和价值观。

首先，要认真学习有关世界观、人生观、价值观的基本理论，从思想上提高觉悟，认识树立正确的世界观、人生观、价值观的重要意义。在当前，学习和掌握马列主义、毛泽东思想和邓小平理论，学习江泽民同志关于世界观、人生观、价值观的讲话，有非常重要的意义。我们应当准确、科学地把握这些理论的精髓，深刻理解在当前形势下，树立正确的世界观、人生观、价值观的特殊的重要意义。特别应当指出的是，在目前形势下，树立正确的世界观、价值观和人生观，就能够立场坚定、方向明确，对我们坚持社会主义道路有着不可忽视的重要作用。

其次，要在实践中加强锻炼，不断地同各种非马克思主义以至反马克思主义的世界观、人生观、价值观划清界限，在意识形态和思想道德建设上，要提高政治敏锐性和识别力，对一切腐朽的东西，要进行坚决的抵制和斗争。正如江泽民同志所指出的："意识形态领域，社会主义思想不去占领，资本主义思想就必然去占领。""树欲静而风不止"，我们应当清醒

第四章 注重道德传承 加强道德实践

地看到，西方敌对势力所大力进行的"西化"和资产阶级腐朽生活方式对我们侵蚀，最重要的领域，就是要从世界观、人生观、价值观上来腐蚀我们。一旦我们接受了西方的、资本主义的世界观、人生观、价值观，我们就必然会在建设社会主义的道路上迷失方向，误入歧途。西方敌对势力曾经以这种手段在某些国家得逞，现在正不遗余力地也要把它们的世界观、人生观、价值观强加给我们，这一点应当引起我们的高度的警惕。马克思主义强调理论对实践的指导作用，强调理论认识要在现实的斗争中得到发展。为了更好地树立正确的世界观、人生观、价值观，就必须旗帜鲜明地同一切反马克思主义的世界观、人生观、价值观划清界限，认清它们的危害，肃清它们的影响。

最后，要自觉地进行自我改造，充分认识自我改造的长期性和艰苦性，活到老，学到老。当我们认识到什么是正确的世界观、人生观、价值观之后，一定要联系自己的思想和行为身体力行，不断地在实践中检查自己，进行必要的批评与自我批评。列宁曾经极其深刻地指出："资本主义旧社会留给我们的最大祸害之一，就是书本与生活实践完全脱节。"我们应当努力改正那种"书本与生活实践完全脱节"的情况，在实际生活中，认真培养和锻炼正确的世界观、人生观、价值观，更好地为社会主义贡献力量。一个人生活在社会中，不可避免要受到社会生活的影响。马克思主义科学的世界观、人生观、价值观是不可能自发产生的，而必须要经过教育、培养和在实践中的艰苦磨炼。即使在长期的革命斗争甚至战争年代中经受过严峻考验，已经树立或形成了无产阶级的世界观、人生观、价值观的人，如果不能继续锻炼、修养和自我改造，稍一放松，就有可能退后、滑坡甚至丧失掉已经树立或形成了的无产阶级的世界观、人生观、价值观，被资产阶级的世界观、人生观和价值观的糖衣炮弹所打中。实行改革开放和发展社会主义市场经济以来，在世界观、人生观、价值观方面所出现的问题，已经充分说明了这种情况的严重性。尤其值得我们注意的是，由于私有制经济的发展，特别是西方各种思潮的涌入，再加上享乐主义、拜金主义和形形色色的个人主义思想的泛滥，在我国当前的社会主义社会中，各种不同的世界观、人生观和价值观，相互斗争，相互激荡，对人们的世界观、人生观和价值观产生了种种不可忽视的影响。改革开放十几年来，不仅一些涉世未深的青年人受到错误思想的腐蚀，成为资产阶级腐朽生活方式的俘虏，就是一些经过锻炼的老党员、老干部，由于经受不住金钱、权力的考验，也有少数人蜕化变质、违法犯罪，成为人民的罪人。每一个有志于建设社会主义的先进分子，都要引以为鉴，见微知著，严格要求自己，增强在改造客观世界的过程中改造主观世界的能动性。

人类对客观世界的改造是永无止境的，在改造客观世界中，对人类自身的改造也是永无止境的。周恩来生前曾多次强调一个革命者改造自身的重要。他强调要"活到老，学到老，改造到老"。为了更好地建设有中国特色社会主义，我们一定要强调改造世界观、人生观、价值观的重要性。"改造思想"不但不是一件不光彩的事，而且还是一个坚定的、自觉的革命者的要求，是革命事业胜利的重要条件。只有这样，我们才能在前进的道路上经受住各种考验，才能抵制住一切腐朽思想的侵蚀，才能保持革命者的品质，推动我国的现代化建设沿着社会主义道路健康地向前发展。

第五章　遵守道德规范　提高道德素质

一、公民道德体系的基本框架和主要内容[*]

在公民道德建设中，为了从总体上把握公民道德建设各个方面的关系，首先要对公民道德体系的基本框架及其主要内容有一个概括的了解。因为，只有全面地把握公民道德体系的基本框架和主要内容，我们才能从其相互联系、相互影响和相互制约的关系中把握公民道德建设的各个方面、各个层次的不同重点和要求，使我们的公民道德建设能更好地取得实际的效果。

从总体上来说，一个道德体系的基本框架，应当包括这一道德体系的核心、原则和一系列规范及其具体要求，包括社会生活中一些最主要领域中实施这些道德核心、原则的最普遍、最基本、最实用和最容易为所有公民所熟悉的行为准则，我们也称它们为具体的"德目"。这些最普遍的准则或"德目"，又必须是简明扼要、容易记忆、能够为群众喜闻乐见的。

---

[*] 本文原载《以德治国与公民道德建设》。

一个道德体系的核心，决定着这一道德体系的阶级属性和发展方向，反映了这一道德体系同历史发展规律的适应度，同时，也体现了这一道德体系的生命力。

一个道德体系的原则，是为一定的道德核心服务的，是依据道德体系核心的要求、为实现这一核心而形成的一系列准则，并依据这些准则来调整、协调、处理、解决人和人之间的利益关系。在一个道德体系中，原则也可以有很多，但是，其中只能有一个是基本原则，它对这一体系的所有规范，起着特别重要的作用。从这一意义上来看，一个道德体系的许多基本要求，也可以说是这一道德体系的一些具体原则。

一个社会的道德体系的核心和原则，归根结底，都必然是这个社会的经济、政治和文化在道德上的反映，是为这一社会的经济、政治服务的。从实践的方面来考虑，从道德行为的养成和道德修养的培育来看，在实际生活中实施道德核心、原则的最普遍、最基本、最实用和最容易为所有公民所熟悉的行为"德目"，具有更重要的普遍意义。因此，在整个公民道德体系中，我们既要重视公民道德体系中的道德核心、原则和基本要求的重要性，也不可忽视与公民生活密切联系的各个领域中具体的"德目"的重要作用。

（一）社会主义公民道德体系基本框架的确立

1. 全党和全国人民智慧的结晶

1996年10月，中国共产党十四届六中全会，提出了"社会主义道德建设要以为人民服务为核心，以集体主义为原则，以爱祖国、爱人民、爱劳动、爱科学、爱社会主义为基本要求"和加强"社会公德、职业道德、家庭美德"的总体构想，提出了在"社会公德""职业道德"和"家庭美德"中应当遵守的十五个"德目"，明确了社会主义初级阶段公民道德体系的基本框架和主要内容。

这是新中国成立以来，第一次以中国共产党中央委员会全体会议决议的形式所提出的社会主义道德体系的基本框架，在新中国道德建设的历史上，开启了一个新的阶段和新的时期，具有重要的理论意义和实践意义。

这一框架体系，是对新中国成立几十年来道德实践经验的概括、总结和提升，是在马克思主义、毛泽东思想和邓小平理论的指导下，经过全国各地的理论工作者和实际工作者的广泛讨论后形成的。这一道德体系的基本框架，从我国当前建设中国特色社会主义的经济、政治和文化的实际情况出发，体现了我国先进生产力发展的要求，体现了我国先进文化的发展方向，体现了最大多数人民的根本利益。它是社会主义时期道德建设上具有划时代意义的纲领性成果，反映了社会道德进步的发展规律，体现了社会主义初级阶段人与人关系的基本要求，是人民群众普遍认同和自觉遵守的行为准则。这一社会主义道德体系框架的确立，对于我国社会主义的公民道德建设和精神文明建设，有着极其重要的理论意义和实践意义。

在中国，社会主义道德建设，经过几十年来的实践和探索，从过去的经验和教训中，我们进一步认识到，只有在马克思主义思想的指导下，在坚持马克思主义道德基本理论的同时来发展马克思主义的道德理论，在发展马克思主义的道德理论中坚持马克思主义的道德基本原理，才能使我们的道德建设沿着正确的道路健康地向前发展。党的十四届六中全会所确定的这一社会主义道德体系的基本框架，就是坚持和发展马克思主义的崭新成果。可以肯定地说，社会主义道德建设的科学体系的确立，必将对我国今后的道德建设、对广大人民群众的思想道德素质的提高、对整个社会风气的改善，产生重要的影响。深入地认识和阐发这个科学体系结构的内容及其各个层次的相互联系，自觉地运用这个体系结构的不同层次的要求，尽可能地使这一科学的结构体系能够为广大人民所掌握，是我们当前道德建设的一个重大的任务。

2. 继承和发扬一切优秀道德的成果

这一道德体系的基本框架，继承和发扬了中国革命道德的光荣传统，是中国革命道德在新时期的进一步发展。中国革命道德，自从中国共产党成立之时起，中间经过新民主主义革命到社会主义革命和建设，形成了中国最先进的道德思想和道德要求，对中国的革命和建设事业，起到了重要的作用。为人民服务的思想，国家利益、民族利益和人民利益的原则，以及爱祖国、爱劳动、爱人民等思想，都是在长期革命和建设的实践中提出的。

　　这一道德体系的基本框架，也是在继承和弘扬中国古代优良道德传统的基础上形成的。中国是世界上一个有着悠久历史和文化的国家，是以高尚的道德传统和文明的礼仪之邦的形象屹立于世界民族之林的。对于中国古代的道德传统，我们必须采取马克思主义的立场、观点和方法，对其加以分析、鉴别、批判和继承，即抛弃其封建性的糟粕，吸收其科学的、民主的、大众的内容，并加以综合和创新，以适应当前我国社会主义建设事业的需要。在对待中国古代道德传统的问题上，我们既不能全盘接受和无批判继承，更不能采取民族虚无主义的态度，否认中国古代传统在今天仍有重要的意义。中国古代的传统美德，如自强不息、厚德载物、诚实守信、尊老敬长、友善互助、敬业乐群、舍己为人等，在新时期仍然有重要的现实意义。

　　这一道德体系的基本框架，也是在吸收人类一切先进文化，特别是吸收人类历史上一切优秀道德成果的基础上形成的。人类社会自有文明以来，就对人和人之间的道德关系，作了深入的探讨。人不仅是能够劳动的动物，而且是有道德生活的动物。劳动创造了人，而人的道德生活，能够使人们保持人和人之间的和谐，相互团结，从而使他们在同自然界的斗争中，特别是同各种野兽的斗争中战胜各种困难，如人和人之间应当"彼此相爱"、应当"诚实"、应当"公正和公平"等，人类的这些道德遗产，或者说人类生活的这些公共生活规则，仍然有现实的意义。西方自文艺复兴以来的文化和道德中，如强调个人的价值、个人的正当利益等思想，只要我们能够用分析的态度对待它们，能够"为我所用"，对我们社会主义道德体系的建立，仍然是有积极意义的。

　　社会主义道德建设的体系和结构，概括来说，就是一个核心、一个原则、五个基本要求、三大社会道德领域的十五个道德规范和一个总的目的。为了更加全面、系统和深入地理解和掌握这一社会主义道德建设的科学体系，我们就分别从各个方面，来对它加以简要地论述。

　　社会主义道德建设，有一个核心，就是为人民服务；一个原则，就是集体主义；五个基本要求，就是爱祖国、爱人民、爱劳动、爱科学、爱社会主义。三大社会道德领域就是社会公德、职业道德和家庭美德，每一个道德领域都确定了五个具体的道德规范，从而构成了十五个道德规范组成的一个完整的道德规范体系，这就是：(1) 社会公德，它的具体规范是文明礼貌、助人为乐、爱护公物、保护环境和遵纪守法；(2) 职业道德，它的具体规范是爱岗敬业、诚实守信、办事公道、服务群众和奉献社会；(3) 家庭美德，它的具体规范是尊老爱幼、男女平等、夫妻和睦、勤俭持家和邻里团结等。最后，社会主义道德建设有一个总的目的，这就是要在全社会形成一种团结互助、平等友爱、共同前进的人际关系。

3. 公民道德建设，要力求使上述原则成为公民认同的行为准则

社会主义思想道德建设，集中体现了社会主义精神文明的性质和方向，一方面，它从当前的社会主义初级阶段的经济、政治的现实出发，反映着经济、政治的要求；另一方面，它对社会的经济的发展和政治的民主化进程，又能够产生巨大的能动作用。我国现在经济上实行的是以公有制经济为主体、多种所有制经济共同发展的基本经济制度，它的根本目的是要解放生产力，发展生产力，达到消灭剥削、消除两极分化的共同富裕的社会主义，因而，在实行社会主义市场经济体制的整个历史时期内，强化社会主义道德建设对政治、经济发展的这种能动作用，坚持社会主义道德的核心、原则、基本规范和三个领域中的各种规范的要求，抵制拜金主义、享乐主义和个人主义的腐蚀，形成一种团结互助、平等友爱和共同前进的人际关系，建立起良好的社会主义道德风尚，是我们当前道德建设的一个十分重要而又十分光荣的任务。

（二）社会主义道德建设的核心

1. 为人民服务是社会主义道德建设的核心

为人民服务是社会主义道德建设的核心。这也就是说，"为人民服务"是社会主义道德建设的出发点和落脚点，社会主义道德建设的一切活动，都要以最大多数人民的根本利益为最终目的。

为人民服务作为道德建设的核心，是社会主义道德区别和优越于其他社会形态道德的显著标志。在我们国家，为人民服务不仅是对共产党员和

领导干部的要求，也是对广大群众的要求。每个公民不论职位高低、能力大小，都能够在不同岗位、不同层次，通过不同形式做到为人民服务。在新的形势下，必须继续大张旗鼓地倡导为人民服务的道德观，把为人民服务的思想融会贯通在各种具体道德规范之中。要引导人们正确处理个人与社会、竞争与协作、先富与后富、经济效益与社会效益等关系，提倡尊重人、理解人、关心人，为人民、为社会多做好事，反对拜金主义、享乐主义和个人主义，形成展示社会主义制度优越性、促进市场经济健康发展的良好道德风尚。

从事物的规定性来看，核心就是一个事物赖以存在的依据，是一个事物区别于其他事物的本质特征。相对于中心来说，核心可以说是中心的中心。正是在这一意义上，我们可以说，为人民服务是社会主义道德区别于其他道德的本质的体现。我们的社会主义道德建设，必须紧紧掌握住为人民服务这一核心。为人民服务是我们党的宗旨，是共产党人和一切先进分子的人生观和价值观，也是我们所提倡的一种高尚道德。新中国成立以来，尽管我们在社会主义和共产主义道德建设中，一贯提倡为人民服务的人生观和价值观，提倡为人民服务思想，但是，把为人民服务确立为社会主义道德建设的核心，是十四届六中全会所做出的一个重要贡献。这一提法，是对马克思主义道德理论在新时期的一个新的发展。

怎样理解社会主义道德建设的核心是为人民服务呢？

我们可以从三个方面来加以把握。第一，要深刻理解"人民"的含义。对于马克思主义者来说，"人民"同所谓"人"或"人人"的意义是不同的。为人民的利益而工作，为人民的利益而献身，为人民的利益而英勇奋斗，是中国共产党在长期革命斗争中所形成的一个根本的思想。毛泽东说，"人民是什么？在中国，在现阶段，是工人阶级、农民阶级、城市小资产阶级和民族资产阶级"，在改革开放的新形势下，人民应当包括一切拥护四项基本原则、拥护改革开放的广大群众。人民不包括一切反对马克思主义、反对共产党的领导、反对社会主义道路、反对人民民主专政的敌对分子。在社会主义的现阶段，强调人民的利益，是同强调社会主义的利益一致的，为人民服务的思想又是同社会主义的政治制度和经济制度密切相联系的。在改革开放的新时期，邓小平同志再一次强调为人民服务的重要意义，他说，人民满意不满意、人民高兴不高兴、人民赞成不赞成，应当成为检验我们一切工作的标准，把"我是人民的儿子"作为他对人民的信仰和尊重。由此可见，社会主义道德建设提出以为人民服务为核心，是有其深刻含义和丰富内容的。"毫不利己、专门利人"是为人民服务；无私奉献、舍己为人是为人民服务；顾全大局、先公后私是为人民服务；关心他人、爱护他人，并给予他人以力所能及的帮助，也是为人民服务；爱岗敬业、办事公道，努力做好本职的工作，也是为人民服务；遵纪守法、诚实劳动，获取正当的个人利益，同样也是为人民服务。在为人民服务的思想中，既有先进性的要求，又有群众性的要求。从一定的意义上，我们说，在为人民服务的思想中，也包含了"人人为我，我为人人"的思想，正是从广泛性这一要求出发的。

正如江泽民同志在纪念中国共产党成立八十周年大会上的讲话中所指出的："人民群众的整体利益总是由各方面的具体利益构成的。我们所有的政策措施和工作，都应该正确反映并有利于妥善处理各种利益关系，都应认真考虑和兼顾不同阶层、不同方面群众的利益。但是，最重要的是必须首先考虑并满足最大多数人的利益要求，这始终关系党的执政的全局，关系国家经济、政治、文化发展的全局，关系全国各族人民的团结和社会安定的全局。最大多数人的利益是最紧要和最具有决定性的因素。这是马克思主义的基本观点，各级领导机关和领导干部必须充分认识和认真实践。"因此，在贯彻和实践为人民服务这一社会主义道德的核心时，我们应当特别考虑和注意广大工人、农民的利益，要为全国最大多数人的"共同富裕"而贡献自己的力量。

2. 为人民服务的提出及发展

为人民服务思想是毛泽东同志在革命战争年代中概括出来的，在中国革命和实践的过程中，邓小平同志和江泽民同志对它又进行了不断的发展，它是唯物主义的世界观、历史观在我国政治、文化、道德思想中的运用和发展。

为人民服务思想的提出，是同党的为最大多数人民谋利益的思想相一致的。早在1942年，毛泽东同志《在延安文艺座谈会上的讲话》中，就明确地提出"为什么人的问题，是一个根本的问题，原则的问题"。1944年，毛泽东同志以《为人民服务》一文来纪念为人民利益而牺牲的张思德同志，提出"我们的共产党和共产党所领导的八路军、新四军，是革命的队伍。我们这个队伍完全是为着解放人民的，是彻底地为人民的利益工作的"。1945年在《论联合政府》一文中，他又再一次强调"紧紧地和中国人民站在一起，全心全意地为中国人民服务，就是这个军队的唯一宗旨"。1957年，在《坚持艰苦奋斗，密切联系群众》一文中，他更突出地强调"共产党就是要奋斗，就是要全心全意地为人民服务，不要半心半意或者三分之二的心三分之二的意为人民服务"。邓小平同志继承和发展了毛泽东同志的思想，他认为共产党之所以成为人民群众的先锋队，就是因为"它是人民群众的全心全意的服务者，它反映人民群众的利益和意志，并且努力帮助人民群众组织起来，为自己的利益和意志而斗争"[①]，他又说："中国共产党员的含意或任务，如果用概括的语言来说，只有两句话：全心全意为人民服务，一切以人民的利益作为每一个党员的最高准绳。"邓小平同志的"三个有利于"的思想，更进一步地强调了为人民服务的重要意义。从这里我们可以看到，在毛泽东同志和邓小平同志看来，为人民服务对革命干部、革命军人和共产党员，有极端重要的意义。

江泽民同志根据我国改革和建设的实践的发展，提出了"三个代表"的思想，强调"我们党要始终代表中国最广大人民的根本利益，就是党的理论、路线、纲领、方针、政策和各项工作，必须坚持把人民的根本利益作为出发点和归宿，充分发挥人民群众的积极性主动性创造性，在社会不断发展进步的基础上，使人民群众不断获得切实的经济、政治、文化利益"，他指出"全心全意为人民服务，立党为公，执政为民，是我们党同一切剥削阶级政党的根本区别""八十年来我们党进行的一切奋斗，归根到底都是为了最广大人民的利益"。在新的历史时期，能否身体力行为人民服务的思想，能否实现好、维护好和发展好最广大人民的利益，已经成

---

① 《邓小平文选》，2版，第1卷，218页，北京，人民出版社，1994。

为考验每一个共产党员的试金石。

江泽民同志还从战略的高度,提出了"我们党始终坚持人民的利益高于一切""党除了最广大人民的利益,没有自己特殊的利益。党的一切工作,必须以最广大人民的根本利益为最高标准""只有把关心群众、服务群众的工作切实做好了,我们才能始终保持与人民群众的血肉联系,才能无往而不胜"。同样,我们的公民道德建设,也只有始终贯彻为人民服务这一核心,才能取得实际的成效。

从一定的意义上,我们可以说,"三个代表"重要思想的根本精神,就是为人民服务。"三个代表"是针对我们时代形势的发展,针对世界发展进步的潮流而提出的。其中所蕴含的伟大的革命精神,就是为人民服务的精神。为人民服务是我们党思想路线的一个显著标志。作为共产党人,应该全心全意为人民服务,这是最高层次的。任何一个普通的人也都要有为人民服务的意识,在自己的工作和生活中,力求对社会、对他人做出贡献。这是一个非常广泛的、不同层次的要求,但它都是在引导人们向上、向善、向着为人民服务的方向,多做一点自己能够做的、应该做的、做得更好的事情,也是每一个人提高精神境界的一个重要的途径。

3. 为人民服务与社会主义市场经济

我国实行社会主义市场经济以来,一些人认为,市场经济既然是一种以求利为目的的经济,因此,我国原有的道德规范就不再能够规范人们的行为。一些人更从错误的认识出发,认为早在革命根据地时期就提出、新中国成立以来所形成的社会主义的道德,特别是为人民服务的核心和集体主义原则,是计划经济的产物,应当摒弃,认为爱人民、爱祖国、爱劳动、爱科学、爱社会主义的基本道德要求,只是一种陈旧的规范,是束缚人的行为的桎梏。也正是在这种思想的误导下,一些人认为,我国实行社会主义市场经济以后,我国原有的社会主义的道德核心和道德原则,都不能适应今天的要求,一切都应当以个人利益为准则,能够满足个人利益的,就可以去做,只要不违犯法律就可以了。也正是在这样的思想指导下,一些人提出,新中国成立以来的社会主义的道德,是一种陈旧的、过时的、传统的道德,为了适应市场经济的要求,要进行道德重建,要从道德的核心和原则上来建设一种以个人为中心的道德。应该看到，这种理论上的错误导向，是现实生活中造成社会道德失范的一个重要原因。

我国现在所实行的社会主义道德规范体系的核心和原则，是同社会主义的经济制度和政治制度紧密联系在一起的。这一体系的核心和原则，早在革命根据地和解放区就已经开始孕育，在新中国成立后，又进一步得到了发展。它是社会主义的经济、政治的反映，是社会主义的经济、政治的必然产物；它绝不是计划经济的产物，它同计划经济并没有必然的联系。把我国当前的社会主义道德的为人民服务和集体主义同计划经济联系在一起的思想，是完全错误的。

有的人提出，市场经济是以求利为最大目的的一种经济，人们的经济活动都是由个人的利益驱动的，因此，在市场经济的条件下，是不可能把为人民服务作为公民道德的核心的。

这种认识是错误的，最重要的是，这些人不懂得，我们所实行的市场经济，不是资本主义的市场经济，而是社会主义的市场经济。社会主义的市场经济，是受社会主义的政治、经济、伦理和文化制约的市场经济，就是要正确处理个人利益和集体利益的关系，而不允许个人利益危害国家利益的市场经济。因此，社会主义市场经济下的道德核心只能是为人民服务。

（三）社会主义道德建设的原则

1. 集体主义是社会主义道德的基本原则

集体主义作为道德建设的原则，是社会主义经济、政治关系的必然要求。在社会主义社会，人民当家做主，国家利益、集体利益和个人利益根本上的一致，使集体主义成为调节个人与集体利益关系的重要原则。在发展社会主义市场经济的过程中，必须更好地把集体主义精神渗入社会生产和生活的各个层面。要引导人们正确认识国家和自己的根本利益，树立正确的世界观、人生观、价值观，反对小团体主义、本位主义和损公肥私、损人利己，把个人的理想与奋斗融入为祖国社会主义现代化建设事业的奋斗之中。

新中国成立以来,在道德建设上,我们一直坚持以集体主义为原则,其根本原因,就是集体主义原则反映了我国基本的经济制度和政治制度的要求,并能动地作用于基本的经济制度和政治制度,强有力地推动了社会主义建设事业的发展。值得注意的是,自从我国实行社会主义市场经济以来,一些人对于集体主义仍然应当成为我们的道德原则,却提出了种种的质疑。一些人提出要以个人主义、本位主义、人道主义、利己主义和合理利己主义等来代替集体主义作为我国社会主义道德的基本原则。有的人认为,现在实行市场经济,就要以"主观为自己,客观为别人"等作为我们的道德原则。还有些人认为,集体主义原则只强调个人服从集体,而不强调个人的自由,因而在改革开放的今天,就不应当再以集体主义来作为我们的道德原则。应当说,这些看法的产生,都有其一定的客观原因,或者是对集体主义的误解,或者是对市场经济的错误认识,因而,这些看法都是错误的。

2. 对社会主义集体主义原则的科学理解

从新中国成立到改革开放的相当长时期内,集体主义曾受到"左"的思想的干扰和右的自由化思潮的攻击。在"左"的思想的影响下,在一段时期内,集体主义往往只强调集体的利益,只强调个人应当服从组织,只强调集体的利益无条件地高于个人的利益。在有些时候,更是把个人利益同集体利益完全对立起来。这种在一段时期内曾经出现过的把集体利益和个人利益对立起来的错误倾向,应当加以克服。另外,在资产阶级自由化思潮泛滥时期,一些人指责集体主义,说什么集体主义就是限制个人自由,就是抹杀个人的个性,就是反对个人利益和束缚个人发展,等等。正是在这种情况下,一些人对社会主义集体主义产生了种种的误解,把集体主义看做对个人利益的否定和对个人自由的束缚。为此,我们必须首先消除人们对集体主义的种种误解,对集体主义予以科学的解释。

什么是社会主义的集体主义?一般来说,社会主义的集体主义,应当包括三个方面的基本内容。

社会主义的集体主义强调,集体的利益同个人的利益,在根本上是一致的。在社会主义社会中,个人利益和集体利益是统一的。国家利益、社会利益，体现着个人的根本的、长远的利益，是集体每个成员的利益的有机统一。同时，每一个个人的正当利益，又都是集体利益的不可分割的组成部分。正是从这一点出发，集体事业的兴衰成败，与个人利益的大小得失，有着息息相关的联系。在现实生活中，集体利益和个人利益又是相辅相成的，集体利益的发展，本身就包含着集体中每个成员利益的增加，而集体中每个个人的利益的增加，同样有利于集体利益的加强。因此，任何割裂集体利益和个人利益的思想，都不符合集体主义的原则，是错误的。

社会主义集体主义承认，在社会生活中，在某些具体情况下，个人利益和集体利益又往往会发生矛盾。社会主义的集体主义强调，在这种情况下，必须坚持集体利益高于个人利益的原则，即个人应当以大局为重，使个人利益服从集体利益。马克思主义者对这一原则的运用，不是任意的，而是要处处考虑到实际情况，使这种矛盾得到很好的解决。集体主义认为，只有在特殊的情况下，如国家遭受到敌人的侵略，人民生命财产遭到危险时，才要求个人无条件地为集体利益而献身，直到牺牲自己的生命。社会主义的集体主义之所以要强调个人利益要服从集体利益，归根结底，既是为了整个集体的共同利益，也是为了维护每个人的利益。

社会主义的集体主义，不仅不会妨碍个人利益，而且它的重要功能，就是要保证个人正当利益的实现，使个人的才能、价值能够得到最好的发挥，这不但不与集体主义思想相矛盾，而且，它完全是集体主义思想的应有之义。马克思恩格斯说："只有在集体中，个人才能获得全面发展其才能的手段，也就是说，只有在集体中才可能有个人自由。"那种把集体主义看做"服从"、看做对"个性的束缚"的思想，是与集体主义的本意相违背的，这是我们在强调集体主义原则时应当加以纠正的。对于集体主义来说，只有个人的价值、尊严得到了实现，个人的正当利益得到了保证，个人的主体性得到了发挥，集体才能有更强大的生命力。

在明确了社会主义集体主义的原则所包含的全部意义之后，对于什么是社会主义的义利观，也就容易把握了。在社会主义社会中，我们应当"大力提倡把国家和人民利益放在首位而又充分尊重公民合法利益的社会主义义利观"。这也就是说，社会主义的义利观，是一种先义后利、义利并重的义利观,是一种把国家和人民利益放在首位,即首先考虑国家和人民利益的义利观,这种义利观绝不是不重视个人的利益,而是要充分尊重公民个人合法利益。

社会主义道德的核心和原则,即"为人民服务"和"集体主义"是相辅相成、相互为用的,它们之间有着内在的、密不可分的联系。在"为人民服务"的核心中,就包含着人民的利益、集体的利益高于个人利益的思想;在"为人民服务"的思想中,也包含着"为社会献身",即社会利益、集体利益高于个人利益的思想。同时,在集体主义原则中,也同样体现着人民的利益是最高的利益,贯彻着个人要为人民利益而献身的思想。作为社会主义道德核心的"为人民服务",强调的是我们一切工作的根本目的和出发点,都是为了广大人民群众的利益;作为社会主义道德原则的"集体主义",强调的是我们在为人民服务的活动中,在处理个人和他人、个人和集体的关系时,要能够从人民的利益出发,贯彻人民的利益高于一切的思想,更好地处理各种矛盾,从而使我们的道德行为,能够更好地维护人民利益和国家利益,更有利于中国特色的社会主义的现代化建设。

最后,我们应当特别指出,"为人民服务"的核心和"集体主义"的原则,都是贯穿在整个社会主义道德规范体系中的指导思想,对规范体系中的每一部分,都有着导向和制约作用。不论是在社会主义道德的五个基本要求(爱祖国、爱人民、爱劳动、爱科学、爱社会主义)中,还是在社会主义道德的三大领域(社会公德、职业道德、家庭美德)中,从始到终,都贯彻了"为人民服务"的核心和"集体主义"的原则。

3. 坚持集体主义、反对个人主义

正如我们在前面所指出的,我国实行社会主义市场经济以来,一些人提出,为了适应市场经济的要求,要进行道德重建,要从道德的核心和原则上来建设一种以个人为中心的道德。这种思想,在理论上和实践上都产生了极大的危害,为此,对什么是个人主义,有必要加以深入的剖析。

"个人主义"这一概念,在西方,作为一种价值观念和道德原则,是有着不容混淆的确切意义的。个人主义同我们日常所说的"自私观念""自私自利思想"和行为,并不是一个相同的意思,更不是我们所说的个人利益。每个人都有自己的个人利益，但这并不是个人主义；一个人可能有自私自利的动机和行为，但并不等于说一定具有个人主义的价值观念。西方公认的"学术性强、权威性高"的《不列颠百科全书》是这样解释"个人主义"的，它说："个人主义（Individualism），一种政治和社会哲学，高度重视个人自由，广泛强调自我支配、自我控制、不受外来约束的个人和自我。创造这个词的法国政治评论家亚历克西·德·托克维尔把它形容为一种温和的利己主义，它使人们仅仅关心自己的家庭、朋友和小圈子。"西方思想家对个人主义的概括，主要有以下三个方面的内容。

第一，个人主义作为一种价值追求，在个人与社会的关系上，它特别强调"个人本身就是目的"，而社会、集体、国家和他人，只不过是达到个人目的的手段。这是一种从主观出发的个人中心论，个人主义总是把自己放在同社会、他人对立的两极中去考虑。而"个人主义"最终必然要"沦为利己主义"。

第二，个人主义作为一种政治观念，极力反对集体、社会和国家对个人的干预和限制。因此，个人主义者总是特别强调"个人"。个人主义在政治上所鼓吹的绝对民主，是同社会主义的民主集中制根本对立的。

第三，在西方，个人主义又被人们认同是一种财产制度。个人主义所要维护的是允许剥削、承认两极分化的私有财产制度。西方的奥地利著名经济学家、诺贝尔奖获得者 A. 哈耶克就明确地指出，个人主义这一社会理论，就是"私人产权制度"的理论，也就是资本主义制度的理论。哈耶克从各个方面论证，个人主义是同社会主义势不两立的。

正是由上述原因，我们认为，在道德原则的问题上，我们应当旗帜鲜明地反对个人主义，坚持社会主义的集体主义。坚持集体主义的道德原则，就是坚持社会主义制度，就是坚持马克思主义的价值导向，就是坚持社会主义道路。

（四）社会主义道德的基本要求和三大领域

1. 社会主义道德的基本要求

爱祖国、爱人民、爱劳动、爱科学、爱社会主义作为道德建设的基本

第五章　遵守道德规范　提高道德素质

要求，是每个人都应当承担的法律义务和道德责任。在任何时候和任何情况下，都必须把这些基本要求与具体道德规范融为一体，贯穿公民道德的全过程。要引导人们发扬爱国主义精神，提高民族自尊心和自信心，以热爱祖国、报效人民为最大光荣，以损害祖国利益、民族尊严为最大耻辱，提倡学习科学知识、科学思想、科学精神、科学方法，提倡艰苦奋斗、勤奋工作，反对封建迷信、好逸恶劳，积极投身于建设中国特色社会主义的伟大实践。

怎样理解社会主义道德的基本要求，它在社会主义的道德体系中，占有什么样的地位？

社会主义道德的基本要求有五个，即爱人民、爱祖国、爱劳动、爱科学和爱社会主义。这五个基本要求是如何形成的，这五者之间，又是什么关系呢？

我们知道，早在新中国成立初期，1949年9月29日由中国人民政治协商会议第一届会议所通过的《中国人民政治协商会议共同纲领》中，就规定了"提倡爱祖国、爱人民、爱劳动、爱科学、爱护公共财物为中华人民共和国全体国民的公德"这一内容。（同日，毛泽东为《新华月报》创刊号题词："爱祖国、爱人民、爱劳动、爱护公共财产为全体国民的公德。"）1982年第五届全国人大所通过的宪法中再一次规定"国家提倡爱祖国、爱人民、爱劳动、爱科学、爱社会主义的公德"，这是对新中国成立初期的《共同纲领》中所提出的"五爱"要求的进一步发展。所不同的是，在当时的历史条件下，在《共同纲领》中，还没有向全国人民提出"爱社会主义"的要求，而到1982年，提出这样的要求，也就是理所当然的了。把原来《共同纲领》中的"爱护公共财物"改为"爱社会主义"，原因之一就是"爱社会主义"包括了更为广泛的内容，"爱护公共财物"本身也就是爱社会主义的一个重要的内容。由此可见，把"爱祖国、爱人民、爱劳动、爱科学、爱社会主义"作为我国的社会主义道德的基本要求，是新中国成立以来我国道德建设的经验总结，反映了我国道德建设的客观要求。这里应当提醒大家注意的就是，《共同纲领》和《中华人民共和国宪法》中的"五爱"，在过去常常又称作"社会公德"，而在党的十四届六中全会所通过的《关于加强社会主义精神文明建设若干重要问题的决定》中,"五爱"成为社会主义道德的基本要求,不再称为"社会公德"了。"社会公德"则专指社会公共场合的道德,指社会生活中道德的一个重要的领域。

  在这五个基本要求中,"爱祖国"是作为第一个基本要求提出来的,这是社会主义社会道德的重要规范,它要求社会主义社会中的所有的公民,都必须把热爱祖国,即把热爱社会主义的中华人民共和国作为自己的一个神圣的道德义务。维护国家的尊严、保卫国家的利益、为祖国的繁荣富强而努力奋斗,是每一个公民光荣的责任。"爱人民"要求每一个公民,都要自觉地把人民的利益放在首位,关心人民的疾苦,谋取人民的幸福,在自己和他人相处时,都要按照"相互关心""相互帮助"的准则,设身处地为他人着想。在社会主义社会中,劳动不仅是一种谋生的手段,而且是一种对祖国、对人民的义务,也是每个社会主义公民的神圣的权利。社会主义社会的生产力的发展、经济的繁荣和国家的富强,都是要靠广大人民群众的诚实劳动来实现的。"爱劳动"作为一种道德要求,是同社会主义的本质相联系的,它能够更好地培养人们的思想道德素质,有利于我们的国家沿着社会主义道路,顺利地向前发展。在社会主义的现代化过程中,"科教兴国"已成为国家腾飞的重要的保证,"爱科学"作为社会主义道德的基本要求,有着特别重要的意义。在社会主义社会中,爱科学不仅是一种对于知识的追求和能力的提高,而且是每个人的道德素质的体现。把"爱科学"规定为社会主义道德的基本要求,是社会主义道德要求在新时期的一个重大的发展,对于我国社会主义的四个现代化事业的发展,有着重大的促进作用。最后,"爱社会主义"作为社会主义道德的一个基本要求,是前四种道德要求的概括和升华。我们所处的社会,是社会主义的初级阶段,我们的最终目的,是要经过长期的努力,达到消灭剥削、消除贫困的共同富裕的社会主义社会,并最终建成共产主义社会。因此,在现阶段,在道德要求上,最重要的就是要使每一个社会主义的公民,都能自觉地把"爱社会主义"作为道德上的义务,坚持社会主义道路,坚持社会主义的方向,反对资产阶级自由化,反对一切离开社会主义道路的错误思想和倾向，把爱社会主义看做道德高尚与否的一个重要的评价标准。

2. 社会道德生活三大领域

在社会生活中，人们的道德活动是多种多样的，涉及很多方面。如果加以概括，我们就能够看到，最基本的方面，只有三个：一个是社会公共场所活动的领域，一个是职业活动的领域，一个是家庭生活的领域。相对于这三个活动领域的道德，就是社会公德、职业道德和家庭美德。社会主义道德的核心、原则和五个基本要求，要想在实际生活中规范人们的行为，就必然要在上述三大领域中来发挥自己的作用，把这些核心、原则和基本要求具体化、规范化和可操作化，因此，这三大领域也可以说是社会主义道德的落脚点和着力点，离开了上述三大领域，社会主义道德也就不可能有效地发生作用。当然，这三大领域的划分，只能是相对的，它们之间既是相互联系的，又是相互交叉的。对于这三大领域来说，每一个领域，都有自己的道德规范，同样，这也绝不是说，某一个领域的道德规范，只能适应于这一个领域，因为这些道德规范是一个统一的整体，它们在整个社会生活的各个领域中，是相互为用的，一些道德规范，它虽然主要在一个道德领域中起主要的作用，但往往同时又在其他领域中发挥着一定的作用。在相当多的情况下，一些行业的职业道德又是同社会公德联系在一起的，而社会公德总是要影响到个人的职业道德和家庭美德。

根据党的十四届六中全会所确立的社会主义道德体系的基本框架，在社会主义道德建设的核心、原则和五个基本要求的作用下，在这三大领域中的每一个领域各有五个基本规范，三大领域总共有十五个基本的道德规范，从而形成了一个社会主义道德的规范体系。这一规范体系，涵盖了社会主义道德要求的各个方面。

社会公德是全体公民在社会交往和公共生活中应该遵循的基本行为准则，涵盖了人与人、人与社会、人与自然之间的关系。在现代社会，公共生活领域不断扩大，人们相互交往日益频繁，社会公德在维系公共秩序、保持社会稳定方面的作用更加突出，成为公民个人道德修养和社会文明程度的重要表现。在社会公德中，有五个道德规范，这就是：（1）文明礼貌；（2）助人为乐；（3）爱护公物；（4）保护环境；（5）遵纪守法。

职业道德是所有从业人员在职业活动中应该遵循的基本行为准则，涵盖了从业人员的服务对象、职业与职工、职业与职业之间的关系。随着社会分工的细化，专业化程度的增强，市场竞争日趋激烈，对从业人员职业观念、职业态度、职业技能、职业纪律和职业作风的要求越来越高。在职业道德中，也有五个道德规范，这就是：（1）爱岗敬业；（2）诚实守信；（3）办事公道；（4）服务群众；（5）奉献社会。

家庭美德是每个公民在家庭生活中应该遵循的基本行为准则，涵盖了夫妻、长幼、邻里之间的关系。人们的家庭生活与社会生活有千丝万缕的联系，正确对待和处理家庭问题，培养夫妻爱情、长幼亲情、邻里友情，不仅关系到每个家庭的美满幸福，也有利于社会的安定团结。在家庭美德中，也有五个道德规范：（1）尊老爱幼；（2）男女平等；（3）夫妻和睦；（4）勤俭持家；（5）邻里团结。

只要能够在这社会道德生活的三大领域中，认真地加强这十五个道德规范的宣传、教育和实施，我们的社会主义的道德建设，就一定能够取得预期的效果。

3. 形成一种良好的人际关系

社会主义道德建设的一个重要的目的，就是要在全社会形成一种良好的人际关系，这种人际关系，究竟应当是什么样的呢？十四届六中全会指出，这种关系应当包括三个方面的要求，即团结互助、平等友爱、共同前进。

在社会主义市场经济的条件下，为了加快我国经济的增长和生产力的发展，特别是在大力弘扬个人的开拓创新和竞争进取精神的同时，"团结互助、平等友爱、共同前进的人际关系"有着特别重要的意义。因为，只有这样，才能使我们的四个现代化更加顺利地向前推进。值得注意的是，在市场经济自身的缺陷和消极影响下，由于个人主义、拜金主义和享乐主义的腐蚀，由于自私自利、损人利己思想的作用，在人与人的相互关系中，往往会造成人和人之间的相互指责、相互抱怨和互不信任的情况。我们进行社会主义的道德建设，就必须强调"在全社会形成一种团结互助、平等友爱、共同前进的人际关系"的重要意义。

社会主义道德建设的这个体系,既是我国道德实践的总结,又是要在今后的社会主义道德实践中不断发展、不断完善的。我们既要以这一体系为依据来进行道德建设,又要以马克思主义、毛泽东思想、邓小平理论为指导,在今后的群众实践中,不断地补充和丰富,使我们的社会主义的道德建设健康地向前发展。

二、职业道德的重要作用

(一) 什么是职业道德*

职业道德是同人们的职业活动紧密联系的、具有自身职业特征的道德准则和规范。由于从事某种特定职业的人们有着共同的劳动方式,经受着共同的职业训练,因而往往具有共同的职业兴趣、爱好、习惯和心理传统,结成某些特殊关系,形成特殊的职业责任和职业纪律,从而产生特殊的行为规范和道德要求。恩格斯在《路德维希·费尔巴哈和德国古典哲学的终结》中曾经指出,在社会生活中,"实际上,每一个阶级,甚至每一个行业,都各有各的道德"[①]。这里所说的"每一个行业"的道德,就是职业道德。

从历史上来看,随着社会分工的发展,职业道德在奴隶社会就已产生了。例如,古希腊的著名医师希波克拉底(约公元前460—前377)很早就提出过医德的问题。他说:"我一定尽我的能力和思考来医治病人,而绝不损害他们……无论我走进谁的家庭,均以患者的福利为前提,务期不陷于腐败和堕落。"到封建社会,职业道德有了进一步的发展。例如,我国唐代著名的医学家孙思邈在他的《千金方》中,就有《大医习业》《大医精诚》两篇,精辟地阐述了医生应具有的知识和品德。他认为一个品德高尚的医生,绝不应以自己的技术专长去谋取私利,不论富贵贫贱、老幼美

---

* 本文原载《红旗》,1983(4)。收入本书时有删改。
① 《马克思恩格斯选集》,1版,第4卷,236页,北京,人民出版社,1972。

丑，只要是病人，都应该一视同仁。到了资本主义社会以后，人类的分工越来越细，职业道德越来越具有多样性。

职业道德的重要特征或要求，就是人们常说的"热爱本职"和"忠于职守"。这两个方面既互相联系，又各有所侧重。所谓热爱本职，就是热爱自己所从事的职业，维护本职业的利益，在技术上精益求精，力求掌握最好的职业技能。所谓忠于职守，就是要自觉地意识到自己从事的职业对社会、对他人应履行的义务，具有高度的职业责任感。我们知道，道德的主要职能是调整人与人之间的关系。一般来说，职业道德要调整两个方面的关系，一是从事同一职业人们的内部的关系，一是他们同所接触的对象之间的关系。从历史上来看，各种职业集团为了维护自己的利益，为了维护自己的职业信誉和职业尊严，不但要设法制定和巩固某些职业道德规范，以调整本职业集团内部的相互关系，而且要注意去满足社会各个方面对本职业的要求，即通过自己的职业活动来调整本职业同社会各方面的关系。例如，一个医生，不但要热爱自己的职业，努力提高医疗技术，还要有对患者的高度责任心。不论对什么人，医生都要发扬救死扶伤的精神，尽最大努力来解除病人痛苦。应该承认，人类在职业道德方面所做的努力，对整个道德的发展产生了积极的影响，有助于道德的进步。

但是，历史唯物主义认为，一切道德，归根到底，都是社会经济状况的产物，任何一个社会的任何一种职业道德，都是该社会经济、政治的反映，受该社会统治阶级的政治思想所制约。正像恩格斯所说的："人们自觉地或不自觉地，归根到底总是从他们阶级地位所依据的实际关系中——从他们进行生产和交换的经济关系中，吸取自己的道德观念。"[①] 在私有制社会中，由于生产资料是私有的，政权是由剥削阶级所掌握的，利己主义的道德原则在社会上占据着统治地位，所以，各种职业道德不能不受到剥削阶级思想的影响，带着不同程度的小团体主义和行会主义的烙印。无产阶级夺取政权以后，建立了公有制经济基础上的新型的社会主义社会，才使职业道德发生了根本性的变化。社会主义社会的职业道德，一方面是历

---

① 《马克思恩格斯选集》，1版，第3卷，133页，北京，人民出版社，1972。

史上长期形成的职业道德的继续，另一方面又和私有制条件下的各种职业道德有着本质的区别。

社会主义社会的职业道德，是建立在社会主义公有制基础之上的。社会主义社会消除了人与人之间剥削与被剥削、雇佣与被雇佣的关系，摈弃了"人人为自己，上帝为大家"的利己主义原则，在根本上使职业利益同整个社会的根本利益一致起来，从而建立了人与人之间同志式的互助合作的新型关系。在社会主义社会里，各种职业都是整个社会主义事业的一个有机的组成部分，因此，各行各业可以形成普遍的道德要求，其显著的特点，就是为人民服务。在社会主义社会里，对于从事各种职业的人来说，不论是热爱本职或者是忠于职守，都应该把为人民服务作为职业工作的出发点，并以能否满足人民的需要作为自己所从事的工作的目的。例如，社会主义社会的商业道德，强调商业工作人员要诚信无欺，对顾客主动、热情、耐心、周到，急顾客之所急，等等。所有这一切，绝不只是为了更多地招徕顾客、增加利润，也不是为了狭隘的职业利益或个人的荣誉，而是要为人民服务。社会主义社会的文艺工作者，对自己的技艺精益求精，既不应该是为了名利，也不应该是为艺术而艺术，而是要力求满足人民的精神和文化的需要。由此可见，社会主义社会的职业道德，把从事各种职业的人的利益同广大人民群众的利益有机地统一起来，使职业利益服从人民的利益，从而使职业道德在调整人与人之间的关系上，发挥了历史上前所未有的更加重要的作用。

社会主义社会的职业道德在全社会的建立和普及，对提高整个社会的道德水平，改变社会风气，建立新型的人与人之间的关系，对培养"有理想、有道德、有文化、有纪律"的一代新人，都有十分重要的意义。

首先，职业道德是每一个人在自己的职业生活中时时刻刻都要遵守的。集体主义思想，全心全意为人民，爱护社会主义公共财产等等，这些道德原则和规范只有贯彻到人们的职业道德中，才能更加有效地发挥作用。《全国职工守则》强调"热爱本职、学赶先进、提高质量、讲求效率"，《首都科技工作者科学道德规范》强调"勇于探索、敢于攻坚、不畏艰险、锲而不舍，为追求科学真理而奋斗终生"。很明显，提倡和建立这样的职业道德，有利于提高广大干部和群众的共产主义道德水平。因此，要做遵守共产主义道德的模范，很重要的一条，就是要做遵守职业道德的模范。

其次，社会主义社会的各种职业，都同广大群众的生活、思想息息相关。如果缺乏应有的职业道德，缺乏必要的职业责任心，对自己的本职工作不负责任，就必然会在自己的工作中给人们带来危害，以至造成各种社会矛盾，污染社会空气。相反，如果具有高尚的职业道德情操和思想作风，就能够直接地影响别人，教育别人，使人们在情感上受到激励，品质上受到熏陶。这就必然有利于建立起团结一致、友爱互助、共同奋斗、共同前进的人与人之间的新型关系，有利于对社会风气的改造。

社会主义社会的职业道德，是在公有制经济基础上建立的一种崭新的道德，因此，它不像旧的职业道德那样可以自发形成，而是在马克思主义的教育下，通过社会主义社会中有觉悟的成员的努力建立起来的。列宁曾经指出，社会主义、共产主义的意识，不能自发产生，必须经过思想的教育或"灌输"。在这个意义上，我们同样可以说，没有共产主义思想的教育，也就不可能形成和建立社会主义社会的职业道德。由于旧中国的职业分工受着等级制度的影响，人们总是把各种职业分为高低贵贱，并以此为标准来区分人们在社会中的地位和身份。应该看到，旧社会的这些影响，直到今天还没有完全肃清，还不同程度地在一些人的头脑中发生作用。因此，加强对广大群众的共产主义思想教育，使他们认清社会主义职业的性质和特点，了解本职业在社会主义社会中的地位和职责，是十分重要的。在社会主义社会中，每个人所从事的职业，尽管在工资待遇、劳动条件等方面，还不可避免地存在着某些差别，但它们都是建设社会主义所必需的。从事各种职业的人们，都只有分工的不同，并无高低贵贱之分。应当使从事各种职业的人都懂得，特别要使那些从事在旧社会被人看不起的职业的人们懂得，在社会主义社会里，各种职业都是为人民服务，都是光荣的；各行各业都是社会主义建设事业的一部分，都是与祖国的前途、人民的利益和现代化建设密切相关的。个人只要把自己的理想、志愿和聪明才智同为人民服务、为社会主义现代化建设做贡献的职业实践结合起来，就能使自己的生活变得丰富、充实和高尚。

当前，有些人由于受到旧意识、旧传统和剥削阶级职业观的影响，对自己所从事的职业缺乏正确的认识，因而不能充分发挥积极性。对某些职业，有的人极力设法逃避，即使不得已而为之，也觉得低人一等，羞于见人。与此同时，我们还要看到，由于受旧社会遗留下来的剥削阶级思想的影响，各种职业都有少数不遵守职业道德的人，他们利用手中掌握的一部分职权谋取私利，严重地损害了人民群众的利益。基于上述情况，我们的职业教育，不仅要注意职业知识、技术的传授，而且要特别注意加强职业道德的教育，把职业道德教育放在首要的地位。也就是说，帮助人们，特别是帮助青年认识他们所从事的职业的意义，培养他们热爱本职工作的情感和顽强的创业精神，使他们遵守、维护和发展职业道德。至于对那些严重破坏职业道德达到了触犯法律的人，必须绳之以法。只有这样，才能保障社会主义职业道德的健康发展。

加强职业道德的教育，已经成为建设社会主义精神文明的迫切要求，成为我们时代精神的需要。已经在全国开展的"五讲四美三热爱"活动，正在向纵深发展。如果各行各业的人们都能够进一步提高遵守职业道德的自觉性，那么，我国的社会主义精神文明建设必将提高到一个更高的水平。

（二）职业道德在建设社会主义精神文明中的重要作用[*]

（1）职业道德具体体现了共产主义道德和社会主义道德的内容，并使一般的道德要求转化为每一个人的具体的行为准则，容易为人们所实行。职业道德，一方面是道德要求的具体化；另一方面，一种职业道德的内容，又广泛包括了社会道德的许多规范和各种不同的层次。我们的道德原则和规范，在许多伦理学和道德教育的书中，都已经讲到了，如集体主义原则、个人利益应当服从集体利益的原则、全心全意为人民服务、关心人爱护人等。但是，由于社会生活中的人们，都是在职业活动中发生关系的

---

[*] 本节以下内容原载《职业道德十二讲》，北京，文化艺术出版社，1987。收入本书时有删节。

(职业道德主要调节着人和人之间的两方面的关系：职业工作者与职业对象之间的关系，职业工作者之间的关系），一般来说，社会生活中的人不是一个孤零零的、无职业、无工作的人。由于人们的职业不同，虽然同是为人们服务，同是个人利益服从集体利益，同是关心人和爱护人，但对于处于不同职业的工作者来说，却有着不同的内容。如爱护公共财物是一条很重要的社会公德，但是在各种不同的职业中，它的要求又是各不相同的。要反对浪费，开展"双增双节"，都必须根据各行各业的具体情况，开展职业道德教育。医生有医生的道德，对患者高度负责，是医德的重要内容之一。一般说，应对病人诚实，但在古代希腊和古代中国，都有对病人的疾病保守秘密的规定：在医疗活动中，无论看到什么或听到什么，凡是不应该宣扬的都应视为秘密，绝不外传；在必要的情况下，如果说出来就不利于疾病的治疗，可以对病人隐瞒病情。但是，在商业道德或其他许多职业道德中，我们却又要强调诚实等等。因此，同一个道德原则，在不同职业中怎么运用，也只有在职业道德中才能具体化。所以我们可以说，职业道德是以更具体化的形式、更直接的方法，体现出社会道德（即共产主义道德和社会主义道德）的要求。职业道德的发展，反映了整个社会道德的发展，在现代社会，没有发达的职业道德，社会道德几乎等于不着实际的空谈。

（2）职业道德具有特别的理论与实践相结合的特点，是行动中的道德，是道德原则、规范同行动的结合，是道德的知和行的统一。首先，职业道德不是理论思维的产物，是在职业实践中形成的，各种不同的职业，究竟应有何种职业道德，是依据对本职业在实践中各种责任、义务和要求进行综合归纳而形成的。其次，随着社会的发展，随着实践的发展，职业道德也发生着迅速的变化，出现许多新的职业规范。如医学中的安乐死、遗传基因、器官移植等，对医生的职业道德提出了新的要求。职业道德，相对来说，它比较快地适应实践的发展，在人们形成新的职业义务、职业责任感和职业良心时，就要改变各种旧有的职业规范，建立新的职业规范。

（3）职业道德对改善社会风气有重要作用。为什么说抓紧职业道德的教育，能够更好地改善社会风气？所谓社会风气，主要指在某一个特定的时期内，在整个社会中，由大多数人的思想、言论、行为、情感以及舆论所形成的一种人和人之间的客观的关系。社会风气的内涵有许多方面，但主要的内容之一，是人们的道德行为、道德评价和道德舆论。社会风气的形成、发展、变化，受不同社会的经济、政治、法律、道德的制约和影响。社会风气是在人和人的相互关系中形成的。经济关系对社会风气的形成，有特别的制约作用，政治的清明与腐败，当然也有着重要关系。对广大人民群众来说，自觉地使人和人之间的崇高的道德情操传播开来，相互感染，也是影响以至改变社会风气的一个重要方面。从伦理学上来说，也就是所谓道德感情的传递作用。职业道德，特别是那些崇高的职业道德行为，能使人们受到感染，产生共鸣，产生一种效应，形成一种激情和力量，以至会转化成对人的鼓励和鞭策。这几年来，许多激动人心的感人事迹的报告，曾发生过很好的作用。第四军医大学的张华，就是我们熟知的例子之一。但是，张华的事迹，很多人只是从报道中看到，还不是自己亲身的感受。如果整个社会的职业工作者，都能有高尚的职业道德，就会使更多的人更直接、更经常地体验到这种崇高道德的感人的力量，就会对我们的社会风气发生重要的影响。高尚的道德感情，可以通过人和人之间的关系，把这种感情传递给自己的职业对象，从而使自己的职业对象感到心情愉快、内心舒畅、精神振奋，并把这种感情化为自己的行为，同时再传递给其他的职业工作者。例如一个党政干部，如果能真正发扬全心全意为人民服务的精神，公正无私、光明磊落地去为群众办事，为群众解除痛苦，帮助群众克服困难，就一定会感动群众，并把这种感动化为一种力量，体现在自己的行动中。一个医生，如果从干部的实际行动中受到了启迪，就会转化为一种力量，在自己的工作中发扬救死扶伤的人道主义精神。如果这个医生的病人是教师，这个教师也会从医生遵守职业道德的模范行为中受到启迪，忠诚党的教育事业，精心培育自己的学生……这种感情，可以从多方面的相互交叉中发生感化作用，净化人们的灵魂，提高人们的情操，从而有利于社会风气的变化。由此可见，职业道德确实是社会风气好坏的试金石。

同样，如果某些从业人员违反职业道德，以权谋私、以业谋私、弄虚作假、欺上瞒下、损人利己、损公肥私……往往使许多在和他们发生关系中受到伤害的人，受到影响，受到感染，甚至会产生一种报复心理，故意把气撒到别人身上，形成一种恶性循环。一个社会的职业道德水平愈低，社会风气就愈不好；社会风气愈不好，道德水平就愈低。一个人受了气之后，总要发泄，甚至报复别人，有时甚至报复与自己无关的人。特别是那些同群众接触多的所谓窗口行业，自己受了气，就往往向顾客身上发泄，顾客是个职业工作者，同样加以传递。据一个调查报告说，受了售货员的气以后顾客有如下反应：立即同售货员吵的有26人，占29%；不买东西走了的，有72人，占80%多；回家发火的有12人；三天都不高兴的有15人，占16%；有的受气后甚至回家生病，还有上班时出事故的。

《中国青年报》1987年5月15日登载了一条有关职业道德的新闻："4月26日下午4时半，我们在武汉市洪山区江北文化用品服务部内，目睹了一桩怪现象。一个年约30岁的男青年，选好两把电吉他后付现金490余元，当营业员开发票时，买者要求只开一把，而价格却要写成两把的合计数。开始，柜台内三名营业员（2女1男）有些犹豫，男营业员还说：'这不符合规定。'这时，买者拿出一沓红材料纸，声明自己是外地来武汉采购的，日后保证不会来找麻烦。他还大言不惭地交底道：'想留下一把私人用，请帮帮忙。'边说边掏出一支香烟递给男营业员。于是，营业员们帮买者想出了'好主意'——发票分两次填写，商店留存的一联：电吉他2把，单价240余元，合计490余元；而买者拿走的另一联：电吉他1把，单价和合计均为490余元。事后，笔者了解到，这位购买电吉他的青年的工作单位是湖北鄂城钢铁厂。我们认为他的所作所为是错误的，希望他能尽快改过。同时，商店营业员也有不可推卸的责任，为了追求销售额，他们为存心占公家便宜的人提供了方便。不知道他们的职业道德到哪里去了！"这个例子，对我们研究职业道德，是有重要启发的。一个采购员，不但不讲职业道德，而且还进行一种违法的活动。同样，售货员的行为也不仅是一个不讲职业道德的问题，应该说也是一种不合法的行为。对我们来说，重要的是，这种行为，对我们的社会风气起了很坏的作用。因此，

第五章 遵守道德规范 提高道德素质

从这一事例可以看出，关键还是人的素质、人的品德和整个社会的职业道德。当然，我们也绝不能忽视法律的重要，对于那些不但违反了道德而且违犯了法律的人，一定要由法律制裁，但在强调法律制裁的同时，我们一定要加强职业道德的教育，注意人的素质，特别是道德品质的培养。

这里还可以举一个例子，来说明在社会风气中感情传递的作用。前些时（1986年10月），《中国法制报》还登载了老农民汪德泉看到河北省任丘县天麻学习班招生，规定学费45元，学期5天。他跑了千里路，花了100多元路费，去了后，学了两个小时，带了一包天麻种子回家，培育发芽后，原来是假的。以后，他又去学栽培一种新鲜水果的种子，又受了骗，买回的种子，根本不是一种新鲜水果。这时，他想出了也去登广告的方法，说有"超级辣椒种"，"亩产可达3万斤，成熟早，市场价格高，不择土壤，均可种植，每份种子15元。可种5~6分地"。广告登出后，4个月内，就有17个省市自治区的人汇款3 034元，后来终因受到揭发，不但被没收了赃款，并处以500元的罚款。当然，这是极端的例子，一般人并不一定都学着去骗人、去偷人，但至少会引起受害者的不满，影响他们的情绪，无助于启发他们的更好地为人民服务的精神。一个社会的风气，既是在上层的倡导之下，又是在人们彼此的影响和感化之下不断发展、变化的，在这种变化发展中，职业道德有重要的作用。

（三）大力加强党政干部职业道德的重要意义

在加强职业道德，以职业道德为突破口来改变社会风气，建设社会主义精神文明中，正像党的十二届六中全会所指出的，有两个方面的职业道德，应该特别引起我们注意，是必须大力加强的。全会决议指出："在我们社会的各行各业，都要大力加强职业道德建设。首先是党和国家机关的干部，要公正廉洁，忠诚积极，全心全意为人民服务，反对官僚主义、弄虚作假、利用职权谋取私利。还要加强那些直接为广大群众日常生活服务的部门的职业道德建设。"所谓"直接为广大群众日常生活服务的部门"，就是我们所说的"窗口"。现在，许多地方讲职业道德，较多地讲"窗口"，其实，党政干部的职业道德，对于全社会的精神文明建设，作用是更为重要的。

对于任何一个社会来说，统治阶级的职业道德，对整个社会的职业道德，有着特别重要的作用。按照我们现在的情况，就是说国家各级干部的职业道德，尤其是党员干部的职业道德，对整个社会风气的好坏，有决定性的影响。干部道德，有的书上叫政治工作者的道德，也有的叫政治道德。最近，《光明日报》上的一篇文章，称其为机关干部职业道德，也可以叫"官德"。从狭义上说，干部主要是党和国家各级的工作人员；从广义上说，它的范围就更宽了。我想，一般来说，我们所说的干部职业道德，主要是从狭义的方面来说的。春秋时代的孔丘曾经说过："君子之德风，小人之德草，草上之风必偃。"意思是说，统治者自身的道德，就像风一样，而老百姓的道德，就像草一样，风刮过来之后，草就必然顺着风倒下去，这就会形成一种社会风俗，又叫社会风尚或社会风气。《管子》一书中也说："君之在国都也，若心之在身体也。道德定于上，则百姓化于下矣。"这里，还特别强调了封建社会的最高统治者的道德作用，认为只要统治阶级能够有崇高的道德，百姓自然会受到感化。《颜氏家训》中说："夫风化者，自上而行于下者也，自先而施于后者也。"正是由于这种原因，我国古代的思想家，又特别强调领导者的以身作则的作用。孔丘说："政者正也，子帅以正，孰敢不正？"又说："其身正，不令而行；其身不正，虽令不从。"这里更明确地说明，只要统治阶级的最高领导层能够有高尚的道德，整个社会风气就会好转。

为什么说国家各级干部的道德，对整个社会风气有如此重要的作用呢？为了说明这一问题，我们还必须从"干部"这一职业的自身的特殊性来研究。

职业道德，是社会发展过程中职业分工后所出现的特殊道德。各种不同的职业，都有着互相有别的职业特点、职业对象，并形成自身的职业责任、职业良心、职业纪律，概括起来，这就是我们所说的职业道德。

政治工作者的职业有什么特点呢？在旧社会，统治者对广大劳动人民是一种统治关系，掌握着极大的权力。社会主义社会的国家干部，主要是代表人民管理国家，为人民服务，做人民的公仆，但同样也掌握着"管理"或"领导"的权力。这种权力,既是为人民服务的,又包含着拥有和行使各种不同的管理的权力,职位越高,权力越大,因为他不同程度地代表着人民和国家来行使这种权力。这种权力可以强有力地影响到被管理人员的个人利益、级别、地位、荣誉和幸福,因此,握有这种权力的个人的品德、情操、思想、作风和爱好,对其他人都有一种"引导"的作用。因为,领导者对下级人员的看法,总是以自己的好恶为标准的,所以,也就有所谓投其所好的问题。在我国历史上,很多思想家都看到了这一点。《墨子·兼爱》中一连举了三个事例,来说明统治者对被治者的这种作用。一个是说晋文公"好士之恶衣,故文公之臣,皆牂羊之裘,韦以带剑,练帛之冠,入以见于君,出以践于朝"。另一个是楚灵王"好士细腰,故灵王之臣,皆以一饭为节,胁息然后带,扶墙然后起。比期年,朝有黧黑之色"。为什么会这样呢?是因为"君说之,故臣能之也"。第三个例子是,"昔越王句践好士之勇,教驯其臣",一次,"焚舟失火,试其士曰:'越国之宝尽在此。'越王亲自鼓其士而进之,士闻鼓音,破碎乱行,蹈火而死者左右百人有余,越王击金而退之"。这三个事例,都是说的"上好之",则下必为之的道理。

(四)进一步加强职业道德教育的措施

我国的社会主义精神文明建设,从提出到现在,已经五年了。当然,从我们的工作上来看,确实有一个重视不够的问题,正像邓小平同志1985年9月在中国共产党全国代表会议上的讲话所指出的:"社会主义精神文明建设,很早就提出了。中央、地方和军队都做了不少工作,特别是群众中涌现了一大批先进人物,影响很好。不过就全国来看,至今效果还不够理想。主要是全党没有认真重视……这几年生产是上去了,但是资本主义和封建主义的流毒还没有减少到可能的最低限度,甚至解放后绝迹已久的一些坏事也在复活。我们再不下大的决心迅速改变这种情况,社会主义的优越性怎么能全面地发挥出来?我们又怎么能充分有效地教育我们的人民和后代?不加强精神文明的建设,物质文明的建设也要受破坏,走弯路。光靠物质条件,我们的革命和建设都不可能胜利。"这是问题的一个方面。

这里，可以从主观原因和客观原因两方面看。客观上，我国生产力的落后、发展经济任务的艰巨、改革经济的困难，使我们不得不以主要注意力和最高的兴趣，尽最大努力去复兴我们的经济，这种努力，几乎占去了我们的大部分或者主要力量，以至于几乎没有余暇去考虑社会主义精神文明的建设问题。但是，也应当承认，我们这几年，也还是进行了相当多的关于共产主义理想道德以及有关职业责任、职业道德和职业纪律的教育，但为什么没有收到理想的效果呢？

这一次，我们进行职业道德教育，会不会仍然像以前一样，不能收到较好的效果呢？据说，有的单位制定的职业道德，不但写在纸上，贴到墙上，而且有的还印到身上，但是，照样仍然不能实行。那么，到底应当如何做呢？

（1）大力加强对职业道德的重要意义的宣传教育，提高认识，形成强大的舆论，以推动各行各业的职业道德的提高。特别要注意宣传突出的有高尚职业道德的典型事例，启发人们向先进的职业道德的楷模学习。最近，报纸上又开始宣传雷锋精神，这确实是很必要的。要针对人们的思想，培养人们的职业道德的自觉性，对有崇高道德行为的人，不能把他们看作"傻子"，而应当看作一种崇高的思想情操，看作一种高级的精神需要。

（2）强调每一个人要以身作则，抵制不良的社会风气，向别人传递崇高的道德感情。在当前，在有些地方，确实出现了不少庸俗、腐朽的坏风气，请客送礼、行贿受贿、结帮拉派、相互包庇、以权谋私、挥霍浪费、占公家便宜、挖集体墙脚等等，对于这种情况，有些人往往采取随波逐流的态度。能不能一遇到这种情况，就进行抵制？隋末唐初，有一个思想家叫王通，在当时的社会风气下，不少人都追名逐利，不愿为国家效劳。他的学生问他，在一些人都追逐私利、不顾国家社会利益的情况下，应当如何？他答复，要"舍其所争，取其所弃"。我们每一个人，应当有这样一个坚定的信念，即我们的社会风气必然会好转的。我们要求自己，等到党风和社会风气好转的那一天，我们能问心无愧，能对自己说，在当时那种以权谋私、请客送礼、占公家便宜和吃喝成风的时候，我自己是忠于职守、光明磊落、不谋私利和公正无私的。这就是我们对自己应有的要求。

（3）还有一个值得注意的问题，就是我们在人事、管理方面采取的措施、制度和办法，对我们职业道德的提高、社会风气的改变，也有重要的影响。一个有道德的行为，一般来说，都是一种对自己来说多多少少的献身。道德不是要占别人的便宜，而是要对别人、对社会做出贡献，一个人要想有道德，就要不怕吃亏。在人和人的关系中，为了使人类的社会能够发展下去，必须要有人们的献身精神，如果没有牺牲精神，没有照顾他人的思想，没有关心集体的观念，人类甚至不可能脱离动物界。所以，康德说过一句名言，道德之所以有那么崇高的美名，就是因为它伴随着巨大的牺牲。普列汉诺夫也说，道德总是以或多或少的自我牺牲为前提的。正是在这个意义上，雷锋说："有些人说我是'傻子'，是不对的。我要做一个有利于人民、有利于国家的人。如果说这是'傻子'，那我是甘心愿意做这样的傻子的。革命需要这样的'傻子'，建设也需要这样的'傻子'。"但是，本人愿意吃亏、愿意牺牲个人利益、愿意照顾他人、吃亏当"傻子"是一回事，作为组织、作为领导、作为集体，却要注意，不能老是让一个人吃亏，尤其要注意的是，不能使那些自私自利的人、一心追求名利的人趁机占到便宜。在分配工作中，作为个人，风格要高，不论是评薪、调级、提拔干部、分配房屋、授予职称、爱人调动等等，一方面，要教育人们发扬风格；另一方面，组织和集体要力求公平，要维护那些有高尚道德的人的正当的个人利益。这几年，听到不少议论，似乎谁发扬风格，谁讲究职业道德，他的正当的个人利益也往往因而得不到最起码的保证；相反，有少数计较个人名利的人，却往往得到了照顾。譬如，拿干部政策来说，本来应该是德才兼备，但是，那些讲究职业道德、关心他人、关心集体的人，却往往得不到提拔，而那些只重业务、只重技术、追求名利的人，却往往在各个方面，得到了许多好处。有的人因为注意职业道德，先人后己，他的房子、职称、爱人，在很长时间内得不到解决，而在他不得不为自己的利益去争取时，才终于得到了解决。这样就造成了一种错觉，认为只有去争，才能得到个人的正当利益。这种情况是应当避免的。

所以，我们认为，在加强职业道德中必须加强党政干部的职业道德，最重要的原因，就是因为，党政干部的职业道德，同其他各行各业的职业道德有重要的关系，甚至可以说，它制约着、影响着甚至决定着其他行业的职业道德。只有大力加强广大干部的职业道德，才能带动和促进各行各业的职业道德，更好地提高全民的道德水平。因此，党和政府的干部，应该成为履行职业道德的模范，做全国职业道德的表率。作为党和国家的干部，要想使全社会的职业道德水平提高，必须以身作则。

三、家庭伦理、家庭美德和家风建设[*]

（一）

在精神文明建设和社会道德建设中，形成和建立良好的家庭美德，培育和发展一种文明、和谐、健康、向上的家风，有着重要的意义。家庭是社会的细胞，家庭美德同良好家风的建设，必将进一步促进社会道德建设的良性运行，推动我国社会精神文明建设更好地向前发展。

一般来说，我们的道德生活，可分为家庭领域、职业领域和社会领域三个方面。与此相对应，一个社会道德的基本要求，也可分为三个大的方面，即家庭生活中的家庭美德、职业生活中的职业道德、社会公共生活中的社会公德。社会道德生活三大领域中的三种不同道德要求，是相互联系、相互渗透和相互影响的，它们都有着自己独特的、不可替代的作用。

家庭美德的建设，能够更好地促进家庭每个成员的思想道德素质和科学文化素质的提高，为形成良好的职业道德和社会公德打下坚实的基础。建设家庭美德，就是要在家庭中大力倡导"尊老爱幼、男女平等、夫妻和睦、勤俭持家、邻里团结"的要求。重视家庭美德，对形成一种文明、和谐、健康、向上的家风，将产生积极的作用。

中国政府制定的《中国妇女发展纲要》提出，要把建立平等、文明、和谐、稳定的家庭作为一项主要目标，要求发扬中华民族的优良传统，树

---

[*] 本文是 1999 年 4 月在北京召开的"家庭伦理与精神文明"国际学术研讨会上所提交的论文。

立社会主义的道德风尚，在家庭内部、邻里之间建立和发展平等、团结、友爱、互助的关系，这些要求，对建设社会主义的新家风，有十分重要的意义。

（二）

在家庭伦理和家庭美德建设中，根据中国文化、道德的传统和现实，我们认为，在当前市场经济的条件下，家风建设有特别重要的意义和作用，值得我们认真地研究。

什么是家风？一般来说，家风是一种由父母（或祖辈）所提倡并能言传身教、用以约束和规范家庭成员的一种风尚和作风。家风是一个家庭长期培育和形成的一种文化和道德氛围，有强大的感染力量。家风是家庭伦理和家庭美德的集中体现。家风一经形成，就能不断地继承发展，并有着日积月累、潜移默化、前后相继、陶冶家庭成员性情的作用。正如社会风气是社会道德水平的一个重要体现一样，家风是一个家庭成员的道德水平的体现。良好的家风作为一种精神力量，它既能根据它的要求，在思想道德上来约束它的成员，又能促使家庭成员在一种文明、和谐、健康、向上的氛围中不断发展。

家风同社会风气有着相互渗透、相互制约的关系。一方面，家风要受社会风气的影响；另一方面，家风又能反过来对社会风气的好坏发挥强有力的作用。社会风气好，有助于良好家风的形成，这是人们都能认识和体会到的。在一个社会风气不好的社会中，如果能重视家风的建设，那么，良好的家风也能够对社会上的污浊空气起到很好的净化作用，有利于整个社会风气的改善。在社会主义市场经济条件下，重视家风的建设，有着特别重要的现实意义。

中华民族是一个特别重视血缘关系的民族，家庭伦理和家庭问题，历来受到社会和思想家的重视。中国伦理思想史上的大量家教、家训、家范、家规以及治家格言，都与家庭伦理和家风有密切的关系，或者说，它们都是从不同的方面，反映着家庭伦理和家风的内容。在中国历史上，很多著名的思想家、政治家、教育家，都是在良好的家风培育中成长起来的。中华民族是世界各民族中最重视家风的民族之一。

中国工人阶级登上历史舞台以来,许许多多革命家庭所形成的良好家风,为培育社会主义的新人做出了重要的贡献。总结、继承和发扬这些革命家风的优良传统,在今天尤有很重要的现实意义。

江泽民同志在同中国妇女八大代表座谈时提出,在当前,要努力树立和保持良好的家风。他说,如果每一个家庭都能使老人们受到充分的敬重,使子女们得到全面的教育,家家家风好,就一定会促进社会风气的好转。他又说,良好的家庭教育,对人的进步的影响是终生难忘的,而母亲对子女的影响尤为重大,往往可以影响他们的一生。确实,形成一个好的家风,不论是对子女的教育和发展来说,还是对整个社会风气的改善来说,都有着不可忽视的重要意义。在建设社会主义四个现代化的过程中,在加强社会主义精神文明建设的同时,我们要努力形成新时期的"新家风"。这个"新家风"应当是文明、和谐、健康、向上的家风。树立这样的"新家风",一定能够更好地净化我们的社会风气,推动我们社会主义建设事业更加迅速地发展。

（三）

从我国优良的传统道德和古代的家训、家风中,特别是从许许多多的革命家风中,结合我们现代社会生活和家庭美德的要求,我们可以认识到,一个文明、和谐、健康、向上的家风,一般来说要包括以下几个方面的内容。

1. 尊老爱幼的风尚

尊重老人,是中国传统家庭美德中的一个重要内容。从古代的夏、商、周开始,直到新中国成立,尊老和敬老,一直是中华民族重视的一种道德风尚。孟子就一再提倡要使"七十者衣帛食肉",要使"颁白者不负戴于道路"。中国古代的《礼记》中,还规定"九十者,天子欲有问焉,则就其室,以珍从"等。这就是说,如果国家的最高统治者要向九十岁的老人请教问题,必须要亲临其家,还要带上时鲜珍品作为礼物。不但对老人要尊敬,而且在长和幼之间,要能够有先后的次序。《礼记·曲礼上》

中说:"年长以倍则父事之,十年以长则兄事之,五年以长则肩随之。"把尊老和敬长密切联系起来。这就是说,比自己年长一倍的人,就应当像对待自己的父辈一样来对待;比自己年长十岁的人,就应当像对待自己的兄长一样来对待;比自己年长五岁的人,在同他一起并行时,一定要跟随在他的后面。按照这样的要求,在家庭中,要孝敬父母,还要尊敬兄长;在社会上,要尊敬老人,还要尊敬一切比自己年龄大的人。在尊老的同时,也强调爱幼的重要。爱幼就是要正确地关心、爱护和教育子女,要爱子有道,反对宠爱、溺爱以至放纵失教。在当前的新时代,批判地继承中国的这一优良道德传统,提倡新的尊老爱幼的美德,仍然是有重要意义的。

2. 孝敬父母的风尚

中国传统道德和家风,特别重视对父母的孝敬。从一个人的成长来说,在从儿童、少年到青年的很长时期内,是在父母的抚养、教育和关怀下成长的。父母对子女的爱,是纯真的。在很多情况下,父母为了关心和照顾自己的子女,往往要做出很大的牺牲。正是从这个意义上,中国的思想家认为,孝敬自己的父母,也是子女的一种起码的义务和责任,是一个人道德良心的重要体现。如果一个人对抚养、关心、教育他的父母都不能发挥爱心,又怎么能希望他去爱别人、爱人民、爱国家、爱社会呢?中国的思想家强调,孝敬父母是一切道德的出发点,离开了对父母的孝敬,也就不可能有什么道德。孔子以及后世的儒家,对孝作了极其详细的阐述。孝不但是赡养,而且要敬;不但要养体,而且要养心;如此等等。宋明以后的儒家,把孝变成了愚孝,是错误的,但正确地理解孝敬父母的正确内容和要求,形成新的孝敬父母的风尚,对于我们的社会仍然是必要的。我们今天提倡要孝敬父母,绝不是要回到家长制的等级关系中,我们所要提倡的是家庭成员之间的一种文明、平等的新关系。如果父母的言行是错误的,是不符合我国社会的法和道德的要求的,子女不但不能顺从,而且应当提出自己的正确意见,并加以纠正。

3. 勤俭持家的风尚

一般来说,能不能勤俭持家,是一个家庭能否保持兴旺发达的关键之一。一个经济上贫困的家庭,如果能够勤俭持家,就能够逐渐由贫困转入富裕；一个经济上比较富裕的家庭，只有厉行勤俭持家的家风，才能较长时期保持兴盛不衰。勤俭主要包括两个方面：一个是勤劳，就是要勤勤恳恳、热爱劳动，不但把劳动看作谋生的方式和获得财富的手段，而且把劳动视为一种高尚的道德品质，以勤劳为光荣；一个是生活上艰苦朴素，即不奢侈、不浪费、不挥霍、不铺张、不贪图安逸、不追求享受，要能够自觉地在艰难困苦中磨炼自己，即使是经济上非常富裕，也仍然以艰苦朴素为荣，力戒奢侈浪费。艰苦朴素不是一种权宜之计，不是量入为出，不是一种管理家庭的方法，而是一种崇高的道德品质。这两个方面是相互为用和相辅相成的。从总结大量的现实的教训出发，思想家认识到，如果不能养成艰苦朴素、勤俭持家的家风，子女就必然奢侈浪费，不但不能培养出有作为的子女，而且一个家庭也就要很快地走向衰落。

4. 诚实守信的风尚

诚实是一个人立身处世的根本，也是家风的一个重要方面。在家庭教育中，从小就要特别注意培养子女的诚实守信的品德。如果没有良好家风的培育和陶冶，一个学会了说谎和欺骗的儿童，长大以后，就很难成为一个能够诚实守信的人。中国古代思想家极端重视诚信在家庭生活和社会生活中的重要地位。"人而无信，不知其可也""民无信不立"，家庭也是一样。在中国古代的家风中，流传着"曾父烹豚，以教诚信"的故事，充分说明诚信在家风中的重要意义。从一定意义上说，有了诚信的家风，就能够培养和陶冶具有诚信品德的人才。在社会主义市场经济中，诚实守信是市场经济正常运行的最基本、最重要的条件，也是每一个人都应当遵守的基本原则，如果不遵守诚实守信这一市场经济的基本原则，伪劣假冒和坑蒙拐骗就会盛行，市场经济也就无法正常运转。因而，诚实守信也是一个重要的社会公德。强调诚实守信的家风的培育，能够对社会公德发生积极的促进作用，有利于全社会道德水平的提高。

5. 勤奋好学的风尚

"励志勉学""诗礼传家"是中国家风的一个更重要的要求，不但在知识分子的家庭中，就是在广大劳动人民的家庭中，"识书知礼"也是他们所追求的一个高尚的目标。"孟母三迁，断机教子"，说的就是孟轲的母亲如何多次搬家，并因为他中断了学习而割断了织机的故事。一个养成了勤奋好学家风的家庭，就能使所有的家庭成员，将一切可能利用的时间和精力用在对知识的追求上，就能使每一个人在勤奋好学中不断得到提高。在家风中，勤奋好学一般有两个方面的内容，一是学习文化和科学技术知识，一是学习有关思想道德修养方面的知识。在中国传统道德的家风中，尤其重视道德品德的陶冶，认为必须在子女幼小时，及时地加强思想品德方面的教育，以家长自身的言传身教为示范，在家庭生活的潜移默化中陶冶儿童的性情，塑造儿童良好的道德品质。

一个良好的家风的形成，能够为社会培养更多更好的有用人才。一个人在幼小时的教育，对他的影响最深，其效果也最好。儿童就好比是一张白纸，能画最美的图画，能写最好的文字，这主要是由于这时的教育，给他们的印象最深，记忆最久，往往能够终生难忘，受用无穷。我们之所以说教育要从娃娃抓起，也就是这个道理。在中国历史上，有无数多的事例，如孟轲、曾参、陶渊明等著名的思想家、文学家，都是在良好的家风中培养的。同时，一种家风只有它的内容能够适应时代的需要，有利于社会进步，能够促进社会风气的改善，能够陶冶和培育新时期所要求的人才，才能有强大的生命力，才能不断地得到发展。

能不能形成良好的家风，家长起着关键的作用。在建设良好的家风中，必须对家长提出更高的要求。我们的家长要自觉地担负起以身作则和言传身教的责任，要努力培养新的家风所需要的氛围，把建设良好的家风同培养子女成才和改善社会风气紧密联系起来。

四、提高思想道德素质　迎接新的挑战[*]

在世界科学技术日新月异，知识经济愈来愈受到重视，国际竞争日趋激烈的情况下，人才竞争更具有十分重要的意义。在这一竞争中，培养出

---

[*] 本文原载《面向二十世纪·我的教育观》，广州，广东教育出版社，1999。

既有高水平的业务素质，又有良好的思想道德品质的人才，对我们在这种激烈的竞争中立于不败之地，最终建立一个强大的社会主义国家，有着决定性的作用。不可否认，培养能够掌握最新科学技术的专门人才，具有坚韧不拔、勇于创新的精神，是我们在当前情况下培养人才的一个重要的要求；同时，思想道德素质的提高，为社会主义的共同理想而奋斗以及为人民服务的献身精神，是决不可以被忽视的。长期以来，我们的教育部门和广大的教育工作者也都不断地提出和希望能够更好地解决这一问题，以便有利于我国社会主义四个现代化建设的发展。掌握先进的科学技术，培育人们的创新精神，在今天的情况下，对我国社会主义四个现代化建设的极端重要性，是我们很多人都已认识到的，没有创新，我们就没有出路；没有创新，我们就必然要挨打；没有创新，不但我们的经济不能很快地发展，就连国家的安全也难以得到保障。可是，我们知道，掌握科学技术和运用科学技术的人，是有着自己所信奉的世界观、人生观和价值观，是有着自己的理想和信念，是有着自己的道德情操和道德境界的。从世界范围来看，资本主义和社会主义在意识形态方面还存在着严重的分歧和斗争，资本主义国家和社会主义国家之间还存在着不可忽视的矛盾。在这种情况下，愈是掌握了高新技术的人，他们的思想道德素质的作用就愈加值得重视。如果没有思想道德素质的提高，科学技术素质和创新精神不但不可能很好地发挥作用，而且还可能产生消极的负面影响。

一般来说，思想道德素质可以包括两个主要的方面，一个是思想素质，一个是道德素质。这两个方面是相互联系、相互贯通和相互渗透的。

（一）

思想素质方面的提高，主要是要树立正确的世界观、人生观和价值观。江泽民同志在最近十年来之所以一而再、再而三地强调要树立正确的世界观、人生观和价值观，要坚持爱国主义、集体主义和社会主义的教育，正是从提高人们的思想道德素质的要求出发的。

什么是正确的世界观？在当前，树立正确世界观的重要意义是什么？这是我们应当特别强调的。概括地说来，我们所要树立的正确的世界观，就是马克思主义的世界观,就是辩证唯物主义和历史唯物主义的世界观。历史唯物主义揭示了人类社会发展的客观规律,它指明,封建社会必然代替奴隶社会,资本主义社会必然代替封建社会,社会主义经历一个长过程发展后也必然要代替资本主义社会。尽管社会主义最后取得胜利的道路是曲折的,但社会主义的胜利是历史发展的不可逆转的总趋势,是任何势力都无法改变的。一个人能够树立起正确的世界观,就能够坚定社会主义和共产主义的理想、信念,就能够在困难、曲折的逆境中经受考验,就能够在复杂的情况下分清大是大非。树立正确的世界观,就是要学习和掌握马克思主义、毛泽东思想和邓小平理论,坚定对社会主义道路的信念。在建设社会主义四个现代化的伟大事业中,只有树立了马克思主义的世界观,才能使自己所掌握的科学技术更好地为社会主义服务。在当今世界的各个国家中,任何科学技术的运用,都有一个为什么人的问题,也就是说有一个为社会主义服务还是为资本主义服务的问题。我国是一个社会主义的国家,我们所要建设的四个现代化,正如邓小平同志所一再强调的,它绝不是资本主义的四个现代化,而是社会主义的四个现代化。我们的目的,是要消灭剥削、消灭贫困而最终达到共同富裕。因此,我们所培养的人才,必须是为社会主义服务的,是坚定地走社会主义的道路的。

　　什么是正确的价值观?一般来说,价值观是人们对客观事物和现象的有无价值和价值大小的一个总的看法。什么是价值?从哲学来说,价值是个最一般的范畴,针对不同的对象,又有不同的价值,如经济的、政治的、伦理的等等。我们在这里所说的价值,并不完全等同于经济学中所说的使用价值和交换价值,而是指人们所认为最重要、最值得去追求和珍视的东西,它既可以是物质的东西,也可以是精神的东西。我们在这里所说的价值观,就是对某一个人来说,什么是他认为最重要、最值得他去追求的。在今天,我们所要树立的正确的价值观,就是集体利益、人民利益高于个人利益的集体主义的价值观。集体主义既是社会主义的道德原则,又是人们所应当树立的价值观念,即在评价事物现象的有无价值和价值的大小时,要以是否符合集体的利益和人民的利益为标准,而不能以个人的得失为标准。集体主义的价值标准,是不是否认个人利益呢?不是的,集体主义不但不否认个人利益,而且强调在集体利益高于个人利益的原则下,要充分照顾、保证和发展个人的正当利益,发展个人的个性。十四届六中全会通过的《中共中央关于加强社会主义精神文明建设若干重要问题的决议》指出:要"形成把国家和人民利益放在首位而又充分尊重公民个人合法利益的社会主义义利观",从一定意义上来看,也就是我们所说的集体主义的价值观。强调树立正确价值观的目的,就是要人们能够正确地辨别和处理个人利益同集体利益的关系,自觉地考虑到集体利益和国家利益必须放在第一位。在社会主义社会中,一个人只有能够以国家利益为重,正确地处理好个人利益同集体利益的关系,才能更好地发挥他所掌握的科学技术的作用,否则,不但不能发挥有益的作用,甚至会危害国家和集体的利益。

　　什么是正确的人生观?人生观是一个人对人生的意义、目的和价值的根本看法。总的来说,人生观包括三个方面的内容:(1)人生的意义,即人为什么活着,人怎样生活才算值得;(2)人生的目的是什么,人应当有什么样的追求和理想等;(3)待人处世的根本态度和方法,也可以说是一个如何做人的问题。在这三个内容中,人为什么活着即人怎样生活才有意义的问题,是人生观的核心。社会生活中的人们,由于经济利益和政治利益不同,处于不同的社会关系之中,从而形成不同的人生观。一般来说,一个人的世界观支配和制约着一个人的人生观,而正确的人生观的形成,也能够在一定程度上影响甚至改变人们的世界观。我们所说的正确的人生观,就是为人民服务的人生观。一个没有树立起正确人生观的人,他可能认为人生的意义和目的就是为了自己的发展,为了自己小家庭的利益,或者是为了小团体的利益等,正由于此,这些人为了达到自己所追求的目的而损害他人和集体的利益。改革开放以来的情况说明,一些过去长期参加革命和建设的老干部,到了即将离退休的时候,往往贪污受贿、陷入犯罪的深渊,一个重要的原因,就是他们的人生观不是为人民服务,而是为了自己个人和自己的小家庭,他在即将离任时,不是考虑应当为人民多做好事,而是要为自己和儿女打算,要为自己和儿女考虑后路等。应当说,他们之所以会犯严重的错误,从思想根源上看,就是没有能够树立起正确的人生观。在建设有中国特色社会主义的伟大事业中，对每一个人来说，人生观的问题，也就是一个为什么人的问题，是人生一切问题中最根本的、首要的问题。这个问题不解决，不论是搞革命还是搞建设，是不可能兢兢业业，也不可能做出什么成绩的。如果一个人生活的目的只是为自己、为自己的小家庭，即使在物质享受上能够得到满足，那又有什么价值？有什么意义？一个人只有为他人的幸福、为社会的发展、为国家的兴旺做出贡献，使自己的工作能够造福人民、造福子孙后代，才是最有意义、最值得人们追求的，这种人生才是光荣的人生、闪光的人生。

（二）

道德素质是一个人所具有的道德品质的统称，是反映一个人的品德高低的标准。道德素质的核心问题，是个人与他人、个人与社会、个人与集体的关系问题。在个人与他人和社会的相处中，一个人对他人、对群体、对社会、对集体的关心程度和献身精神，体现着一个人的道德素质的高低。因此，学会关心和爱护别人，养成时时想着别人的思想，是我们培养人们道德素质的一个重要环节。从这一点出发，可以从五个方面来考虑人们的道德素质的培养。

1. 献身精神

献身精神，也就是我们所说的为他人、为社会做好事的精神，是"为人民服务"精神的崇高的体现。在人的道德素质中，最核心的一点就是要能有一种"无私"的精神，即不是为了获取个人的利益，而是为了有益于社会和有益于他人而去做好事。人们在社会中生活，必须有正当的个人利益的满足，否则就无法生活，与此同时，还应当尽可能地去为社会、为他人、为那些需要帮助的人做出自己的奉献。一个有道德的人之所以能够受到他人的称赞和社会的褒奖，其根本原因，就是因为他能够牺牲自己的利益，为他人和社会做出贡献，他的牺牲精神愈大，他的贡献愈多，他的道德也就愈高尚。从根本上来说，道德就是要对他人做奉献。从道德评价来说，我们可以说，献身精神的大小，是判断一个人道德水平高低的重要尺度。这种献身精神的最高体现，就是毫无自私自利之心地、全心全意地为他人和社会做贡献的精神。正如毛泽东同志在《纪念白求恩》一文中所说的："我们大家要学习他毫无自私自利之心的精神。从这点出发，就可以变为大有利于人民的人。一个人能力有大小，但只要有这点精神，就是一个高尚的人，一个纯粹的人，一个有道德的人，一个脱离了低级趣味的人，一个有益于人民的人。"在市场经济的条件下，经济生活中的等价交换、按劳分配和多劳多得，既有利于发挥人的积极性和提高社会主义的生产力，同时它又容易诱发人们的自私自利、贪图享受甚至损人利己的思想和行为。我们应当认识到，按劳分配和为人民服务、等价交换和献身精神、多劳多得和义务劳动，这些看起来似乎是对立的事物，在社会主义市场经济的条件下，是能够统一起来也是应当统一起来的，它们是可以相辅相成的。我们愈是在分配上强调"按劳分配""等价交换"和"多劳多得"的原则，我们在人和人的道德关系上，就愈要强调为社会、为他人多做贡献的思想。一个人在分配上的多劳多得，既按照自己的劳动得到了公平的报偿，还能够激励他更好地为他人和社会做贡献。在马克思主义、毛泽东思想和邓小平理论的教育下，在"以为人民服务为核心""以集体主义为原则"的道德教育的影响下，经过长期不懈的努力，完全有可能克服市场经济的消极影响，使人们逐步培养起为他人、为社会做贡献的献身精神。

2. 群体意识

人在社会生活中，不但不能离开群体而生存，而且应当积极地为群体的发展与和谐而献身。什么是群体意识？它主要是指在一个共同体中生活的人所应有的维护共同体生存和发展的意识。家庭、学校、企业、机关等都可以说是一个群体。群体有大小、高低、层次的不同。群体之间的基本原则就是小群体应当服从大群体，下级的群体应当服从上级的群体。在我国的社会主义社会中，国家作为一个群体，是一个最高的群体。国家的利益，国家的尊严，国家的生存和发展，是群体意识的最高体现。群体意识要求人们在社会生活中，正确处理个人同他人和社会的关系，不要以个人的私利来妨害群体的利益，要发扬协作的精神，自觉地维护群体的利益。一个有道德的人，总是为群体着想，为群体的尊严和荣誉而奋斗。一个人从小在家庭中，有父母的生育和教养，在学校中，有学校的关心和教育，到了社会中，有社会和国家的关心和支持，才能够成长和发展，如果没有群体的关心和教育，一个人就不可能在社会中生存，更不用说发展和成才。个人的努力固然也有重要的作用，但任何个人一旦脱离了社会，背离了集体，就必然一事无成。一个只知道关心自己而不知道为集体献身的人，迟早是要被社会所抛弃的。在我们的社会主义国家中，许多重大的项目、重要的事业，都是要靠集体的力量才能完成的。一个没有凝聚力的整体，是不可能做出重大的成绩的。群体意识或者说集体意识，是一个人道德素质的重要方面，是需要从小开始培养，而且整个一生都要不断加以发展和提高的。在当前，群体意识有利于更好地形成中华民族的凝聚力和向心力，有利于培养热爱社会主义祖国的道德品质。

3. 责任观念

责任观念，是一个人对自己所应履行义务的一种强烈的责任心。责任观念的大小和有无，是直接影响和决定一个人事业成败的关键。一个人在社会中生活，既然从社会中享受到许多权利，就必须对社会履行自己应尽的责任。一个只想从他人和社会那里享受各种各样的权利而不愿履行义务的人，就必然要受到法律的惩罚和道德的谴责。尽管有些行为还没有达到违法程度而不能在法律上予以追究，但从道德上看，都是不道德的行为，依然应当受到谴责。责任观念作为一个人的道德素质，它能极大地改善和协调人际关系，而且对社会的职业工作有特别重要的促进作用。一个有强烈责任观念的人，不但在与他人的关系中能够履行自己的义务而使他人受到教育和激励，而且还必然会在自己的职业工作中精益求精，发挥出极大的能动作用和创造精神。一个人有了这种责任观念，就能成为一个大有作为的人，否则，就必然成为一个无所作为的人。同样，一个民族、一个国家有了强烈的责任观念，就一定会成为一个朝气蓬勃、奋发有为的民族，就一定会成为一个兴旺发达、富强繁荣的国家。从一定意义上说，道德素质是一种动力，它能使一个人的能力素质得到最大的发挥。对父母、对朋友、对老师、对同学，以至于对在自己生活中所发生关系的一切人，自己都有应尽的义务，能否认真地履行这些责任和义务，是衡量一个人道德水平的重要的试金石。尤其要强调的是，一个人参加工作以后，对工作的责任心、对职业的敬业精神，就成为他在事业上取得成就的关键。只有强烈的责任意识和对工作极端负责的精神，才能在事业上有所创造、有所发明。有了责任观念，不但能够产生对职业的敬业精神，而且还能够产生一种追求上进和勇于创新的精神。这种努力上进、积极创新的精神，是一切创造发明的力量源泉。有了责任观念，一个人在对待自己的职业上，就不会因循苟且、安于现状，更不会临事应付、得过且过，不会满足于仅仅完成任务，而是兢兢业业、勤勤恳恳，力求出色地把工作做得好上加好。有了责任观念，一个人就会在认真做好自己分内事情的同时，主动地关心其他同志的工作，关心上下左右的情况，照顾到有关的方方面面，发挥合作互助的精神。

在提高人的素质的问题上，我们一定要特别注意培养这种责任意识和敬业精神。推而广之，我们也可以说，强烈的责任意识和敬业精神，是一种良好的道德素质和职业素养，是一个民族兴旺发达的重要条件。对一个民族来说，如果每一个人都有着对自己工作的高度的责任意识，这个民族就一定能够兴旺发达，就一定能够自立于世界民族之林而历久不衰。

4."爱人"思想

"爱人"思想，就是指在人与人相处中要自觉地关心、爱护和帮助他人，要发扬革命的人道主义精神。早在革命战争时期，毛泽东同志在《为人民服务》中就提出："我们的干部要关心每一个战士，一切革命队伍的人，都要互相关心，互相爱护，互相帮助。"社会主义的最终目的是要建设一个没有剥削、没有压迫的共同富裕的社会，它所追求和强调的是真正的平等、幸福和博爱。在人与人的相处中，只有对他人能多一些爱心，多一些对他人的关怀和帮助，才能在人和人之间形成真正的理解和信任。人在社会中生活，总是会遇到各种困难、挫折、逆境、痛苦和不幸，处于这种情况下的人，迫切希望得到来自他人和社会的帮助，这种帮助，甚至会使他们终生难忘，永记在心。中国传统道德之所以强调要"雪中送炭"，而不主张"锦上添花"，也就是这个原因。中国古代著名的思想家、儒家的创始人孔子认为，社会的最高道德原则和个人的最高道德境界是"仁"，而"仁"的最核心内容就是要"爱人"。他认为道德就是要爱人,应当爱所有的人。墨子更进一步强调,不但要爱一切人,而且要不分亲疏远近,对他们都给予同等的爱。尽管他们所提倡的"要爱一切人"的思想,在当时的社会中是不可能实现的,但作为一种伦理思想,仍然是有价值的。中国传统道德认为,"爱人"不但要"己所不欲,勿施于人",而且要"己欲立而立人,己欲达而达人",要发扬一种为他人着想的"助人为乐"的精神。在社会主义市场经济的条件下,在人们每天都必须面对的激烈竞争中,一定要本着"公平竞争"的原则,要力戒"忌妒"别人的成绩,要有"成人之美"的高尚思想。在人与人的相处中,要能够设身处地地多为他人着想。那种看到别人的成绩就情不自禁地产生忌妒心的人,是永远也不可能有大出息的。古人认为,能够为别人的成绩而欢心的人,就是道德高尚的人。在自己和他人发生矛盾时,要"严于责己,宽以待人",要多从自己的方面找原因,从而更好地化解矛盾,协调好各种关系。

5. 诚信原则

诚信原则,是指在个人与他人和社会的关系中,应当以"诚实守信"作为个人立身处世的根本原则。中国古代传统道德认为,一个人的言行失去了诚信原则,也就失去了做人的基本条件。古人说:"人而无信,不知其可也。""诚"就是真诚、诚挚、诚实,就是言行一致、表里如一,就是老老实实,说老实话,办老实事,不自欺,不欺人。《礼记·大学》中说:"所谓诚其意者,毋自欺也。如恶恶臭,如好好色。"就是说,一个人的为人处世,要毫无做作,不加掩饰,不但不应当欺骗他人,也要在内心中不欺骗自己,即自己也要对自己"诚实"。"诚"绝不仅仅是一个为人处世的方法和态度,而且是人的道德素质所借以体现的重要方面。中国宋代的著名思想家、历史学家司马光强调,一个人一生如果能坚守一个"诚"字,他就必然能成为一个有道德的人。"信"就是守信,就是一言一行都要遵守自己的诺言,对自己所说的话和所做的事,有认真负责的态度,凡是自己承诺的事情,一定要使其实现。诚实守信作为一种极其重要的道德品质,在社会生活和人与人的关系中,有利于抵御市场经济条件下各种假冒伪劣、弄虚作假和坑蒙拐骗的欺诈行为,有利于净化社会的道德氛围。大力提倡诚信原则，积极培养人们的诚实守信的道德素质，就能在人和人之间建立起相互信任的良性关系。

（三）

在谈到提高和培养人的素质时，我们还应当指出，忽视思想道德素质，特别是忽视道德素质的现象，在一些地方和一些人那里，仍然程度不同地存在着。一些人非常重视能力素质（如科学技术素质、外语素质、动手能力等）的提高，而不重视甚至忽视了思想道德素质的重要作用。这些同志的出发点也许是好的。因为在他们看来，只有这样，才能更好、更快地发展我们的经济。这一观点是有害的，其结果可能是这样：我们忽视或放松了思想道德素质的提高，我们的经济发展，不但速度不能很快地提高，甚至我们社会主义的四个现代化建设也将因之而受到影响。

在我们的学校教育中，重智轻德、重能力轻品质的情况，仍然程度不同地存在着。小学到中学的这段时期，是进行思想品德教育的一个最为重要、最易收效的时期，因为只有"从娃娃抓起"，才能在思想品德方面收到事半功倍的效果。可是，智育第一、应试第一的思想，支配着我们一些人的教育思想和教育实践，尽管要克服这一问题还有许多实际问题需要进行深入的研究，但是应当指出，这是一个亟须解决的问题。还要指出的是，在目前的中小学教育中，我们仅有的德育课，在重智轻德的思想下，也没有能够受到应有的重视。小学和中学应当更加重视怎样做人的教育，这些教育将使他们终生难忘、永记在心。因此，有关政治、经济和社会的一些重大问题，可在进入高中阶段以后适当地加以介绍，因为这些内容，他们在进入大学或社会以后，还要继续不断地学习。

大学阶段正是对青年进行世界观、人生观、价值观教育的最好时期，因为他们在经过紧张的复习、考试并进入大学后，对世界、人生和社会等各种问题，开始从理性上进行思考，从而会产生许多困惑和疑难。面对纷纭复杂的现实，究竟何去何从？究竟什么是正确的世界观、人生观和价值观？科学的答案，犹如一盏指路的明灯，将引导他们今后走向正确的道路。也正是由于重智轻德思想的影响，我们大学的思想品德课，还没有能够很好地担负起这一庄严而光荣的任务。从培养德才兼备的高素质的人才要求来看，加强和改进我们大学的思想品德课的工作，也是一个刻不容缓的重要任务。

　　从使用和选拔人才来说，我们也应贯彻德才兼备的标准，在以经济建设为中心的前提下，我们既要重视科学技术和能力素质，又要"以德统才"。宋代著名的思想家、历史学家司马光对于德和才的关系，曾有过深刻的论述。他说："才者，德之资也；德者，才之帅也。"根据他的观点，人可分为圣人、君子、小人、愚人四个不同的等级，他说："才德全尽谓之圣人，才德兼亡谓之愚人，德胜才谓之君子，才胜德谓之小人。"那么，在任用人时，应该怎样选择呢？司马光说："凡取人之术，苟不得圣人，君子而与之，与其得小人，不若得愚人。"为什么要这样呢？他的理由是，圣人和君子都是能够以德统才的人，都能使他们的才来为社会、为国家尽力，"愚者虽欲为不善，智不能周，力不能胜"；对于那些才胜德的"小人"，就要特别加以警惕，因为"小人智足以遂其奸，勇足以决其暴，是虎而翼者也，其为害岂不多哉"！司马光的这些话，当然是为了维护当时的统治服务的，但他确实看到了德和才之间的相互关系，对我们今天培养德才兼备、全面素质的人才，有借鉴的作用。

　　21世纪所要求的人才素质，应当是既掌握最新科学技术，又有正确的政治思想和高尚的道德素质的人。也就是说，一定要培养出德才兼备的、德智体美劳全面发展的高素质的人才，才能强有力地迎接新的挑战。

附　录

"思想道德修养"课教师要身体力行思想道德修养的要求[*]

《〈思想道德修养〉教师教学参考用书》是根据全国普通高等学校"两课"示范教材《思想道德修养》（本科本）编写的一本供教师用的教学参考书。本书以马克思列宁主义、毛泽东思想、邓小平理论和"三个代表"重要思想为指导，以示范教材的章节体系为次序，以服务教学为目的，对教学中可能出现的诸多问题及其应对的方法，作了比较全面的论述。

全书按照"教学目的和要求""学情与社情""理论要点阐述""教学思路参考""教学活动建议""典型案例参考""教师手记"七部分，把教学的各个环节有机地联系起来，不但丰富了理论问题的各方面的相关内容，而且给予教师进行教学以新的启示，使教师在教学活动中能更加主动、灵活地处理和解决所遇到的问题。

本书广泛吸取了国内和世界其他国家有关思想道德教育的成果，继承

---

[*] 本文原载《思想理论教育导刊》，2004（2）。系作者为《〈思想道德修养〉教师教学参考用书》所作的序言，略有改动。

了中国古代优良的传统美德，弘扬了中国共产党成立以来所形成的革命传统道德，有选择地采用了国内外现实生活中的道德事例，并加以简单的点评，把道德教育同正确的道德评价结合起来，把"思想道德修养"课的教学同对学生的启迪诱导融为一体，以便更好地发挥道德的劝导力和说服力的功能。

作为"思想道德修养"课的教师，在"传道、受业、解惑"的同时，更应当对自己提出一个严格的要求，就是自觉地身体力行"思想道德修养"课中所讲到的一切。

"传道、受业、解惑"，是唐代著名思想家韩愈在《师说》中的话，它已经成为我们所熟知的名言，在今天，仍有重要的现实意义。"传道"，就是要坚持马克思主义的立场、观点和方法，坚持马克思主义的价值导向，坚持社会主义的道路和方向，也就是要传"马克思主义"之道；"受业"，就是要讲解好有关的专业知识；"解惑"，就是要针对学生在学习中的各种疑点和难点，给以有的放矢、深入浅出的回答。在"思想道德修养"课的教学中，这些，仍然是我们必须做到的。

与此同时，作为"思想道德修养"课的教师，还必须身体力行社会主义的道德规范。汉代的著名思想家扬雄在他的《法言》中说："师者，人之模范也。"提出了教师在道德上的"模范"作用，强调了对教师的道德品质的要求。同时，扬雄又针对当时为师者的实际情况，颇为感慨地说，"模不模，范不范，为不少矣"，对当时的"师者"不能成为学生的"模范"深为遗憾。我们希望，每一个以教师为职业的人，都能够"为人师表"，在道德和学问上成为学生学习的榜样。

一个"思想道德修养"课的教师，其本身就有一个特殊的"品德"要求，这就是，他要求学生做到的，自己必须首先做到，他在课堂上讲授的，必须是自己已经或正在努力做到的，他在自己著作中追求的理想，必须是自己的真正的信念。他口里说的、心里想的和实际做的，应当是表里如一、言行一致。即使我们目前还不能完全做到，我们也应当以实际行动来证明，我们正在尽最大努力，力求达到这些要求。古人说，虽不能至，心向往之，说的就是这种精神和品质。

道德教育与"两课"教学

　　教师的高尚的道德品质，是一种富有感染的"人格"力量，是我们道德教育能否收到更好成效的一个重要因素。一个"思想道德修养"课教师的"人格"力量，是他所以能取得成功的一个重要的条件和基础。一个道德教育者，不但要言传，更要进行身教，而且，道德教育者的"身教"比"言传"更为重要。"身教重于言传"，"身教高于言传"。一个口是心非、言行不一，说的是社会主义和共产主义道德，而行的是个人主义和自私自利的人，不论有多么好的知识和口才，不论用多么好的教学方法，即使在短期内产生一些效果，从长远来看，都不但不能使学生受到感动，而且还必然使学生产生反感和鄙视。每一个"思想道德修养"课的教师，不但要以自己的知识和才能来"传道、受业、解惑"，更要以自己的"道德品质"来感染和激励学生，对于这个问题，每一个从事道德教育的人，都应当以此自勉。"思想道德修养"课的教师，是一个实实在在的"升华人的精神"、"塑造人的崇高道德品质"的"灵魂工程师"，我们既然选择了这一神圣而崇高的职业，就要努力在道德和学问上成为学生学习的榜样。

　　一个"思想道德修养"课的教师，要以极端负责的态度，热爱自己的职业、热爱自己的学生。孟轲曾经说过，最使他高兴和愉快的事情之一，就是"得天下英才而教育之"。在社会主义的新中国，能够担任大学生的"思想道德修养"课的教师，是一个十分光荣和崇高的职务。社会主义中国的发展和兴旺，寄托在这些青年的身上。他们的思想品德、价值观念、道德情操和崇高人格，不但对当前的中国，而且对今后世界的发展，都将产生不可估量的影响。他们的思想品德和理想信念，不但关系到"全面建设小康社会，开创中国特色社会主义事业新局面"的发展，而且关系到中国的社会主义道路和社会主义方向能否坚持和发展更为根本的问题。西方的敌对势力，对我"西化"和"分化"的图谋不会改变，其重要手段之一，就是要从"世界观、人生观、价值观"上来对青年人进行渗透。每一个"思想道德修养"课的教师，都要自觉地担负起抵御"西化"、"分化"的责任，使我们的大学生在思想上建立起牢固地抵御西方腐朽思想的"长城"。

　　由于时间和各种原因，《〈思想道德修养〉教师教学参考用书》还有些不足的地方。如在各个章节内容的安排上，显得不够均衡；一些典型案例的选择和评点上，也有不完全恰当的地方等，这是需要在以后加以改善的。但总的来说，瑕不掩瑜，本书对我们当前的教学工作，是有重要参考价值的。我有幸担任此书的主审之一，以"先睹为快"的心情，读完了本书，并按照作者的要求，写了以上这些话，作为此书的一个小序。

一本凝聚集体智慧的创新之作[*]
——评《思想道德修养与法律基础》

高校思想政治理论课的第一本新教材，同时也是马克思主义理论研究和建设工程推出的第一本教材——《思想道德修养与法律基础》，终于与全国大学生见面了。作为《思想道德修养与法律基础》教材课题组的首席专家召集人，回顾一年多来的教材编写工作，我由衷地感到这本教材沉甸甸的分量，它是一本体现了中央精神、集中了各方智慧的创新之作。

《思想道德修养与法律基础》教材是完善高校思想政治理论课课程体系和学科建设的一项创新举措。高校思想政治理论课承担着对大学生进行系统的马克思主义理论教育的任务，是大学生思想政治教育的主渠道。"思想道德修养与法律基础"课是高等学校思想政治理论课课程体系的重要组成部分，是一门用马克思主义理论指导大学生成长成才道路的课程。改革开放特别是党的十三届四中全会以来，高校思想政治理论课教育教学取得了很大成绩。由"思想道德修养"课与"法律基础"课为重要组成部分的思想品德课也经过了一个产生、发展和不断完善的过程，并以其独特的性质和功能，为维护、促进高校的改革、发展和稳定，为培养社会主义现代化事业的建设者和接班人，发挥了极为重要的作用。与此同时，新的形势对包括"思想道德修养与法律基础"课在内的高校思想政治理论课教育教学，提出了新的任务和要求。如何引导大学生正确认识当今世界错综

---

[*] 本文原载《人民日报》，2007-04-13。

复杂的形势,把握国际局势的发展变化和人类社会的发展趋势;如何引导大学生正确认识国情和社会主义建设的客观规律,增强在中国共产党领导下全面建设小康社会、加快推进社会主义现代化的自觉性和坚定性;如何引导大学生正确认识肩负的历史使命,努力使自己成为德智体美全面发展的中国特色社会主义事业的建设者和接班人,这是摆在我们面前的一个必须认真研究和解决的重大而紧迫的课题。

党的十六大以来,以胡锦涛同志为总书记的党中央,从战略和全局的高度来看待大学生思想政治教育和青年一代的健康成长,作出了一系列关于加强和改进大学生思想政治教育、加强和改进高校思想政治理论课教育教学的重大战略部署。"思想道德修养与法律基础"课作为高等学校思想政治理论课课程体系的重要组成部分,是一门以马克思主义思想政治教育学科为依托的崭新课程,是党中央国务院面对新形势、新情况、新问题,在完善高校思想政治理论课课程体系和学科建设方面所进行的一项创新举措,对于进一步加强和改进大学生思想政治教育具有重大而又深远的意义。

《思想道德修养与法律基础》教材是党中央直接领导、宣传教育部门精心组织、教育战线群策群力、方方面面团结奋战的集体智慧的结晶。编写高质量的教材是提高思想政治理论课教学水平的重要前提,在一定意义上说也是衡量新一轮思想政治理论课改革成功与否的关键因素之一。为进一步加强教材编写的领导和管理,保证教材的科学性、权威性、严肃性,高校思想政治理论课教学大纲和教材编写被纳入马克思主义理论研究和建设工程,并作为重大项目,从全国各地组织有关学科的专家、理论研究人员、教学人员以及实际工作部门同志组成编写队伍。作为马克思主义理论研究和建设工程系列教材的第一批重点建设教材,此次思想政治理论课教材的编写工作规模之大、影响之广、受到的关注之多以及修改审批程序之严都是建国以来前所未有的。从《思想道德修养与法律基础》编写的全部过程来看,无论是教学大纲还是教材,从编写指导思想的确定到逻辑思路、基本内容的设计,都是在中央精神的指导下完成的,不但多次经过权威专家的审读,同时,还广泛吸纳了第一线教师和在校大学生的意见。我深切地体会到，这本教材是中央直接领导、宣传教育部门精心组织、教育战线群策群力、教材大纲和内容反复修改论证并力求精准的一部新教材。

"思想道德修养与法律基础"课是一门以马克思主义思想政治教育学科为依托的崭新课程，《思想道德修养与法律基础》教材是一本根据"基础"课教学体系和教学目的的需要，对教学内容进行了创新性整合和定位的崭新教材。作为大学生进入大学后所学的第一门思想政治理论课，"思想道德修养与法律基础"课的主要教学内容和教学目的，就是从当代大学生面临和关心的实际问题出发，以社会主义荣辱观为统领，以正确的人生观、价值观、道德观和法制观教育为主线，以理想信念教育为核心，以爱国主义教育为重点，紧密联系大学生成长成才过程中的一系列人生课题，通过理论学习和实践体验，培养大学生良好的思想道德素质和法律素质，为逐渐成长为德智体美全面发展的社会主义事业的合格建设者和可靠接班人，打下扎实的思想道德和法律基础。

《思想道德修养与法律基础》教材力求把对大学生进行社会主义思想道德教育和法制教育紧密结合在一起，把增强社会主义法制观念和提高社会主义道德觉悟紧密结合在一起。新版的《思想道德修养与法律基础》不是过去《思想道德修养》和《法律基础》教材的简单合并，而是将两者有机地融为一体，力求把对大学生进行社会主义思想道德教育和法制教育紧紧地结合在一起，把增强社会主义法制观念和提高社会主义道德觉悟紧密结合在一起。因此，在"基础"课教材的编写中，一方面注重继承和借鉴《思想道德修养》和《法律基础》教材编写和教学方面的成功经验，充分吸收了这两门课程以往取得的丰富成果和经验；另一方面根据"基础"课教学体系和教学目的的需要，对教学内容进行了创新性定位和阐释，并综合地运用其他三门思想政治理论课提供的马克思主义理论以及其他多种相关学科的知识，对大学生在人生观、价值观、道德观和法制观方面遇到的理论问题和实际问题作出科学的、有说服力的回答，较好地体现了继承与创新的统一。

《思想道德修养与法律基础》力求把马克思主义的理论指导和解决大学生成长成才过程中遇到的实际问题紧密结合在一起，凸显"问题意识"

道德教育与"两课"教学

是本教材最突出的特点也是最大的亮点。从大学生的思想实际出发，发现问题、提出问题、分析问题、解决问题，这是我们"怎样培养人"的一个关键问题。本书从教学大纲的设计、逻辑结构的安排和教学内容的取舍上，坚持理论联系实际的原则，力求贴近实际、贴近生活、贴近学生，遵循了"学马列要精要管用"的原则，围绕大学生成长成才过程中的价值标准（人生观和价值观）和行为规范（法制观和道德观），重点解决当代大学生的理想信念问题、价值取向问题、诚信问题、社会责任感问题、艰苦奋斗问题、团结协作问题和心理健康问题等，引导大学生树立高尚的理想情操和养成良好的道德品质，提高大学生的思想道德素质，增强社会主义法制观念和法律意识，树立体现中华民族优秀传统和时代精神的价值标准和行为规范。可以说，本书的每一章、节、目，甚至每一个段落和每一句话，都蕴涵着大学生中所存在的各种各样需要回答和引导的问题。这些问题，既是从大学生中来，又回到大学生中去，它来自大学生的现实要求，来自大学生所面临的疑难、问题和困惑。针对这些问题，教材都力求从马克思主义的世界观、人生观、价值观的高度，给予科学的、以理服人的、准确的阐释和回答，真正体现"基础"课教育教学的针对性、实效性和吸引力、感染力。

图书在版编目（CIP）数据

道德教育与"两课"教学/罗国杰著. —北京：中国人民大学出版社，2017.2
（高校马克思主义理论教学与研究文库）
ISBN 978-7-300-23709-1

Ⅰ.①道… Ⅱ.①罗… Ⅲ.①高等学校-思想政治教育-教学研究-中国 Ⅳ.①G613.3

中国版本图书馆 CIP 数据核字（2016）第 289918 号

国家出版基金项目
高校马克思主义理论教学与研究文库
道德教育与"两课"教学
罗国杰 著

出版发行	中国人民大学出版社		
社　　址	北京中关村大街 31 号	邮政编码	100080
电　　话	010-62511242（总编室）	010-62511770（质管部）	
	010-82501766（邮购部）	010-62514148（门市部）	
	010-62515195（发行公司）	010-62515275（盗版举报）	
网　　址	http://www.crup.com.cn		
	http://www.ttrnet.com（人大教研网）		
经　　销	新华书店		
印　　刷	天津中印联印务有限公司		
规　　格	165 mm×230 mm　16 开本	版　次	2017 年 2 月第 1 版
印　　张	13.75 插页 1	印　次	2018 年 9 月第 2 次印刷
字　　数	200 000	定　价	42.00 元

版权所有　　侵权必究　　印装差错　　负责调换